Um homem torturado

*Leneide Duarte-Plon e
Clarisse Meireles*

Um homem torturado
Nos passos de frei Tito de Alencar

Reportagem biográfica

1ª edição

CIVILIZAÇÃO BRASILEIRA
Rio de Janeiro
2014

Copyright © Leneide Duarte-Plon e Clarisse Meireles, 2014

CAPA
Miriam Lerner

ENCARTE
Gabinete de Artes

CIP-BRASIL. CATALOGAÇÃO NA PUBLICAÇÃO
SINDICATO NACIONAL DOS EDITORES DE LIVROS, RJ

D872u Duarte-Plon, Leneide, 1947-
Um homem torturado: nos passos de frei Tito de Alencar /
Leneide Duarte-Plon, Clarisse Meireles. – 1ª ed. – Rio de Janeiro:
Civilização Brasileira, 2014.
420 p.; 23 cm.

Inclui bibliografia
ISBN 978-85-200-1240-6

1. Tito. Frei, 1945-1979. 2. Igreja Católica – Clero – Biografia.
I. Meireles, Clarisse. II. Título.

14-09445
CDD: 922.2
CDU: 929:27-789.33

Todos os direitos reservados. É proibido reproduzir, armazenar ou transmitir partes deste livro, através de quaisquer meios, sem prévia autorização por escrito.

Texto revisado segundo o novo Acordo Ortográfico da Língua Portuguesa.

Direitos desta edição adquiridos pela
EDITORA CIVILIZAÇÃO BRASILEIRA
Um selo da
EDITORA JOSÉ OLYMPIO LTDA.
Rua Argentina, 171 – Rio de Janeiro, RJ – 20921-380 – Tel.: 2585-2000.

Seja um leitor preferencial Record.
Cadastre-se e receba informações sobre nossos lançamentos e nossas promoções.

Atendimento e venda direta ao leitor:
mdireto@record.com.br ou (21) 2585-2002.

Impresso no Brasil
2014

A tortura só pode existir graças ao silêncio.
Juiz Serge Portelli, Association Primo Levi, Paris

Lembrar Tito é lembrar o que se passou,
mas lembrar cria também um dever,
uma exigência de justiça.
Frei Oswaldo Augusto Rezende Junior

Posso prometer ser sincero, mas não imparcial.
Goethe

Sumário

Prefácio: Vladimir Safatle	13
"Honrar com justiça as vozes abafadas": Frère Xavier Plassat	15
Agradecimentos	19

PARTE I

Hospital de Lyon, França, 1973	23
Fortaleza	29
Convento das Perdizes, São Paulo	45
A aliança de Marx com Cristo	67
Ernesto	79
Congresso da UNE, Ibiúna, outubro de 1968	91
A captura do embaixador, 1969	111
As regras de segurança, São Paulo, 1969-Paris, 2012	121
A prisão	141
A sucursal do inferno	165
O escolhido	195

PARTE II

Santiago	223
Roma	247
Paris, 1971-1973	253
O último refúgio	299

A visita de Nildes	325
Agosto de 1974-março de 1983	339
Vinhedos do Beaujolais, 2012	351
Convento Sainte-Marie de la Tourette, L'Arbresle, 2012	371
Nos passos de frei Tito: Xavier Plassat	377
Cartas	385
Resumos biográficos	411
Cronologia	415
Livros, artigos e arquivos	417

As autoras realizaram dezenas de entrevistas e diversas viagens para esta reportagem biográfica sobre Tito de Alencar Lima. Entrevistaram o psiquiatra e psicanalista francês Jean-Claude Rolland, que tratou dele no último ano de vida. Quase todos os frades dominicanos que conviveram com ele em Paris e no convento de L'Arbresle, perto do qual se suicidou, deram depoimentos para o livro. O frade Xavier Plassat, uma espécie de anjo da guarda de Tito no seu último ano de vida, foi um importante fio condutor desse período.

Os frades mais próximos de Tito no Convento das Perdizes também foram ouvidos, com exceção dos que não quiseram falar.

Além deles, as autoras entrevistaram Nildes de Alencar Lima, a irmã que o criou. Ouviram amigos e ex-guerrilheiros que, de uma forma ou de outra, tinham informações importantes para reconstituir os últimos anos de vida de frei Tito.

Um homem torturado segue os passos do frade dominicano, sobretudo depois que chega ao convento de São Paulo, reconstitui sua prisão e seu exílio.

O livro conta a história de um homem e sua época.

Jean-Claude Rolland, Xavier Plassat e Nildes de Alencar Lima tiveram suas vidas redesenhadas pela trajetória de Tito.

Entrevistas realizadas

Frère Alain Durand, Frei Betto, frei Fernando de Brito, *frère* François Genuyt, ex-frei Ivo Lesbaupin, *frère* Jean-Pierre Jossua, ex-frei João Antônio Caldas Valença, ex-frei Magno Vilela, frei Oswaldo Rezende, *frère* Patrick Jacquemont, *frère* Paul Blanquart, *frère* Paul Coutagne, ex-frei Roberto Romano, frère Xavier Plassat, Carlos Eugênio Paz, Cid Benjamin, Daniel Aarão Reis, Eugênia Zerbini, Fernando Gabeira, Helvécio Ratton, Isabel Gomes Silva, Jean-Claude Rolland, Jean-Marc von der Weid, José Genoino, José Ribamar Bessa Freire, Luiz Alberto Sanz, Luiz Eduardo Prado de Oliveira, Luiz Rodolfo Viveiros de Castro, Maria Helena Andrade Silva, Mário Simas, Nildes de Alencar Lima, René de Carvalho, Samuel Aarão Reis, Therezinha Zerbini, Yara Gouvêa

Panteão para os heróis da resistência à ditadura

Depois de libertada do invasor alemão pela luta armada organizada por resistentes gaullistas (ligados ao general De Gaulle) e comunistas, a França reconheceu como heróis homens e mulheres que arriscaram ou perderam a vida pela libertação do país, esmagado por um regime de terror, que torturava e estimulava a delação. Na luta armada, eles haviam enfrentado a Gestapo, a sinistra polícia política nazista que torturou até a morte Jean Moulin, líder e símbolo maior da Resistência. Os restos mortais de Jean Moulin estão no Panthéon, ao lado de homens que fizeram a glória do país. A divisa que se lê no alto do Panthéon diz: *"Aux grands hommes, la Patrie reconnaissante"* [Aos grandes homens, o reconhecimento da Pátria].

Eduardo Collen Leite, o Bacuri, Virgilio Gomes da Silva, o Jonas, Joaquim Câmara Ferreira, o Toledo, Carlos Marighella, Carlos Lamarca, Mário Alves, Vladimir Herzog, Manuel Fiel Filho, Paulo Stuart Wright, Stuart Edgar Angel Jones, Sonia Maria Morais Angel Jones, Schael Schneiber e tantos outros, assassinados em sessões de tortura, fuzilados ou desaparecidos durante a ditadura civil-militar de 1964, são heróis da resistência brasileira.

Este livro é dedicado a homens e mulheres mortos ou desaparecidos, que enfrentaram a barbárie e deram suas vidas pela restauração da democracia — usurpada do povo brasileiro com o Golpe de Estado de 1964 —, e pelo ideal de justiça social. Ele homenageia também os que não morreram, mas foram torturados, exilados e banidos por participar da resistência à ditadura.

Homenageia, ainda, os que foram irremediavelmente destruídos psiquicamente nas salas de tortura, como Maria Auxiliadora Lara Barcellos, a Dora, Gustavo Buarque Schiller e Tito de Alencar Lima. Os três saíram da prisão para o Chile, em janeiro de 1971, no voo dos setenta presos políticos banidos do território nacional, trocados pelo embaixador suíço. E buscaram na morte a liberdade que não encontraram fora das grades.

O livro pretende ser um entre outros testemunhos contra a política deliberada de organização do esquecimento.

Prefácio

Um homem torturado é a reconstrução da militância de uma das figuras mais trágicas da resistência à ditadura militar: frei Tito. Frade dominicano, preso e torturado junto com outros religiosos que deram apoio logístico à ALN de Carlos Marighella, Tito sucidou-se anos depois em um convento francês. A tortura havia conseguido quebrá-lo psicologicamente, transformando sua vida posterior em um inferno de delírios e alucinações.

Sua história é uma das representações mais bem acabadas do engajamento da esquerda católica na luta contra as ditaduras latino-americanas, engajamento que foi apenas um capítulo da longa história de setores da Igreja Católica em sua aliança com movimentos operários e comunistas no século XX. Na América Latina, solo para o desenvolvimento da Teologia da Libertação, tal aliança chegou a levar religiosos, como o colombiano Camilo Torres, a entrar diretamente na luta armada. Neste sentido, o livro de Leneide Duarte-Plon e Clarisse Meireles é documento importante para o esclarecimento de um processo político fundamental na compreensão da história recente latino-americana. Ele reconstrói contextos históricos esquecidos e distantes, principalmente após a guinada conservadora produzida no interior da Igreja Católica a partir de João Paulo II.

Ao narrar a história de frei Tito a partir de um estudo exaustivo, Leneide e Clarisse fazem, no entanto, mais do que a reconstrução de processos históricos. Em certo momento, elas se lembram desta afirmação feita por um torturador a Tito: "Se não falar, será quebrado por dentro, pois sabemos fazer as coisas sem deixar marcas visíveis." Na verdade, tal frase sintetizava de maneira precisa a natureza da violência e da máquina criminosa produzida pela ditadura brasileira. "Fazer as coisas sem deixar marcas visíveis", ou seja, tirar as marcas da violência da visibilidade pública, apagá-la e, com ela, apagar as histórias que tal violência destruiu. A ditadura brasileira foi, até agora, bem-sucedida nessa sua empreitada e graças a tal sucesso ela conseguiu, de certa forma, nunca ter terminado. Neste contexto de invisibilidade e esquecimento forçado, o uso da memória é um ato político maior, pois impede que o tempo possa extorquir reconciliações meramente formais. Contra o silêncio, ele coloca novamente em circulação as descrições minuciosas, feitas por Tito, de sua própria tortura. Ele nos faz sentir o tempo desesperado dos torturados políticos, com sua devastação psicológica. Por isto, o lançamento deste livro, no momento em que o Golpe militar completará 50 anos, no mesmo momento em que o Brasil se confronta mais uma vez com a brutalidade da Polícia Militar que a ditadura deixou, com suas torturas e assassinatos, nos ajuda a lembrar como nos acostumamos com um Estado que pratica os piores crimes contra sua população, de onde vem nossa complacência. No entanto, vemos aos poucos os limites desta operação. Aos poucos, volta à luz a presença dos que lutam, na contramão de décadas de recalque, para impedir que a complacência histórica com os criminosos que se apoderaram do poder do Estado seja o capítulo final de nossa história. Muitos são jovens que só agora descobrem a verdadeira face da história de seu país. É para eles, é para nossas escolas, que o livro de Leneide e Clarisse se dirige.

Vladimir Safatle

"Honrar com justiça as vozes abafadas"

Ao pisar no Brasil pela primeira vez, em março de 1983, trazendo de volta o corpo do meu irmão frei Tito, resolvi aqui ficar e aqui estou, vivendo as esperanças, as lutas e a fé do Tito com seu povo.

Convivi com frei Tito na comunidade dominicana de L'Arbresle (França). Foram duas primaveras, dois verões, mas um só outono e um só inverno. Ele com seus 27 anos, e eu, meus 23. Ali, surgiu entre nós uma relação feita de cumplicidade e de amizade, de sorrisos e de raivas, de luta e de fé, enfrentando o Fleury: o temido Sérgio Fernando Paranhos Fleury, delegado do DOPS em São Paulo, um dos principais torturadores do regime militar.

Por dentro do Tito, Fleury continuava sua tortura destruidora, partindo-lhe a alma entre resistência e desistência.

Resistência era quando Tito formava projetos, tocava violão, abraçava o amigo, brincava com a criança, cunhava poesia, rezava, sorria.

Desistência era quando obedecia cegamente à intimação alucinante do "papa", cuja voz atormentava sua mente sem parar, fugindo para onde mandava que fosse, ou afundando-se em impenetráveis prantos e desesperados silêncios.

Eu tinha observado como ficava feliz ao encontrar meus familiares, meu pai, minha mãe, meus irmãos, minhas irmãs, lá na Auvergne, e ao brincar com meus sobrinhos ou, ainda, com a criançada encontrada na casa de Joseph, nosso vizinho. Ele era operário na fábrica de autopeças da Renault e pequeno viticultor em Sain-Bel.

Com ele, eu acompanhava uma equipe da Ação Católica Operária e dava alguma força à seção sindical da usina na qual, com a irmã dominicana Jacqueline, ele era um dos delegados eleitos. Tito achava isso muito bom.

Mas o Fleury raramente o deixaria quieto e, nestes meses que compartilhamos, Tito alternaria constantemente entre o entregar-se e o resistir. Era como se estivesse acuado entre as paredes desse novo "corredor polonês": morrer vivendo, viver morrendo. Cumpria-se a louca promessa que recebera durante as sessões reais de tortura.

Segundo suas próprias palavras, registradas pelos companheiros de sua cela: Quiseram-me deixar dependurado toda a noite no pau de arara. Mas o capitão Albernaz objetou: "Não é preciso, vamos ficar com ele aqui mais dias. Se não falar, será quebrado por dentro, pois sabemos fazer as coisas sem deixar marcas visíveis. Se sobreviver, jamais esquecerá o preço de sua valentia."

Juntos, viajamos, cantamos, choramos, rezamos, xingamos, desafiamos. Partilhamos do melhor e do pior. O chão que vem e o chão que se vai. Até que um dia de agosto de 1974, na semana de São Domingos, Tito resolveu livrar-se definitivamente do torturador e da loucura que este pretendia infundir-lhe.

Naquele instante possivelmente imaginado de longa data, num último mistério de resistência e de fé, Tito derrubou-lhe a pretensão de poder continuar, dia após dia, roubando a sua vida.

"Melhor morrer que perder a vida. Opção 1: corda (suicídio, Bejuba). Opção 2: tortura prolongada, Bacuri", estas foram as últimas palavras que Tito rabiscou no papelão que usava como marca-página e que encontrei dias depois.

Entendi assim: Minha vida, ninguém tira, ela é minha. Eu a estou entregando.

"Prova de amor maior não há que doar a vida pelo irmão", cantava o povo das CEBs e das ruas, dos acampamentos e das fábricas, na chegada do corpo do Tito na catedral da Sé e, de novo, na de Fortaleza. Com justeza.

"HONRAR COM JUSTIÇA AS VOZES ABAFADAS"

Segundo Jean-Claude Rolland, o psiquiatra que, em Lyon, com tremenda lucidez, acompanhou frei Tito no auge do seu tormento, "a barbárie que leva certos homens à prática da tortura contamina automaticamente todos os seus contemporâneos. Ela faz de cada um de nós cúmplices virtuais. Há, no fundo de nós mesmos, muito recalcada, uma capacidade de destruir o outro e o torturador apenas ativa essa capacidade de destruição".

Daí a centralidade da palavra que rompe o silêncio, da razão que tripudia a barbárie, da memória que acorda da acomodação, da história que, sem fim, deve ser contada.

À globalização da indiferença que vai se alastrando, há quem teime em opor a solidariedade e a compaixão que nascem do senso agudo de uma comum filiação.

Enquanto mais de uma geração já nos distancia dos acontecimentos aí narrados, o livro de Leneide Duarte-Plon e Clarisse Meireles chega em boa hora. Em mutirão, mãe e filha foram às fontes, ouvir testemunhas e protagonistas, recolhendo criteriosamente suas palavras e reconstruindo para nós a teia de um drama que teve na pessoa do frei Tito um dos seus desfechos mais emblemáticos.

Elaborar sem trégua este trabalho de verdade e de história é exigência que não acaba. Precisamos desmascarar as conveniências e denunciar as cumplicidades — no mínimo, a covardia — que colaboraram para infernizar e tirar a vida de militantes, irmãos, companheiros que sonhavam com outro país e outro mundo possível, e os destinaram às catacumbas e à morte.

Precisamos escutar, resgatar e honrar com justiça as vozes abafadas e os sonhos dos resistentes e lutadores.

Sem a elucidação constante da verdade, particularmente em relação às sombras mais trágicas da nossa história, tornam-se incompreensíveis e insuperáveis as recorrentes e brutais manifestações de violência, de barbárie, que continuam pontuando nosso tempo, nos presídios, nas delegacias, nos morros, nas fazendas: a matança de jovens, de posseiros, de negros, de índios, de migrantes, de travestis, de prostitutas; a comercialização de gente e sua escravização; a confiscação da esperança; a negação do bem-viver.

Ato de memória insurgente, a leitura deste livro, sem dúvida, alimenta e atualiza em cada um de nós a capacidade de indignação. Mais de 500 anos depois de proferida pelo frei Antônio Montesinos em defesa profética dos indígenas da Ilha da Hispanióla, a ousada advertência da primeira comunidade dominicana das Américas permanece irrecusável: "Estes por acaso não são gente?"

Daí a necessidade e a oportunidade de mais este livro sobre Tito, e sobre todos os Titos.

Fica o evangélico recado, gravado no seu túmulo: "Se os discípulos se calarem, as próprias pedras clamarão!" (Lc 19, 40).

Frère Xavier Plassat, Natal de 2013

Agradecimentos

Ao dr. Jean-Claude Rolland, que nos recebeu para falar do paciente que marcou sua vida.

A Nildes de Alencar Lima, pelas entrevistas e por sua generosidade a toda prova.

A *frère* Xavier Plassat, amigo e amparo de Tito, por suas entrevistas e disponibilidade.

A Magno Vilela, pelas entrevistas e por ter aberto generosamente seus arquivos pessoais.

A Frei Betto, pelas entrevistas e leitura atenta e fundamental.

Aos dominicanos franceses que nos receberam para falar de Tito e abrir os arquivos dos conventos Saint-Jacques, em Paris, e Sainte-Marie de la Tourette, em L'Arbresle. A todos os dominicanos brasileiros que partilharam o sofrimento de Tito.

A Alcino Leite Neto, por ter sugerido um dia a aventura fascinante da biografia de frei Tito.

PARTE I

Hospital de Lyon, França, 1973

Ao chegar no quarto do Hospital Édouard Herriot, em Lyon, colou-se de frente para a parede, braços abertos em cruz, numa atitude de quem espera pelo fuzilamento.

— Estou pronto.

Nem o médico nem as enfermeiras entenderam aquela reação. Seu sofrimento era visível no rosto e seu corpo expressava uma angústia infinita.

Tito de Alencar Lima era um dominicano brasileiro de 28 anos, que morava no Convento Sainte-Marie de La Tourette, em L'Arbresle, perto de Lyon, desde junho de 1973. O jovem de olhar perdido fora conduzido ao pavilhão N do serviço de emergência psiquiátrica do hospital pelos frades Xavier Plassat e Roland Ducret, dois dos mais próximos amigos que fizera no convento, onde habitavam cerca de 15 frades. O chefe da emergência, um dominicano que havia se tornado psiquiatra, facilitou a acolhida do paciente.

Os confrades estavam a par de sua prisão, no dia 4 de novembro de 1969, e da tortura atroz que acompanhou seus interrogatórios em São Paulo. Na ocasião, os dominicanos franceses haviam assinado uma carta aberta ao cardeal Roy, presidente da Comissão Justiça e Paz do Vaticano. A carta, que protestava contra a prisão e tortura de frades dominicanos brasileiros, era datada de 12 de novembro de 1969 e fora publicada dia 15 de novembro no jornal *Le Monde*.

Os dominicanos do Convento das Perdizes haviam sido presos pelo delegado Sérgio Fleury, chefe do Esquadrão da Morte, sob a acusação de pertencerem à ALN (Ação Libertadora Nacional), organização criada por Carlos Marighella, que realizava ações armadas de resistência à ditadura e preparava a implantação da guerrilha rural.

Aos 24 anos, Tito fora arrancado do Convento das Perdizes como um malfeitor, durante a madrugada. Juntamente com outros frades, fora levado preso para o Departamento Estadual de Ordem Política e Social (Deops). Na noite do mesmo dia, Carlos Marighella era assassinado na Alameda Casa Branca.

Naquele mês de setembro de 1973, no hospital de Lyon, o dominicano continuava a dar testemunho, corpo e mente em farrapos, do poder de destruição de um regime ditatorial num longínquo país da América Latina chamado Brasil, que instituíra a tortura como um dos meios de erradicar a luta armada contra o regime.

O rapaz parecia não se dar conta de que estava num hospital. Ele esperava a qualquer momento a chegada dos torturadores. Ou pior, o fuzilamento, como prometiam os que o torturaram no Deops e na Operação Bandeirantes.

Plassat e Ducret contaram ao dr. Jean-Claude Rolland, um dos responsáveis pela emergência psiquiátrica do hospital, que Tito se recusava a entrar no convento, não se alimentava, mantinha-se num mutismo e numa indiferença inquietantes. Começara a ver sua família sendo torturada. Ouvia os gritos de seus irmãos e seus pais nas mãos do delegado Sérgio Fleury, que o torturara no Deops.

Nem a beleza da arquitetura do Convento de La Tourette, projetado por Le Corbusier a poucos quilômetros de Lyon, em L'Arbresle, nem os bosques que o cercam, nem a solidariedade dos irmãos dominicanos foram capazes de fazer Tito superar a angústia e o medo. Por onde passava, revia os torturadores prontos para recomeçar o trabalho.

O mundo se tornara para ele uma sombra dos agentes da repressão. As pessoas que o cercavam, com exceção de Plassat e Ducret, não passavam de representantes de Fleury, como compreendeu imediatamente o dr. Rolland.

HOSPITAL DE LYON, FRANÇA, 1973

— Tome um comprimido — disse-lhe a enfermeira.

Tito obedeceu com uma submissão trágica que impressionou o psiquiatra. Ele percebeu que todos ali eram identificados aos torturadores na mente do frade, que se mostrava convicto de que ia ser morto de um momento para o outro. Ali ele revivia a expectativa que o marcou na prisão e nas sessões de tortura.

O período de prisão deixara marcas profundas, um medo permanente. A dez mil quilômetros de São Paulo, protegido por seus confrades do Convento de La Tourette, ainda se sentia como um condenado à morte. Afinal de contas, não fora arrancado de outro convento, juntamente com frades impotentes como ele diante do poder arbitrário da ditadura?

Dentro do hospital, ele associava médicos e enfermeiros a um pelotão de fuzilamento, pronto para realizar o trabalho.

O médico via pela primeira vez os devastadores sinais de uma prisão acompanhada de interrogatórios sob tortura. O dr. Rolland, jovem psiquiatra de 35 anos, nunca tinha tratado de nenhuma vítima de tortura. O paciente que ele recebia iria mudar sua vida.

Fortaleza

> *Nos dias primaveris, colherei flores para meu jardim da sauda-*
> *de. Assim, exterminarei a lembrança de um passado sombrio.*
>
> TITO DE ALENCAR, 12 de outubro de 1973

No leito do hospital, Tito via confusamente os últimos quatro anos de sua vida desfilarem como um filme. O convento do bairro de Perdizes, a Universidade de São Paulo, o movimento estudantil, a atuação na ALN, a prisão, a tortura, o exílio em Santiago do Chile, depois em Paris e no Convento Sainte-Marie de la Tourette, perto de Lyon.

O frade brasileiro, que encontrou asilo na França, fora trocado a contragosto pelo embaixador suíço, em janeiro de 1971. Giovanni Enrico Bücher havia sido sequestrado, ou capturado, como preferem alguns guerrilheiros, em dezembro de 1970, pela Vanguarda Popular Revolucionária (VPR). Foi o terceiro e último sequestro de embaixador durante a ditadura.

Incluído na lista dos presos a serem libertados, Tito foi banido juntamente com outros 69 presos políticos pertencentes a diversas organizações de luta armada. A lista definitiva dos presos trocados pelo diplomata, resultado de penosa e longa negociação com a ditadura, foi elaborada principalmente por Alfredo Sirkis e Carlos Lamarca, que participaram da captura do suíço.

Os banidos se tornavam automaticamente apátridas. Alguns começavam uma penosa maratona para se inserir no mundo do trabalho. Os mais jovens, além de buscar o sustento pelo trabalho, matriculavam-se na universidade para continuar os estudos no país estrangeiro em que encontravam asilo.

Desde o início, Tito pressentiu o profundo desenraizamento que representaria o exílio. Quando estava preso, não queria nem pensar na hipótese de deixar o país. Frei Fernando de Brito, um dos frades presos com ele no Presídio Tiradentes, tentava prepará-lo dizendo que seu nome constaria, sem dúvida, da lista de presos a serem libertados. Ele demonstrava preocupação, não entusiasmo. Mostrava-se apreensivo.

Na foto dos ex-presos políticos diante do avião da Varig, antes de decolarem para Santiago, Tito aparece cabisbaixo, contraído, semblante triste, sem a euforia dos outros companheiros que haviam deixado o cárcere.

Antes de conhecer a prisão e a tortura, Tito era alegre, bem-humorado e cheio de energia. Ele tinha um lado cômico, lúdico, até jocoso, na lembrança de seu confrade João Antônio Caldas Valença. Era mestre em tiradas de humor e na arte de dar apelidos, o que alguns caracterizam como humor cearense.

Estudara canto lírico, tocava violão e descobria a poesia, a começar por Fernando Pessoa. Também versejava aqui e ali. Na militância, dedicava seu tempo ao estudo de textos políticos e filosóficos.

Quando entrou no avião, foi algemado ao braço do presidente eleito da UNE em 1968, no fatídico congresso de Ibiúna, Jean-Marc von der Weid, da Ação Popular. Um pouco mais distante, acomodara-se Samuel Aarão Reis, do MR-8, algemado a outro preso libertado. O voo ainda era guardado por policiais brasileiros espalhados por todo o avião. Jean-Marc e Samuel se interrogavam sobre o futuro, mas estavam certos de que, ao escapar dos calabouços da ditadura, haviam sido salvos e poderiam ser úteis à resistência. Por isso viajavam confiantes.

A maioria dos setenta banidos não tinha nem ideia de como ia sobreviver num país estrangeiro. Nem mesmo em que país iriam tentar se instalar como refugiados políticos depois de chegar ao Chile.

Em Santiago, Tito ficou pouco tempo. Embarcou para Roma e depois para Paris, onde passou a maior parte do exílio atormentado por seus torturadores. Ele os deixara em São Paulo, mas eles não o abandonaram. Nem no convento de Paris, nem no Convento de L'Arbresle, perto dos vinhedos do Beaujolais, ele se sentiu protegido do delegado Fleury.

O catolicismo e as preocupações sociais do dominicano vinham da família, verdadeira fortaleza representada por seu pai, sua mãe, seus irmãos. Na família, a pessoa que mais o influenciou e cuidou dele foi Nildes, que ajudou a mãe a educar o caçula, levando-o mais tarde a encontrar um catolicismo renovado, politizado, distante do pieguismo e da alienação.

Tito nasceu em Fortaleza, à Rua Rodrigues Júnior, 364, em 14 de setembro de 1945, quando Laura de Alencar Lima tinha pouco mais de 40 anos. O pai, Ildefonso Rodrigues de Lima, passara dos 60. Tinham vindo para a capital em 1940, já com 13 filhos. Tito foi o caçula da prole de 15 rebentos, dos quais apenas 11 chegaram à idade adulta: sete mulheres e quatro homens. Em 2012, sete irmãos estavam vivos. Tito, Jorge e as duas filhas mais velhas haviam morrido.

O menino veio ao mundo 12 dias depois do fim do conflito mundial que devastou parte da Europa. A família Alencar Lima sofreu no Brasil as privações da guerra que marcou a derrota do nazifascismo. Como gerente de uma companhia de ônibus, a Empresa Nordestina, Ildefonso Rodrigues de Lima não tinha um salário suficiente para sustentar a família numerosa. Assim, era natural que os filhos mais velhos começassem a trabalhar cedo para ajudar nas despesas da casa.

Como um verdadeiro patriarca nordestino, Ildefonso achava que os filhos eram uma bênção de Deus. A cada nova gravidez, dona Laura, muito católica, não tinha outro jeito senão agradecer a dádiva da vida. Quando um novo filho se anunciava, o outro apenas começara a andar. No entanto, entre Tito e o irmão que o precedeu houve quatro longos anos, tempo em que dona Laura pensou já ter terminado a tarefa de procriar. Mas, quando a nova gravidez se anunciou como uma surpresa, todos se alegraram.

— Eu tinha uns 12 anos. As irmãs mais velhas e eu ajudamos a fazer o enxoval dele como quem brinca de boneca — lembra Nildes, aos 78 anos, em 2012. Além disso, as meninas eram acostumadas a fazer seus próprios brinquedos, já que os recursos eram escassos.

Nildes nunca esqueceu o nascimento do caçula. Saiu para avisar sua irmã casada que a mãe estava sentindo as dores do parto. Quando voltou, encontrou o menino. A parteira, dona Conceição, já o tinha colocado numa pequena e aconchegante rede branca. Desde então, Tito nunca mais se separou de uma rede, fosse para ler, para dormir, para tocar violão.

O caçula foi recebido com as honras devidas aos varões, mais raros entre os Alencar Lima. Como em todas as grandes famílias, havia duas gerações bem distintas, e os maiores já trabalhavam quando ele nasceu. A irmã mais velha tinha 24 anos. O mais velho dos homens tinha cerca de 20 anos e os outros meninos, 8 e 4 anos. Aos 9 meses, Tito se tornou tio de uma menina, a primeira neta da família.

Assim que o viu, Nildes sentiu um profundo carinho pelo irmão. No Nordeste, as irmãs mais velhas costumavam se ocupar dos menores, e ela não demorou a assumir Tito como um filho precoce de uma menina de 12 anos. Nildes aprendeu a cuidar de um bebê, fazer chazinho, trocar fraldas.

A garota se transformou em "irmãe" do menino, que recebera nome de imperador romano em homenagem ao único irmão de Laura. Pouco depois de aprender a andar, Tito começou a falar e, aos 2 anos, tinha um grande vocabulário. Cantava e dançava sem inibição e, para a irmã, "era lindo como um anjo barroco".

FORTALEZA

Lembrar de Tito é um prazer para Nildes:

— Para fazê-lo dormir, recorria a Vicente Celestino, um cantor muito popular na época. *"Acorda, patativa, vem cantar. Relembra as madrugadas que lá vão. E faz de tua janela o meu altar."* Tito só dormia nos últimos versos.

O gosto pela música popular foi cultivado através da voz da irmã. Mais tarde, teve lições de canto na Sociedade de Música Henrique Jorge e aprendeu a tocar violão. Nos momentos de maior solidão, mesmo nos piores momentos do exílio, o frade não se separava do instrumento, sempre dedilhando uma música brasileira.

Quando Tito tinha pouco mais de 3 anos, ocorreu a primeira eleição municipal após a ditadura Vargas. Um dos candidatos a prefeito de Fortaleza, Acrisio Moreira da Rocha, era apoiado pelo Partido Comunista Brasileiro. O baú da sala de jantar servia de palanque para Tito, que "fazia campanha" repetindo os discursos que ouvia. A família vibrava com a veia política precoce do caçula.

No ano de nascimento de Tito, com a redemocratização do país, fora convocada uma Assembleia Nacional Constituinte. Em outubro, o Partido Comunista Brasileiro retornara à legalidade, obtendo registro eleitoral. Nas eleições de dezembro do mesmo ano, o PCB elegeu Luiz Carlos Prestes como senador, além de 14 deputados federais, entre eles o baiano Carlos Marighella.

Pouco mais de vinte anos depois, a luta política de Marighella contra a ditadura instaurada em 1964 envolveria Tito na tormenta dos anos de chumbo. Sua militância estudantil e política o levaria à prisão e ao exílio.

A legalidade do PCB recobrada em 1945 não durou muito. Em abril de 1947, o Tribunal Superior Eleitoral (TSE) cancelou o registro do partido: seria um instrumento da intervenção soviética no país. No ano seguinte, os parlamentares perderam seus mandatos. Inaugurava-se nova fase de clandestinidade para os comunistas.

A família Alencar Lima era pobre, mas "havia uma grande riqueza humana e cultural", na lembrança de Nildes. Ela se recorda do pai lendo dois ou três jornais por dia, além de livros. Apesar de ter interrompido os estudos no fim do antigo curso primário, Ildefonso tinha grande interesse pela política, defendia ideias de justiça e de liberdade, sem ser filiado a nenhum partido político.

Aos 6 anos, Tito já estava na Escola General Tibúrcio — onde uma das irmãs era professora —, que funcionava nas dependências da Escola Preparatória de Cadetes do Exército, hoje Colégio Militar de Fortaleza. Naqueles anos 1950, criança brincava na calçada com uma liberdade que se perdeu. Criado nas brincadeiras de rua, Tito ia sendo educado e enquadrado pela irmã Nildes, de forma mais ou menos intuitiva. Ela o via crescer esbanjando vitalidade, brincando com palha de cebola amarrada numa linha fininha, que mexia para assustar os passantes da calçada oposta, que pensavam tratar-se de uma cobra.

— Ao escrever no exílio "quando secar o rio da minha infância, secará toda a dor", Tito está se refugiando na última tábua de salvação, sua infância, para ver se escapava daquela perseguição horrorosa, sequela das torturas. Ele se apegava à infância, que foi rica — avalia Nildes. Muito católica, habituou o irmão pequeno a acompanhá-la à igreja para pagar promessas a Nossa Senhora de Fátima.

De temperamento brincalhão e inquieto, Tito podia levar dona Laura ao limite da paciência. Quando ela ameaçava bater nele, a irmã era convocada como escudo para salvá-lo do castigo: "Nide, quieta tua mãe."

Durante toda a vida, Tito cultivou com talento a arte de inventar apelidos. O filho da empregada era Picolé de Alcatrão, alusão à sua cor. Por outro lado, os meninos o chamavam de Caboré. Os olhos grandes eram uma de suas principais características, e caboré é como se denomina no Ceará uma espécie de coruja pequena.

O coração do pequeno Caboré começava a bater mais forte quando via Teresinha, amiga de Nildes. Ele tinha 6 anos, a moça, 18. Ela

FORTALEZA

costumava ir estudar com a amiga, e então o menino se transformava em Romeu diante de Julieta: ficava gelado, o coração disparava. Aos 12 anos, apaixonou-se por Cildinha, uma vizinha da rua, a quem escreveu um bilhete. Um dos irmãos achou a mensagem, mas, apesar das gozações, o apaixonado continuou a mandar bilhetes para a musa.

Nessa época, Tito foi inscrito pela mãe na Congregação Mariana, dos filhos e das filhas de Maria. Aos 12 anos, o caçula de dona Laura usava a fita verde de aspirante, um dos graus dos Congregados Marianos. Mas, evidentemente, não foi lá que forjou sua visão engajada da Igreja e do cristianismo.

Numa época em que a Bíblia era pouco lida pelos católicos, Tito se iniciou na sua leitura graças à influência das duas mulheres mais próximas dele. Mas tanto o caçula quanto a mãe conheceram a doutrina social da Igreja através de Nildes, que se orgulha de ter aberto os olhos de Tito para os problemas sociais.

Ela começou aos 17 anos a militar na Juventude Estudantil Católica (JEC), um braço da politizada Ação Católica. Tito iniciou sua participação na JEC aos 12 anos, ao entrar para o Liceu do Ceará, onde cursou o antigo ginasial. Na militância católica, desenvolveu a "veia" política que ensaiara nos discursos inflamados da infância.

— Na JEC, ele se encontrou. Mergulhou totalmente no movimento, lia e estudava muito. Viveu esse engajamento de maneira extraordinária. A Ação Católica nos dava uma nova visão da Igreja, ideias cristãs ligadas ao engajamento social. Eu tinha trazido essa mensagem para casa — relembra a irmã que realizou sua vocação mais tarde, tornando-se pedagoga e, depois, teóloga.

Entre os amigos que Tito fez nesse período na JEC, em Fortaleza, estava José Genoino. Natural de Senador Pompeu, município vizinho a Quixeramobim, Genoino participara com padre Salmito dos movimentos de estruturação da JEC no interior do estado, entre 1962 e 1963. A primeira vez que Genoino viu Tito foi num congresso nacional da JEC em Campina Grande, Paraíba, onde também conheceu Frei Betto. Quando foi morar em Fortaleza para completar o ensino médio, o convívio com o grupo da JEC logo fez surgir uma amizade entre Tito e Genoino.

O grupo era formado, entre outros, por Roberto Benevides e Carlos Alberto, apelidado de Pacatuba, e se reunia quase diariamente na Igreja do Rosário, após a missa das 17h. Segundo Genoino, era uma missa "moderna, influenciada pelo Concílio Vaticano II", celebrada pelo padre Carlos Alberto, muito amigo de Tito. Nas reuniões, os jovens discutiam a Igreja e seus dilemas.

Aquele foi para Tito o ambiente ideal para estimular suas leituras. O lema da JEC, "ver, julgar, agir", convidava a ver a realidade, refletir e partir para a ação concreta. Os militantes tinham 15 minutos de meditação para se colocar diante de Deus. A leitura bíblica e os livros completavam a formação religiosa.

Mas nem tudo eram leituras religiosas. Paralelamente aos textos do padre Lebret, Tito descobriu os livros de Caio Prado Jr., Nelson Werneck Sodré, Jean-Paul Sartre, Tolstói. A filosofia e as ciências sociais eram seu maior interesse, mas ao mesmo tempo descobriu no meio estudantil as ações concretas, os debates. Aos poucos, ia se politizando juntamente com os outros militantes da Ação Católica.

Mais tarde, entre seus livros, a família encontrou *Comunismo e cristianismo*, de Martin Darcy, *Itinerário de Marx a Cristo*, de Ignace Lepp, *A Igreja está com o povo?*, do padre Aloísio Guerra e *O escândalo da verdade*, de João Daniélou.

Todos lidos e sublinhados quando o leitor se reconhecia nas ideias do autor.

Em 2013, Genoino atribuiu a Tito um papel fundamental em sua formação intelectual:

— Meu convívio com frei Tito foi muito forte, muito marcante, ele era muito preparado intelectualmente. Estudava muito, era muito rigoroso, dava dicas de leitura de uma posição de esquerda. Discu-

FORTALEZA

tíamos Sartre, Camus, tínhamos curiosidade e contato com tudo.

Mas nem tudo era política, filosofia e religião para aqueles adolescentes. Genoino lembra dos piqueniques em Fortaleza, na praia Beira-Mar, ou na então deserta praia do Futuro, aonde iam fazer farra e ouvir música. Tito era mais quieto, não fazia parte da turma mais festeira. Mas sempre estava presente quando havia encontros musicais na casa de amigos para ouvir os últimos lançamentos da música brasileira.

— Nessa época, descobrimos "A banda", do Chico Buarque, e ouvimos muito Vinicius, Caymmi, muita MPB — recorda-se José Genoino.

A Ação Católica (AC) tinha vindo da Europa num momento de renovação da Igreja. Ao apresentar o cristianismo como uma via de transformação do mundo, de erradicação da pobreza e das desigualdades sociais, o catolicismo procurava renovar-se, levar o Evangelho para a realidade do mundo. Era também uma forma de enfrentar a ideologia comunista, contrapondo-lhe um cristianismo engajado. Por isso, os marxistas olhavam a AC com desconfiança, julgavam que o movimento tinha um ranço anticomunista.

Quanto a Nildes, ela via o militantismo de Tito com entusiasmo:

— Nosso objetivo era que cada um fosse um Cristo novo no meio do povo. Tito viveu isso de maneira extraordinária. Ele era um apaixonado. Mas também era introvertido, porque tinha um lado místico.

Em 1963, quando cursava o científico, hoje ensino médio, Tito foi para Recife ser o representante regional da JEC no Nordeste. Na capital pernambucana, morou na Rua dos Coelhos, na Ilha do Leite, onde ficava a casa dos permanentes — como eram chamados os dirigentes dedicados em tempo integral ao movimento —, perto do antigo Hospital Pedro II.

Pouco a pouco, foi se envolvendo com os irmãozinhos de Foucauld, uma ordem religiosa que tem por vocação o trabalho com os pobres, na qual os frades vivem uma real experiência de pobreza. Nessa época, leu tudo o que encontrou sobre a vida de Charles de Foucauld, o místico fundador da Ordem, beatificado em 2005.

De longe, Nildes acompanhava os progressos de Tito, orgulhosa de vê-lo seguir o caminho que apontou a partir de sua própria militância na JEC. Nessa época, ele passou a tratá-la de Pequena Burguesa. Pura provocação.

Durante a permanência em Recife, Tito chegou a vender jornal na esquina da Universidade Católica de Pernambuco, na Rua do Príncipe, para garantir uns trocados para as refeições. Foi nessa época que surgiu a vocação sacerdotal, por influência de Carlos Alberto Libanio Christo (futuro Frei Betto), que Tito conhecera na militância da JEC, no Rio, em 1961. O cearense resolve se tornar dominicano, optando por uma ordem que se dedica ao estudo e à pregação.

No livro *Batismo de sangue*, Frei Betto descreve Tito como um rapaz baixo, forte, ombros largos, cabelos pretos anelados.

> Tinha o rosto redondo e os olhos sempre atentos. Trazia da adolescência a espiritualidade cristã, acentuadamente mística, e a racionalidade política embasada na ciência. Nele, essa síntese não resultava de uma postura teórica, fora formado assim. Afetuoso, ficava amigo de infância em cinco minutos, e mantinha-se sempre fiel às suas amizades.

A descrição de Tito feita pela irmã que o criou não é nada objetiva:
— Ele não tinha nem 1,70m. Os Alencar são baixos. Tinha a cabeça chata do cearense e se orgulhava disso. Todo cearense brinca que, quando um filho nasce, as mães molham a mão na água e batem na moleira, moldando. E dizem: "Cresça, meu filho, pra ir pra São Paulo e mostrar aos paulistanos quem é o cearense." O cabelo dele era castanho, ondulado. Os olhos grandes, da família do meu pai. O nariz muito bem-feito, a boca pequena. Ele não era um rapaz bonito, mas tinha feições aperfeiçoadas. Eu achava meu irmão lindo.

Quando criança era lindo, chamava muita atenção. Parecia um anjo barroco, bem gorduchinho.

O anjo barroco tornou-se um místico tentado pelo ideal revolucionário de justiça social.

— Ele já estava apaixonado pela Revolução Cubana, por Che Guevara, um exemplo de coragem que entusiasmou toda a juventude na época, todos os que queriam mudar a realidade brasileira — resume Nildes.

Os ideais de justiça social do pai Ildefonso continuavam a dar frutos. Dois de seus filhos mais velhos já militavam na esquerda: Ildefonso Filho, como sindicalista bancário, e João, filiado ao Partido Comunista. Tito não foi, pois, uma exceção. Seu percurso tinha uma coerência dentro da história familiar.

Um filho doutor era o sonho de Ildefonso. Por isso, quando Tito escreveu de Recife para informar que decidira entrar para o convento dominicano, o pai levou um choque. O filho estudioso e sério fizera surgir a esperança de que se tornaria médico ou advogado. A família não estava preparada para a notícia. O pai dizia explicitamente que era um disparate o extrovertido Tito se enclausurar num convento sem poder casar e ter filhos. Laura recebeu a notícia com satisfação: alimentava o sonho de ter um filho padre. Mas sempre pensou que o sacerdote seria o calado e reflexivo Ildefonso Filho.

Com o passar do tempo, o pai acabou aceitando a vocação de Tito. Afinal, toda família devia ter um médico, um padre ou um advogado. A família Alencar Lima tinha o padre.

Numa visita que fez aos pais, o futuro sacerdote recebeu o enxoval da família para entrar no convento em Belo Horizonte. Era o início de 1966.

Já no convento em São Paulo, Tito se inquietava por notícias da família. Em carta à irmã Daíta, de 2 de agosto de 1968, pede que dê mais notícias de todos. Mas recomenda, prudente: "A única coisa que te peço é para não mandar notícias que envolvam compromissos políticos ou de natureza semelhante. Isso dá galho."

À medida que se aproximava do marxismo, ao contrário de Tito, José Genoino se afastava da Igreja. Os dois amigos também acabaram se distanciando.

— A vocação dele não chegou a ser uma surpresa, porque a família sempre foi muito religiosa. Quando me afastei da Igreja e comecei a me vincular ao PCdoB, em 1967, conversamos muito, mas, por um bom tempo, perdemos o contato.

Os Alencar, no entanto, continuariam próximos de Genoino, que chegou a se esconder na casa da família de Tito em Fortaleza quando, em 1968, o futuro presidente do Partido dos Trabalhadores caiu na clandestinidade.

Genoino tinha sido preso no congresso da UNE em Ibiúna. Solto, voltou para Fortaleza. Com o AI-5, teve sua prisão preventiva decretada e passou a viver clandestino, mudando de casa em casa, já que era bastante conhecido por sua atuação na política estudantil:

— Antes de ir para São Paulo, a última casa em que me hospedei foi a de Nildes, que era a dos pais também, já que a família não tinha nenhuma participação política e não era visada. Fiquei lá quase uma semana. Na noite do Natal de 1968, uma amiga do PCdoB me pegou de carro. Saí de Fortaleza no porta-malas. Fui para São Paulo fazendo parte da diretoria da UNE. A família de Tito foi solidária com todo mundo, não deu apoio só a mim, mas a outros também. Era a característica da família Alencar.

Mais tarde, Tito iria reencontrar Genoino na capital paulista. E, ao ver o amigo pela primeira vez de batina branca, no Convento das Perdizes, onde muitos clandestinos iam buscar comida e apoio, Genoino teve um surto de anticlericalismo:

— Pô, Tito, assim não dá!

*

FORTALEZA

Em agosto de 1968, ao voltar a Fortaleza para a cerimônia do enterro da mãe, Tito já usava a gola clerical. Todos ficaram impressionados com o novo traje do irmão sacerdote. Na missa, ao ver Tito se levantar para ler uma das cartas de São Paulo, seu Ildefonso sentiu um grande orgulho da vocação do filho.

Mais tarde, em carta de 17 de março de 1969, Tito conta ao pai que fora aprovado no vestibular de Ciências Sociais da USP. Além de detalhar as matérias e sua pesada carga horária, diz que estava estudando alemão e judô e dando aulas de Cultura Religiosa três manhãs por semana no Colégio Santa Cruz. Na parte da tarde, era professor de Antropologia Filosófica no Curso Superior das religiosas de São Paulo (ESPAC).

— Eu tinha preocupação com a atuação política dele. A partir de 1964, ele participava de greves de estudantes, era chamado pelos colegas abertamente de comunista. Eu tinha medo. No entusiasmo da juventude e do idealismo, Tito achava que ia mudar o mundo. Depois, caiu na real. Chegou a me dizer: "Fomos inocentes, ingênuos" — conta Nildes.

Antes de ser preso, Tito tinha duas certezas: o sacerdócio era sua vocação e o convento, uma fortaleza. Lá estava seguro.

A segurança do convento se mostrou uma ilusão quando o delegado Fleury o arrancou de seu sono e levou-o algemado, na madrugada do dia 4 de novembro de 1969.

Convento das Perdizes, São Paulo

O Evangelho traz uma crítica radical da sociedade capitalista. Nesse sentido, é revolucionário. Os temas da esperança, da pobreza, do messianismo, que são profundamente bíblicos, estão na fonte do movimento revolucionário. Eu aceito totalmente a posição de Camilo Torres.[1] Não vejo realmente como ser cristão sem ser revolucionário.

TITO DE ALENCAR LIMA, 1972

Em 1966, Tito parte de Recife, deixa sua função de dirigente regional da JEC e se instala na capital mineira por um ano, para iniciar o noviciado no Convento da Serra. Começava sua vida de religioso.

Em Belo Horizonte, o cearense tímido, mas capaz de surpreendentes tiradas de humor, conviveu por alguns dias com frades um ano mais velhos que acabavam o primeiro ano de formação e iam para a capital paulista.

Os novatos passavam três semanas com aqueles que estavam terminando o noviciado e se preparavam para partir para o Convento Santo Alberto Magno, no bairro das Perdizes, em São Paulo. Foi então, em Belo Horizonte, que Tito conheceu Magno José Vilela, Yves (Ivo) do Amaral Lesbaupin, Oswaldo Augusto Rezende Junior e Luiz Felipe Ratton Mascarenhas, que faziam parte de uma turma de

---

1. Padre revolucionário que aderiu à luta armada na Colômbia, morto em 1966.

12 noviços. Além deles, reencontrou Carlos Alberto (Betto) Libanio Christo, que já conhecia da militância na JEC.

Eles haviam concluído o noviciado em 1965 e, no ano seguinte, foram para o Convento das Perdizes, aonde Tito chegou em 1967. Nas Perdizes, havia cerca de cinquenta frades, o que para o Brasil era considerado um grande convento.

Depois de fazer os votos de pobreza, obediência e castidade, assumidos em 10 de fevereiro de 1967, Tito passou a ser frei Tito. Na terra da garoa, os dominicanos prosseguiam a formação intelectual cursando três anos de filosofia e, em seguida, quatro de teologia. Além dos cursos que fortaleciam o intelecto, Tito se ocupava do físico: praticava ioga e judô.

Dali em diante, os frades da turma anterior seriam os companheiros de Tito no engajamento político. Esse grupo de dominicanos era próximo de Betinho (Herbert José de Sousa) e de seu irmão, o cartunista Henfil. Betinho foi militante da Juventude Universitária Católica e, posteriormente, da Ação Popular (AP), criada em 1962. Frei Ratton, "baixinho e gordinho, moleque", foi o inspirador do fradinho Baixim, personagem de "Os fradinhos", histórias em quadrinhos de Henfil publicadas no *Pasquim* e no *Jornal do Brasil*.

"Fui salvo pelos dominicanos, que me deram uma nova formação, uma nova visão da Igreja, de justiça, de liberdade, de alegria", disse Henfil numa entrevista da década de 1970.

Naqueles anos 1960, o convento era um espaço de debates político-culturais. Os dominicanos organizavam conferências de intelectuais que traziam a discussão política para o espaço antes reservado à teologia.

Por promoverem encontros com intelectuais e teólogos progressistas no convento, os dominicanos eram malvistos pelos conservadores. Um desses encontros, com o ex-ministro Milton Campos, foi bastante polêmico. Campos havia renunciado pouco antes ao cargo de ministro da Justiça do governo Castello Branco. Para os rebeldes dominicanos, já era uma "capitulação" conversar com um antigo ministro da ditadura.

Mas aproveitaram para fazer perguntas sobre as torturas, ainda uma questão muito pouco discutida em 1965-1966. Havia denúncias, mas incipientes. Milton Campos respondeu aos frades que cada vez que recebera uma denúncia formal de tortura ordenara uma investigação. Acrescentou que um dos motivos de sua renúncia foi ter-se convencido de que realmente havia torturas.

A ajuda financeira que a burguesia dava aos dominicanos desde a instalação da Ordem no Brasil, em 1952, começou a escassear com o comportamento engajado e a pregação dos frades, considerada subversiva. O muro da igreja das Perdizes, colada ao convento, chegou a ser pichado com a frase "Fora, padres comunistas". Desde o início de 1969, havia suspeitas de que os dominicanos eram ligados à Ação Libertadora Nacional (ALN) de Carlos Marighella. Há indícios de que o Deops montara um esquema de observação e controle diante do convento, bem antes da prisão dos dominicanos.

Magno Vilela explica:

— Até então achamos que a nossa generosidade, a virulência do Evangelho bastariam para transformar a realidade, e aprendemos com a ditadura que isso só não bastava. Percebemos que os autores da ditadura reivindicavam também o mesmo Evangelho.

Os ataques aos dominicanos eram fortes, sobretudo da parte da organização Tradição, Família e Propriedade (TFP). Alguns bispos também se sentiam incomodados por aqueles revolucionários de batina. E os frades sabiam que, desde 1965, havia um decreto na mesa do general-presidente Castello Branco para expulsar a Ordem do Brasil.

Frei Oswaldo e Frei Betto eram os frades mais próximos de Marighella. Ivo, Ratton Mascarenhas e Magno também pertenciam à ALN. Além deles, frei Fernando de Brito e João Antônio Caldas Valença (frei Maurício), um pouco mais velhos, eram muito ativos no apoio à organização. Ratton Mascarenhas e João Caldas ajudavam financeiramente. Caldas, com seu salário. Ratton, com ações da família, proprietária da tecelagem Cedro e Cachoeira, que serviram para comprar o carro para uso dos dominicanos quando em trabalhos políticos a favor de sua militância.

— Tito de Alencar Lima tinha com esse grupo uma 'aliança' constante e de total confiança, mas não era, por não querer, membro ativo do grupo — esclarece Magno, confirmando a mesma visão de João Caldas sobre o engajamento questionador de Tito.

O italiano Giorgio Callegari, que se tornara dominicano na Itália, onde nasceu em 1936, tinha também uma militância política junto a seus confrades, desde que viera para o Brasil em 1966, ainda como frade-estudante. Mas não fazia parte do núcleo dos dominicanos da ALN.

Frei Giorgio sempre repetia que, para a formação de um homem, três coisas são indispensáveis: amor, pão e beleza. Essa, Giorgio recebeu em dose monumental ao nascer numa cidade mágica onde a beleza invade tudo: Veneza.

Depois de viver no Peru e na Nicarágua, o frade dominicano fundou no Brasil a Colônia Veneza, em Peruíbe, litoral de São Paulo, que dez anos após sua morte ainda atendia 450 crianças e adolescentes de 6 a 16 anos, em 2013.

Quando mais jovem, Callegari havia trabalhado com cinema na Itália, inclusive com Fellini. Tinha até uma foto em que aparecia ao lado de Monica Vitti, o que impressionou muito a adolescente Eugênia Zerbini, filha de um casal de vizinhos do convento, o general Euryale de Jesus Zerbini e Therezinha Godoy Zerbini, a quem Giorgio justificou o abandono do mundo do cinema por julgá-lo "muito vazio".

A família Zerbini contava entre os melhores amigos de Tito e seus confrades.

A ALN era um dos principais grupos de esquerda armada (juntamente com a VPR e o MR-8) numa constelação de cerca de 28 grupos,

CONVENTO DAS PERDIZES, SÃO PAULO

segundo cálculos do Deops. As cisões iam dando origens a novos agrupamentos, muitas vezes compostos de um punhado de militantes. Por ver as organizações de luta armada atomizadas, lutando isoladamente contra o inimigo comum, desde 1968 Marighella passou a defender a união das forças revolucionárias num futuro próximo. Mas não era ingênuo. Mostrava lucidez ao analisar a dificuldade de unir forças que tinham diferentes concepções do processo revolucionário: "Há ainda um longo caminho a percorrer antes que a revolução brasileira venha a ter um comando único, em face da dispersão das organizações em luta e da disparidade de seus objetivos."

Na realidade, Marighella pensava que a unificação das forças revolucionárias não deveria se restringir ao Brasil. Para ele, era preciso "responder ao plano global do imperialismo com um plano global latino-americano".

A utopia de Marighella nunca se realizou. Até mesmo na prisão, os presos políticos reconstituíam suas organizações e marcavam suas pequenas diferenças.

Na Ação Libertadora Nacional, assim batizada desde maio de 1969, os frades dominicanos das Perdizes formavam a base de apoio para os militantes envolvidos em expropriações bancárias e sequestros. A ação dos frades, que militavam desde 1968 ao lado do comunista dissidente, consistia em acolher feridos e perseguidos, tratando deles até sua recuperação para a fuga do país. A partir de maio e até novembro de 1969, instalado no Rio Grande do Sul, Frei Betto passou a ajudar os militantes que, na clandestinidade, precisavam fugir do país. Além disso, os dominicanos faziam o levantamento de áreas potencialmente adequadas à guerrilha rural, programada para ser desencadeada em 1969.

— Pau para toda obra, só não apertamos o gatilho — esclarece frei Fernando de Brito, que escreveu um formidável diário na prisão de 1969 a 1973. As notas do frade são a matéria-prima do livro *Diário de Fernando: Nos cárceres da ditadura militar brasileira*, de Frei Betto, publicado em 2009.

Na qualidade de militantes, os dominicanos frequentavam reuniões com o líder da ALN. Encontravam-se ora na rua, ora em locais fechados como colégios de freiras ou casa de amigos.

Frei Fernando conta:

— Facilitamos o contato dele com nossos superiores na Ordem, o que ampliou nossa margem de liberdade para viajar a serviço da ALN.

Francisco Carmil Catão, prior e depois provincial,[2] fora levado por frei Oswaldo ao encontro de Marighella, a pedido deste. O guerrilheiro tentava articular o apoio dos dominicanos no Norte, em Conceição do Araguaia, onde havia um convento da Ordem, com vistas à instalação da guerrilha rural. Juntamente com Benevenuto Santa Cruz, ex-frade dominicano e diretor da Livraria Editora Duas Cidades, onde trabalhavam frei Fernando e frei Maurício, Catão foi apresentado a Marighella.

Frei Edson Braga de Souza, padre-mestre dos estudantes e depois prior do convento, também foi apresentado a Marighella por Oswaldo, na presença de frei Fernando e frei Maurício (que deixou a Ordem em 1969). O encontro se deu no Colégio Rainha da Paz, onde frei Magno Vilela dava aulas.

A ajuda de que a ALN precisava era efetiva no convento de São Paulo, mas devia ser ampliada por meio da estrutura dos conventos dispersa pelo Brasil. Para tornar realidade esse projeto, em julho de 1968 os frades Fernando, Oswaldo e Ivo foram enviados por Marighella ao interior do Pará e de Goiás para fazer um levantamento da área para a futura implantação da guerrilha rural perto de Marabá e Conceição do Araguaia. Parte do financiamento da viagem era fruto do trabalho de João Caldas na empresa de transportes de seu pai, a Expresso Pernambucano, e da ajuda de frei Ratton.

---

2. Provincial é o Superior Geral dos Dominicanos no Brasil.

— A viagem de prospecção nos levou à região que deveria ser a área de conflito a partir de Gurupi, Porto Nacional, Carolina, no sul do Maranhão, indo a Conceição do Araguaia e Marabá, no sul do Pará. Quando nos pediu para fazer essa viagem, Marighella queria não uma visão de especialistas, mas um levantamento de cunho social. Havia grileiros? Tiranos reconhecidos como tal? O destacamento policial era de quantos homens? Para emergência viria de onde, usando que tipo de condução? Qual o estado da estrada? Havia hospitais, laboratórios? Havia cartórios? Aquela viagem do grupo de dominicanos incluiu Gurupi, Porto Nacional, Carolina, no sul do Maranhão, Conceição do Araguaia e Marabá, no sul do Pará — relatou frei Fernando, em 2012.

Apesar de não ter feito a viagem, Tito participou das discussões sobre a guerrilha rural. Não deixava de levantar questões objetivas, como a dificuldade de um grupo sem vínculos na região começar ações armadas. Ele não via enraizamento dos guerrilheiros nem no campesinato nem no operariado. Tudo lhe parecia muito frágil.

— Hoje, eu faço uma autocrítica semelhante a esta — resume frei Fernando, dando razão a Tito.

A preparação da guerrilha rural era a prioridade de Marighella para o ano de 1969. Para isso, grupos mais especializados faziam levantamento de outros aspectos da região. Fernando ouviu essa informação do próprio líder da ALN.

Com a morte de Marighella, a instalação da guerrilha da ALN no campo foi completamente desmantelada, e a guerrilha urbana foi pouco a pouco sendo desarticulada, até sua total extinção pela ditadura.

Quando Tito foi a Fortaleza para os funerais de sua mãe, o Deops assinalou a viagem.

Ficou registrado na sua ficha que "fora a Fortaleza em agosto de 1968 para fazer contatos subversivos". Prova de que as informações das fichas continham muita desinformação.

Desde maio de 1969, Frei Betto vivia no seminário Cristo Rei, dos padres jesuítas, em São Leopoldo, no Rio Grande do Sul, a fim de facilitar fugas para a Argentina e o Uruguai de militantes procurados pela polícia política. De lá, ele articulou a saída de inúmeros revolucionários, inclusive de dois participantes do sequestro do embaixador americano, Joaquim Câmara Ferreira, o Toledo, da ALN, e Franklin Martins, do MR-8.

A USP e a abertura para o mundo

A militância política dos frades das Perdizes tinha amadurecido pouco a pouco. Os anos de 1967 e 1968 foram marcantes. A abertura para o mundo e para a luta política tinha se acentuado nos cursos de Filosofia e Ciências Sociais da Universidade de São Paulo.

O convívio com estudantes e professores universitários leigos, naquele caldeirão de cultura e agitação política, levou-os à convicção de que a revolução brasileira era iminente. Na USP, ler Karl Marx diretamente em seus textos, ou através dos comentários do filósofo marxista francês Louis Althusser, era um imperativo.

Magno Vilela diz em seu depoimento no livro *Memórias do exílio*: "Althusser se ocupava do que era considerado como 'a' teoria de nosso tempo, o marxismo. De repente, para mim, leitor sem dúvida apressado, tudo ou quase tudo tinha sido relegado às trevas da ideologia em nome do que era 'a' teoria, isto é, o marxismo. O que me colocou algumas questões, até mesmo dramáticas, sobre o estatuto da fé cristã que eu professava."

Segundo ele, antes de Althusser, Sartre já havia explicitado que o marxismo era "a" teoria da época: "Esse problema se fazia sentir, para nós cristãos brasileiros, de maneira concreta, a partir da Revolução Cubana, e das figuras épicas, bem latino-americanas, de seus dirigentes. Confesso que a atividade, a vida, a obra e a morte

CONVENTO DAS PERDIZES, SÃO PAULO

de Guevara foram uma coisa que me marcou profundamente. Um pouco antes houve a morte do padre guerrilheiro Camilo Torres. No meu espírito, esses dois exemplos reforçaram minha convicção de que havia um encontro possível entre marxistas e cristãos. Tudo isso reforçava o desejo de estudar a obra de Marx."

Herbert Marcuse, para quem a teoria crítica tinha a obrigação de politizar-se, sob pena de se tornar anódina, também era um *must* entre os estudantes. Marcuse dera seu apoio inequívoco ao movimento estudantil dos *campi* americanos, em 1968, assim como aos movimentos que combatiam o imperialismo americano, sobretudo no Vietnã.

Entre os frades, matricular-se na USP tornou-se uma necessidade. Oswaldo Rezende, Luiz Felipe Ratton Mascarenhas, Ivo Lesbaupin, Roberto Romano, Magno Vilela e Tito de Alencar Lima estudavam na prestigiosa universidade. Frei Betto costumava frequentar as aulas de antropologia.

— Na USP, Oswaldo ficou tão maravilhado com as aulas magníficas da filósofa Marilena Chauí que conseguiu levá-la ao convento para fazer uma palestra — relembra Ivo.

Como estudante da USP e, depois, nos meses em que foi professor de Antropologia Filosófica no Curso Superior das Religiosas de São Paulo (ESPAC), frei Tito de Alencar tinha necessidade de uma máquina de escrever. Sua irmã Nildes, que adivinhava seus desejos, mandou-lhe uma portátil, pequena e prática, como presente de Natal.

Na Capela do Vergueiro, do outro lado da cidade, frei João Batista dos Santos e João Caldas, ex-frei Maurício, que ali moravam, acolhiam lideranças operárias empenhadas em fundar uma central sindical através do Movimento Popular de Libertação (MPL).

Um dia, frei Edson Braga de Souza celebrava a missa no colégio das freiras dominicanas, onde os frades se encontravam reunidos com o comandante da ALN. No momento da eucaristia, frei Maurício pergunta a Marighella se não quer participar. Tenta convencê-lo:

— É um alimento, um pão, se quiser pode ir lá e comer.

Marighella agradeceu, mas não comungou.

Os dominicanos estavam na vanguarda da renovação da Igreja pós-Concílio Vaticano II. Abertos à cultura e à ciência, além do enriquecimento intelectual também buscavam autoconhecimento através de psicoterapias diversas e, muitas vezes, pouco ortodoxas.

Os superiores queriam que os jovens seminaristas confirmassem a vocação ou descobrissem precocemente a ausência de vocação. Para isso, encaminhavam-nos a psicoterapias.

Era uma tendência que vinha dos anos 1950, quando a Igreja decidiu que discernir vocações "era uma forma de afastar os neuróticos, os perversos e também os pedófilos", segundo a historiadora da psicanálise Elisabeth Roudinesco. Ela contou numa palestra em Paris:

> Historicamente, a Igreja Católica sempre teve problemas com a sexualidade dos padres, daí o estímulo a algumas experiências ligadas à psicanálise ou psicoterapias. Em Cuernavaca, no México, um mosteiro beneditino experimentou, na década de 1950, um caminho inovador que inquietou a Igreja. Era a introdução da psicanálise na vida dos monges. Não a psicanálise freudiana clássica, mas uma espécie de psicoterapia de grupo dirigida por dois psicanalistas mexicanos.

Na França, alguns padres, como o filósofo e historiador jesuíta Michel de Certeau, se tornaram psicanalistas. Certeau foi membro da Escola Freudiana de Paris (EFP), fundada por Jacques Lacan. O padre Louis Beirnaert, autor de *Aux frontières de l'acte analytique: la Bible, Saint Ignace, Freud et Lacan*, foi também membro da EFP e vivia com sua companheira, sem nunca ter deixado a Igreja. Segundo a historiadora, os jesuítas aceitavam perfeitamente a situação.

Roberto Freire, psiquiatra, psicanalista e jornalista, que depois se tornou um escritor de sucesso, era muito amigo dos dominicanos das Perdizes e chegou a receber pelo menos um deles em seu consultório. Naquela época, Freire ainda era católico. Antes do Golpe, havia feito parte do grupo de colaboradores do jornal *Brasil Urgente*, fundado por frei Carlos Josafah. Mais tarde, abandonou a fé e se tornou ateu. Mas, em seus últimos momentos de vida, consentiu em receber a bênção, dada por Frei Betto.

Quanto a frei Tito, seu trabalho de autoconhecimento não foi nada ortodoxo. Fez uma narcoanálise, terapia que envolve o uso de substâncias psicoativas, visando a favorecer um autoconhecimento sem entraves. Aparentemente, esse tipo de psicoterapia saiu de moda, pois não se ouve mais falar dela, e sobraram poucos registros disponíveis da prática. Depois de interromper a narcoanálise, Tito nunca mais utilizou essas substâncias psicoativas.

Tito vivia um momento de introspecção e de depressão, e estava em pleno tratamento quando foi preso. Antes da prisão, queixava-se a frei Maurício da dureza do método, que consistia em injeções dadas por um psiquiatra-psicoterapeuta "com o objetivo de quebrar as resistências a uma investigação interior".

— Muitas vezes passo três dias na rede, querendo dormir, prostrado, em total introspecção — dizia Tito a frei Maurício, que também fez psicoterapia, deixou a Ordem dominicana, retomou seu nome de batismo, João Caldas Valença, e em 2012 tinha 72 anos.

João via em Tito as dúvidas de todos os frades jovens: em alguns momentos, hesitava quanto à capacidade de aceitar o celibato. Quanto aos textos marxistas, ele os lia com uma capacidade crítica muito aguda.

O ex-frei Roberto Romano também viu Tito passar por questionamentos profundos durante sua terapia:

— Tito começou a se ensimesmar. Embora reservado, no meio das conversas podia notar suas dúvidas quanto à vida conventual, ao celibato, à afetividade e à socialização com pessoas próximas. Respeitando sua subjetividade, nunca insisti em aprofundar tais assuntos. Mas nada havia nele que não fosse o questionamento comum dos que viviam a vida religiosa após o Concílio Vaticano II. Ele passava, sem dúvida, por um processo doloroso de questionamento subjetivo. Sua prisão foi um choque mais duro do que em outras pessoas.

Na casa do general

Tito, Magno, Oswaldo, Giorgio, Ratton e Betto eram muito amigos do general Euryale de Jesus Zerbini e de sua mulher Therezinha. O general, irmão do renomado cardiologista Euryclides de Jesus Zerbini, havia sido professor da Escola Superior de Guerra e fora cassado pela ditadura por ter-se posicionado contra o Golpe militar. Por sua posição clara pela legalidade democrática, fora preso logo após o Golpe, no Forte de Copacabana, com outros três generais e diversos coronéis. Na casa do militar, os frades conheceram oficiais que se opuseram ao Golpe e estavam afastados do Exército.

O pai do general, Eugênio, era de Adra, região do Vêneto, e a mãe, Ernestina, de Turim. Euryale nasceu em Guaratinguetá, em 1908, o que fazia dele uma figura paterna no grupo de frades quase quarenta anos mais jovens.

A casa dos Zerbini ficava a poucos quarteirões do convento e o militar tinha imenso prazer em receber aos sábados os dominicanos, em torno de sucos e cerveja, para conversas filosóficas. Apesar de católico como sua mulher, o general, que se definia como "um pagão mal cristianizado", não podia comungar por ser desquitado.

Mesmo se vendo como um mau cristão, era devoto de Santa Teresinha, se é que a devoção não começou depois do encontro com a jovem determinada e mandona, estilo sargenta. Ele gostava de dizer:

— Quer conviver bem com as mulheres? Obedece.

CONVENTO DAS PERDIZES, SÃO PAULO

Daí a *boutade* da filha, a economista Eugênia Zerbini: o pai "era o único general que obedecia a um sargento".

A ligação de dona Therezinha com o convento passava pela relação do general com os frades. Mas antes, em meados da década de 1960, ela ia regularmente assistir às famosas pregações de frei Chico, que enchiam a igreja com gente vinda de toda a cidade. A missa das 11h se transformava em tribuna livre de crítica ao regime militar.

Tito, em quem a mulher do general via um espírito refinado e sensível, era um assíduo dos sábados filosóficos. Naqueles encontros, o general Zerbini, homem de grande cultura, leitor de Bergson, Merleau-Ponty, Heidegger, Clausewitz e outros filósofos, tinha com frei Tito longos debates. Apesar da diferença de idade, os dois amigos se entendiam perfeitamente e costumavam ir para a Universidade de São Paulo juntos. Tito tomava emprestados livros do general, relembra Therezinha Zerbini, numa tarde de dezembro de 2012, sentada na sala da mesma casa em que recebia os frades até 1969.

O general Zerbini se matriculara no mestrado de filosofia da USP, com a professora Marilena Chauí, "a mulher mais inteligente" que conhecera. Tito fazia ciências sociais, mas alimentava o interesse pela filosofia através de suas leituras e partilhava com o general o respeito pela filósofa. O frade, que dona Therezinha Zerbini descreve como "meio baixotinho, um homem interessante, de olhar atento e voz suave", usava óculos de lentes "fundo de garrafa", que aumentavam seus grandes olhos de caboré. Frei Oswaldo, "inteligente, perspicaz, mas um tanto arrogante", era um dos interlocutores mais próximos do general, por sua cultura e pelas análises políticas bem argumentadas.

A dissertação de mestrado do militar deveria versar sobre "O corpo na filosofia de Merleau-Ponty", orientada pela professora Chauí. Mas os acontecimentos de novembro de 1969 atropelaram a dissertação.

A morte de Marighella e a prisão dos dominicanos caíram como uma bomba na vida do militar. Não somente viu seus amigos presos e enlameados por uma campanha da imprensa que seguiu a lógica da ditadura, como teve que suportar, impotente, a prisão da esposa. Therezinha Zerbini foi presa no início de 1970, em sua casa, e depois enquadrada na Lei de Segurança Nacional "por fomentar reunião de pessoas contra a ordem política e social".

Como os frades, Therezinha Zerbini nunca pegou em armas. De certa forma sim, mas apenas para proteger um amigo e ajudá-lo a encontrar um esconderijo seguro. Um dia, a mulher do general se viu com um grande pacote que alguém lhe pediu para guardar. Eram fuzis. Ela não titubeou. Mandou o filho de 9 anos pular o muro da casa do vizinho no escuro da noite, levando o pesado embrulho enrolado em estopa. No fundo do quintal do vizinho, num canto do terreno que descia como uma ribanceira, foi deixado o pacote, escondido por muitas árvores.

— Não sabemos até hoje a quem pertenciam. Vinha alguém e pedia: a senhora pode fazer o favor de guardar isso? E minha mãe atendia ao pedido — comenta a filha Eugênia.

Um detalhe que mostra a audácia da mulher do general: a casa do vizinho pertencia ao consulado americano e era residência do adido cultural.

Ao morrer, em 1982, o corpo do general Zerbini foi encomendado por Frei Betto, no cemitério do Araçá.

O engajamento dos dominicanos paulistas não era uma exceção. Em outros países da América Latina, os padres foram mais longe e chegaram a pegar em armas na luta revolucionária. Em 1966, o sacerdote colombiano Camilo Torres morria em combate guerrilheiro nas selvas de seu país, levando outros religiosos a se juntar à causa da luta pela libertação do continente do imperialismo americano. Para eles, o combate pela justiça social era uma exigência da fé cristã.

Em sua última fala pública, em janeiro de 1966, Camilo Torres deixou clara sua opção: "A luta armada é a única via que permanece livre... nenhum passo atrás; liberdade ou morte." Ele perdeu a vida num confronto com o exército colombiano e seu nome se tornou um símbolo para os jovens sacerdotes e cristãos engajados.

Che Guevara, morto em outubro de 1967 na selva boliviana, viria juntar-se a Camilo Torres no panteão dos revolucionários que inspiraram marxistas e frades preocupados com a justiça social, no Brasil e no mundo.

Frei Tito, como seus confrades, tinha grande admiração pelo colombiano. Em Paris, onde estava exilado, deu entrevista ao jornalista italiano Claudio Zanchetti, em 1972, e revelou-se em sintonia total com o padre-guerrilheiro:

> O Evangelho traz uma crítica radical da sociedade capitalista. Nesse sentido, é revolucionário. Os temas da esperança, da pobreza, do messianismo, que são profundamente bíblicos, estão na fonte do movimento revolucionário. Eu aceito totalmente a posição de Camilo Torres. Não vejo realmente como ser cristão sem ser revolucionário.

Menos de um mês depois da morte do Che, em outubro de 1968, o psicanalista Hélio Pellegrino, católico e amigo dos dominicanos, escreveu no jornal carioca *Correio da Manhã* um artigo em que compara o herói da revolução cubana a Camilo Torres:

> A morte de Ernesto Che Guevara se aproxima extraordinariamente de Camilo Torres — o padre guerrilheiro que, por amor à justiça, empunhou o fuzil e tombou morto, nas montanhas da Colômbia. Guevara e Camilo são dois irmãos que, em latitudes diferentes, caíram de maneira idêntica, numa luta comum. Em ambos, a sede de testemunho pessoal ardeu como uma rubra fogueira, purificando-os dos últimos vestígios do egoísmo e da inautenticidade. Guevara e Camilo fizeram do próprio corpo o pão e o vinho da comunhão com os pobres. Eles se imolaram e se deram em alimento à grande fome que devora o mundo. Pouco importa que um seja católico e outro marxista... A essência do cristianismo é a capacidade do sacrifício por amor ao Próximo. Todo homem que abre mão de si mesmo, para servir à justiça, é cristão.

A militância dos frades na ALN era um engajamento profundo, enraizado na fé e aliado à ação revolucionária.

Mas, em relação a Tito, nem todos têm a mesma visão. Para uns, ele estava claramente decidido a combater a ditadura nesse caminho da união de cristãos e marxistas revolucionários. Para outros, ele sempre teve profundas dúvidas sobre essa aliança, mesmo que cumprisse tarefas como os outros frades. E fez parte dos que apoiavam a organização de Marighella sem nunca ter encontrado o líder guerrilheiro.

— Antes do meu embarque para a Europa, Tito pediu para se afastar temporariamente — conta frei Oswaldo que, em julho de 1969, viajou para Friburgo, na Suíça, para prosseguir seus estudos de teologia. — Me mandaram para a Europa por dois motivos: primeiramente, porque era preciso formar quadros para ensino e pesquisa filosófica e teológica. Depois, porque meus superiores achavam que eu estava com a vida muito dispersa, não dando aos estudos o tempo integral que requeriam, muito exposto devido a minha intensa militância contra a ditadura. Assim, corria o risco de ser preso a qualquer momento.

Oswaldo foi enviado inicialmente para Friburgo, na Suíça, e depois foi para Estrasburgo, na França. Em seguida, fixou-se em Paris. Voltou ao Brasil depois de 29 anos de exílio, em 1998.

Definido por um confrade como tendo "um pensamento filosófico aguçado e crítico", o frade se tornou importante articulador da ALN na Europa, juntamente com Aloysio Nunes Ferreira. Além dos encontros políticos, tratava do levantamento de fundos de simpatizantes europeus, como o grande cineasta italiano Luchino Visconti, para a ALN.

Antes de partir, Oswaldo pensou em Tito para substituí-lo na coordenação do grupo de frades com Marighella. Mas a escolha acabou recaindo sobre frei Fernando.

— Eu jamais pensaria em escolher alguém que se sentisse distante — diz Oswaldo, para afastar dúvidas quanto ao total engajamento de Tito.

Não é essa a visão de João Caldas Valença nem de Magno Vilela. Este assegura que Tito não fazia parte do grupo mais próximo da ALN, mas em alguns momentos participou ativamente. Como num episódio dramático, quando se viu envolvido no socorro a Chico Gomes, irmão de Virgílio Gomes, o Jonas. Chico tinha levado uma bala de raspão na cabeça ao fugir da polícia em São Paulo, e estava ferido dentro do carro usado na ação. Inconsciente, o rapaz fora enrolado num lençol.

Magno e Tito levaram Chico ao convento dos padres camilianos, juntamente com Paulo de Tarso Venceslau e o médico Boanerges de Souza Massa. O ferido não pudera permanecer no hospital, onde os médicos o haviam operado sob ameaça da arma de Boanerges. Por isso, teve de ser removido clandestinamente para o convento dos camilianos.

Na época, Tito e Magno estudavam no Instituto de Filosofia e Teologia com os camilianos, ordem que tem por vocação principal cuidar de enfermos. Esses frades não tinham nenhum envolvimento com a luta armada, mas se viram obrigados a participar indiretamente dela ao acolher um revolucionário ferido. Desde então, Chico Gomes ficou amigo dessa ordem religiosa. Tempos depois, Boanerges veio a ser acusado de ser infiltrado e ninguém mais soube notícias dele. Teria sido morto pela repressão, segundo uma das versões sobre seu desaparecimento.

João Caldas conta que a militância suscitava uma divisão em Tito:

— Ele vivia um conflito entre o materialismo dialético e o idealismo dentro da Igreja, e se manifestava a partir do que lia, discutia e vivia dentro de uma instituição eclesial, no caso, a Ordem dos Dominicanos.

Frei Betto concorda que Tito era muito crítico:

— Onde a gente punha ponto, ele punha vírgula: "Isso aí, não sei, tem que ver..." Isso podia ser visto como insegurança. Mas não diria que havia alguém mais ou menos engajado entre os que foram presos. Com exceção de Roberto Romano, que não tinha nenhum engajamento.

Tito tinha muitos contatos entre os militantes do PCB, como o cearense Genésio Homem de Mello, o Rabote. Era também muito amigo do médico Antônio Carlos Madeira, dissidente do PCB que entrou para a ALN.

— Tito tinha uma rede de amigos do Partidão que passaram depois para o Marighella. Não dá para dizer que não tinha um engajamento. Tito não era, de jeito nenhum, um fradezinho que ficava aqui na torcida — assegurou Frei Betto, em conversa no Convento das Perdizes, numa tarde de dezembro de 2012.

Além de Rabote, era próximo de outros militantes do PCB como o dr. Samuel Pessoa, o maior parasitologista do Brasil, dissidente do Partidão que se aproximara de Marighella. Samuel Pessoa e sua esposa, Jorgina, moravam em uma casa na Rua João Moura, a poucos metros do convento dos dominicanos. O médico sanitarista tinha sido escolhido pela ONU para procurar provas do uso, pelos Estados Unidos, de armas bacteriológicas na guerra da Coreia.

Tito e João Caldas estavam entre os que assistiram, na casa do médico, a filmes que provavam o uso dessas armas que destruíam o meio ambiente e matavam os habitantes das aldeias onde eram despejadas.

Mas a militância do frade não era incondicional e sem reservas. Expressava suas inquietações, previa um confronto mais à frente entre cristãos e marxistas. Achava que o marxismo e o cristianismo eram incompatíveis como visões de mundo, mas seguia somando forças na luta contra a ditadura.

Seus amigos procuravam contemporizar:

— Quando chegar o momento de confronto, a gente se define.

Se Tito não era o único a questionar a possibilidade de conciliar Marx e Cristo, pelo menos era o que expressava mais claramente a supremacia de seu engajamento religioso sobre o político.

Em 2012, João Caldas Valença resumiu:

— Era o mais lúcido de todos.

A aliança de Marx com Cristo

A nova geração brasileira, a despeito dos que pretendem distorcer-lhe o caminho, é uma geração política. Marcha para a frente, confiante em seu destino, determinada a alcançar a liberdade e o progresso, olhos voltados para o marxismo contemporâneo. Não importa que os moços de hoje estejam filiados a correntes filosóficas diversas. Aceitem ou não o primado da matéria e do reflexo do ser sobre a consciência, militem no campo do materialismo ou nas hostes do espiritualismo, como é o caso da plêiade de católicos preocupados com a questão social, os jovens avançam em busca de uma saída. O marxismo contemporâneo não poderá deixar de fasciná-los e estimular-lhes o espírito criador.

CARLOS MARIGHELLA, *Por que resisti à prisão*, 1965

Ao contrário de comunistas radicalmente anticlericais, Carlos Marighella defendia uma aliança respeitosa com os religiosos dispostos a trabalhar pela revolução socialista, meta da guerrilha urbana e da futura guerrilha rural.

"Nossa posição ante a Igreja é de absoluto respeito à liberdade religiosa e pela completa separação entre a Igreja e o Estado", escreveu o revolucionário no texto que tinha por objetivo desmentir uma falsa carta enviada a dom Agnelo Rossi, cardeal de São Paulo. A carta chegara junto com um artefato que provocou estrondo e acordou o arcebispo no palácio episcopal, em 5 de agosto de 1969. A mensagem era obra dos serviços secretos para indispor o religioso conservador com os ativistas da ALN.

Ao se definirem pelo engajamento ao lado de Marighella desde 1968, os dominicanos do Convento das Perdizes optavam pela nova concepção da Igreja no mundo. Eles haviam acompanhado com entusiasmo o Concílio Vaticano II (1962-1965, iniciativa do papa João XXIII), como uma transfusão de sangue num corpo enfraquecido. "A busca de uma sintonia com o mundo moderno", como via frei Carlos Josaphat.

Na Roma do Concílio, um outro comunista já tinha ensaiado uma síntese de Marx com Cristo, em 1964. No filme *O Evangelho segundo São Mateus*, retrato reverente de um Jesus revolucionário, o poeta e cineasta Pier Paolo Pasolini segue de perto o texto e o espírito do primeiro Evangelho. Considerado uma obra-prima, agradou a cristãos e marxistas. Antes dele, em *Roma cidade aberta*, Roberto Rossellini, precursor do neorrealismo italiano, retratara a aliança entre comunistas e católicos, em 1943-1944, no combate à ocupação alemã e aos últimos focos da resistência fascista.

Tito, ainda um jovem engajado na Juventude Estudantil Católica (JEC), seguia de perto o Concílio e a renovação da Igreja. Ele não concebia a transformação do homem pelo cristianismo sem a transformação da sociedade.

O Concílio questionou dogmas, modernizou a liturgia, introduzindo línguas vernaculares na missa, em lugar do latim, debateu a disciplina e deu lugar de destaque aos leigos dentro da Igreja, com o chamado apostolado laico. Além disso, promoveu o diálogo com cristãos não católicos e outras religiões.

Para os conservadores, foi um terremoto. Para teólogos, intelectuais e leigos praticantes, Vaticano II foi vivido como um sopro de modernidade indispensável para renovar dois mil anos de tradições e regras que esclerosavam a Igreja.

A ALIANÇA DE MARX COM CRISTO

Os jovens frades das Perdizes viam João XXIII e sua revolução desmentir a fórmula de Marx. A ala engajada na modernização da Igreja queria que a religião fosse uma força transformadora e não "o ópio do povo". Os dominicanos queriam participar da libertação dos oprimidos.

— Nossos conventos tornaram-se oficinas de novas ideias e propostas — conta Frei Betto.

No Brasil, o ecumenismo e o apostolado dos leigos, reforçados pelo Concílio, levaram católicos e protestantes a se encontrar em torno de debates teológicos. Entre os teólogos protestantes que incentivaram o diálogo ecumênico estava o americano Richard Shaull (1919-2002), que lecionou de 1952 a 1962 no Seminário Teológico da Igreja Presbiteriana do Brasil, em Campinas. Shaull é autor de dois textos que marcaram época entre teólogos protestantes e católicos: *As transformações profundas à luz de uma teologia evangélica* (Petrópolis: Vozes, 1965) e *O cristianismo e a revolução social* (São Paulo: União Cristã de Estudantes do Brasil, 1953). Antes de morar no Brasil, Shaull viveu na Colômbia, onde teve o primeiro contato com a realidade latino-americana.

Rubem Alves, teólogo protestante influenciado por Shaull, de quem foi aluno, conta que, antes do Golpe militar de 1964, o teólogo americano liderou um projeto totalmente novo na época: um grupo de seminaristas, durante as férias, foi trabalhar numa fábrica na Vila Anastácio, em São Paulo. A inspiração veio do movimento católico francês dos padres-operários, que, em vez de esperar que os trabalhadores fossem à igreja, foram eles próprios trabalhar como operários nas fábricas. Eram as sementes da Teologia da Libertação, representada pelos teólogos católicos Gustavo Gutiérrez e Leonardo Boff.

Além de sua atividade docente, Shaull promoveu intercâmbios entre estudantes e operários de São Paulo e colóquios ecumênicos com os frades dominicanos. Como consequência da tentativa malvista de construir um diálogo entre a tradição protestante e o marxismo, houve expulsões de alunos no Seminário de Campinas e Shaull foi obrigado a retornar aos Estados Unidos, em 1969, expulso do Brasil pelo governo militar.

Anos depois, a semente do ecumenismo deu frutos. O projeto contra a tortura *Brasil: Nunca mais*[3] foi desenvolvido pelo então arcebispo de São Paulo, dom Paulo Evaristo Arns, e pelo pastor presbiteriano James Wright. O pastor era irmão de Paulo Stuart Wright, um dos líderes da Ação Popular (AP), morto sob tortura em 1973, depois de voltar clandestinamente do México. Seu corpo nunca foi encontrado.

Com o engajamento na ALN, os frades dominicanos reeditavam, de certa forma, a aliança entre cristãos e comunistas durante a Resistência Francesa.

Além disso, depois da guerra, houve também na França a ação dos padres-operários. Nossos dominicanos eram descendentes dessa linhagem de sacerdotes engajados. Discípulos do padre Lebret, do movimento Economia e Humanismo, eles eram grandes leitores de Mounier, Teilhard de Chardin e Congar. O teólogo protestante americano Harvey Cox, autor de *A cidade secular*, também teve grande influência na formação dos frades.

Na prisão em Porto Alegre, ao ser questionado por um jovem delegado interessado em "conhecer melhor suas ideias", num interrogatório que pretendia ser "ideológico", Frei Betto não se furtou a dar resposta a todas as perguntas. Referindo-se a Marighella, o delegado queria saber como um cristão pode colaborar com um comunista. Frei Betto, que momentos antes definira o criador da ALN como

---

3. O livro *Brasil nunca mais* repertoriou 17 mil vítimas de torturas e conta com detalhes 1.800 casos de pessoas torturadas. Ele é o resultado do trabalho de uma equipe de corajosos advogados e ativistas religiosos que se reuniam clandestinamente depois da anistia, de 1979 a 1985, sob a coordenação de dom Paulo e do pastor Wright para analisar 707 processos do Superior Tribunal Militar (STM).

A ALIANÇA DE MARX COM CRISTO

"um homem sedento de justiça, que entregou a vida pela causa do povo", respondeu:

— Para mim, os homens não se dividem entre crentes e ateus, mas sim entre opressores e oprimidos, entre quem quer conservar a sociedade injusta e quem quer lutar pela justiça.

Mas a preocupação com uma sociedade mais justa, bandeira do clero progressista, estava longe de ser majoritária na Igreja brasileira. Os dominicanos representavam apenas um lado da moeda, pois o Concílio Vaticano II dera origem a uma cisão ideológica. De um lado, a corrente de esquerda, liderada por dom Helder Camara e, do outro, a corrente de direita, ligada a dom Jaime de Barros Câmara e dom Vicente Scherer.

Na corrente de esquerda, destacaram-se os bispos dom Mauro Morelli, dom Tomás Balduíno, dom Pedro Casaldáliga, dom Adriano Hipólito e dom Paulo Evaristo Arns, depois cardeal de São Paulo. Representantes da alta hierarquia católica, esses bispos atuaram corajosamente na defesa dos direitos humanos e na denúncia da tortura sistemática dos presos políticos.

Dom Helder Camara, respeitado e admirado pelos estudantes e intelectuais, era *persona non grata* ao governo militar. Depois do AI-5, a censura à imprensa proibiu qualquer notícia sobre o arcebispo, principalmente sobre suas inflamadas conferências e entrevistas na Europa, denunciando as torturas, a censura e a opressão do povo brasileiro. A ditadura e a imprensa passaram a tratá-lo de "bispo vermelho".

No quartel da Rua Barão de Mesquita, no Rio, o prisioneiro político Flávio Tavares viu, logo na entrada, um enorme cartaz no qual a foto do arcebispo de Recife aparecia ao lado das fotos de Marighella e Carlos Lamarca. O título do cartaz de propaganda apontava "os chefes do terrorismo comunista".

Nesse clima extremamente politizado da atuação da Igreja, não é de estranhar que, desde o início do governo Nixon (1968-1974), tenha havido entre os americanos um interesse especial pelo trabalho social e pela importância política da Igreja Católica na América Latina. O "Relatório Rockefeller" diagnosticara: mais ameaçadores à "estabilidade" do continente do que a esquerda eram os cristãos engajados na luta pela justiça.[4]

Antes de se definirem pelo apoio a Marighella, selando a aliança entre Marx e Cristo, os dominicanos do Convento das Perdizes tinham sido militantes da JEC (Juventude Estudantil Católica), um dos braços da Ação Católica Brasileira.

A Ação Católica (AC) se dividia em A, E, I, O, U — JAC, JEC, JIC, JOC, JUC. Na Juventude Agrária Católica militavam jovens do meio rural; a Juventude Estudantil Católica reunia os estudantes secundaristas; a Juventude Independente Católica reunia moças solteiras que haviam completado o ciclo escolar; a Juventude Operária Católica era o núcleo dos operários; e na Juventude Universitária Católica militavam os universitários. A Juventude Operária Católica fora a origem das demais, na Bélgica, nos anos 1930. Para ingressar nesses movimentos, era preciso ser referendado pelos militantes.

Essas vogais incomodavam à ditadura. Perturbavam tanto os militares que eles convenceram os bispos de que a Ação Católica era o braço esquerdo da subversão, vinculado à Ação Popular.

De fato, a AP, um movimento de esquerda que "tentava conciliar Cristo e Mao Tsé-Tung", como definiu o jornalista Flávio Tavares, fora criada por militantes da AC. Sob suspeita de subversão, a Ação

---

4. No início de 1969, o presidente dos Estados Unidos Richard Nixon solicitou ao governador de Nova York, Nelson Rockefeller, que visitasse diversos países da América Latina para relatar como a política externa americana para a região era vista em cada país. O resultado foi publicado em 1969 com o título de *Rockefeller Report on the Americas: The Officials Report of a United States Presidential Mission for the Western Hemisphere*. Uma das conclusões era que a Igreja Católica, em muitos países, era "suscetível à penetração subversiva". Antes mesmo da vinda da missão dos Estados Unidos, o relatório que preparava a visita, chamado "Brazil Briefing Paper", afirmava que, desde o Golpe de 1964, a sociedade encontrava-se dividida: de um lado, o governo; do outro, estudantes, padres militantes e alguns membros do alto escalão da Igreja Católica.

A ALIANÇA DE MARX COM CRISTO

Católica foi pouco a pouco esvaziada, a partir de 1966, pela alta hierarquia católica.

Para os membros mais politizados, a JUC se mostrava por demais estreita, dada a vinculação oficial à Igreja.

"Nasceu, por isso, a ideia de criar outro veículo de ação política que permitisse liberdade de atuação e não envolvesse a hierarquia católica, hostil à politização esquerdizante" — como explica o historiador Jacob Gorender, em seu livro *Combate nas trevas — A esquerda brasileira: das ilusões perdidas à luta armada*. "Assim nasce a Ação Popular (AP)."

Em junho de 1962, num congresso em Belo Horizonte, fez-se o lançamento solene da Ação Popular. O nome teve origem na *Revue d'Action Populaire*, publicada pelos jesuítas franceses e divulgada no Brasil pelo padre Henrique de Lima Vaz, filósofo de tendência progressista. Um jornal de esquerda chamado *Ação Popular* circulou em Belo Horizonte, em 1961-1962. Um dos mais atuantes líderes da AP era o sociólogo Herbert de Sousa, o Betinho.

Em 1963, a AP se pronunciou pelo "socialismo humanista", ideologia influenciada pelos pensadores católicos Emmanuel Mounier, Teilhard de Chardin, Jacques Maritain e pelo padre Joseph-Louis Lebret. Essa corrente esteve em voga nos meios marxistas tanto europeus quanto brasileiros.

A AP conseguiu reunir católicos, protestantes e ateus. Apesar de declaradamente não confessional, teve em sua formação uma vertente protestante, além da católica. Entre os protestantes, Paulo Stuart Wright e seu irmão, o pastor Jaime Wright, tinham sido influenciados pelo teólogo Richard Shaull. Uma terceira vertente reuniu pessoas sem confissão religiosa, ateus com formação marxista.

Apesar de contar com militantes da classe artística, de profissões liberais e jornalistas, foi entre os estudantes universitários que a AP se implantou. Em 1964, o estudante Carlos Alberto Libanio Christo, conhecido como Betto, foi preso, confundido com Betinho. Betto, que se tornaria dominicano, fazia parte da direção nacional da JEC, da Ação Católica. Betinho militava na AP.

Ao chegar ao Cenimar, Betto percebeu que o haviam confundido com o outro mineiro. Naquela época, sua atividade na AC também era considerada subversiva, mas a repressão visava sobretudo ao Betinho da AP, movimento mais perigoso, mais subversivo do que a Ação Católica, na lógica da ditadura.

Foi antes da ditadura, num encontro nacional da JEC, no Rio de Janeiro, em 1961, que Tito e Betto se conheceram. Nesse mesmo encontro, havia um militante da JEC de Anápolis, chamado Henrique Meirelles, que no governo Lula se tornou presidente do Banco Central.

Quando Betto foi nomeado para compor a equipe nacional da JEC, representando Minas Gerais num grupo de seis militantes de diversas regiões do Brasil, Tito foi nomeado dirigente do Nordeste. Sua nova função o levou a transferir-se de Fortaleza para o Recife, onde os permanentes viviam por conta da Conferência Nacional dos Bispos do Brasil (CNBB).

Naquela época, os bispos tinham a coragem de confiar a direção de um movimento importante da igreja a jovens de 17, 18 anos. Os mais velhos tinham acabado de sair da adolescência. Os líderes da Ação Católica eram confirmados na direção nacional por dom Helder Camara, então bispo auxiliar do Rio de Janeiro.

Ironicamente, nesse período o governo americano acabou ajudando de forma indireta no sustento de alguns desses grupos da esquerda católica jovem. Para prevenir potenciais revoluções comunistas inspiradas na recente Revolução Cubana, o governo de John Kennedy criou, em 1961, o programa Aliança para o Progresso. O objetivo era "promover o desenvolvimento econômico" dos países da América Latina através de parcerias técnicas e doações. Entre os gêneros enviados, havia alimentos para as populações malnutridas do Terceiro Mundo.

Durante algum tempo, militantes da esquerda católica, como Tito e Betto, se alimentaram com as doações de origem ianque.

— Mas a ajuda era às vezes indigesta: muitas vezes, os alimentos ficavam tempo demasiado no porto, e se deterioravam — conta Frei Betto.

Assim, ao ser distribuídos através das obras sociais do governo e da Igreja, causavam grandes estragos a estômagos e intestinos mais frágeis.

O programa Aliança para o Progresso foi extinto pelo presidente Nixon em 1969. Em vez de alimentos, o republicano achou melhor mandar bombas para combater comunistas e socialistas da América Latina. O primeiro a experimentar a mudança de estratégia da Casa Branca foi Salvador Allende. Então, Nixon já podia contar com a ajuda eficaz dos generais brasileiros no Golpe militar liderado por Pinochet, em Santiago, em 1973.

Numa das viagens ao Nordeste pela JEC, Betto conta a Tito a descoberta de sua vocação e o desejo de entrar para a Ordem dominicana. Atribui-se a ele uma influência na decisão posterior de Tito de se tornar sacerdote.

Ernesto

Era um homem inteiro e íntegro, um brasileiro filho da mistura, um mestre do humanismo, um baiano de régua e compasso, herói na medida do povo.

JORGE AMADO, prefácio do livro de Carlos Marighella,
Por que resisti à prisão

Frei Oswaldo Rezende foi quem aproximou os dominicanos de Carlos Marighella (1911-1969). Mas o revolucionário jamais esperou que os frades pegassem em armas. Ele precisava de apoio logístico e, com o entusiasmo dos jovens frades, conseguiu montar um esquema eficaz que tinha como epicentro o Convento das Perdizes.

Aluno da Faculdade de Filosofia da Universidade de São Paulo, frei Oswaldo pediu aos seus colegas da Ordem que recebessem no convento um professor interessado em conhecer melhor "a renovação da Igreja Católica". Quem sugeriu a Oswaldo o encontro com os outros dominicanos foi seu colega de faculdade João Antônio Abi-Eçab. Era o ano de 1967.

Oswaldo é descrito pelo confrade Betto como um jovem magro, de pele muito branca, cabelos lisos que prenunciavam a futura calvície. Tinha militado na JEC, onde surgiu sua vocação religiosa e a visão da fé indissolúvel da justiça social.

Apesar de não ter se lembrado do local do encontro com Marighella no depoimento para a biografia do guerrilheiro de autoria de Mário Magalhães, Oswaldo confirmou depois a versão do livro *Batismo de sangue*: o primeiro encontro dos três foi no parlatório do convento.

Apresentado como Menezes, o "professor", um homem alto, corpulento, de pele morena escura, rosto firme, musculoso, se dizia marxista, interessado em conhecer a visão social e política dos cristãos. A conversa girou em torno do Concílio Vaticano II e da história da Igreja. Ao sair, Menezes deixou num embrulho livros de autoria de Carlos Marighella, dois de poesia e um intitulado *Críticas às teses do Comitê Central*.

Naquela época, o nome verdadeiro do "professor" ainda não era muito conhecido dos frades. João Antônio forneceu outros textos escritos pelo líder marxista e eles ficaram sabendo que o Agrupamento Comunista de São Paulo tornara-se uma organização revolucionária chamada Ala Marighella.

Os dominicanos, que estavam na vanguarda do movimento de renovação da Igreja Católica, logo se inteiraram da obra de Marighella, e alguns se tornaram próximos do revolucionário. Para estabelecer bases de guerrilha no campo, Marighella precisava contar com a ajuda dos frades, que, além de estar presentes em algumas capitais, tinham um convento na região de Conceição do Araguaia e Marabá, no sul do Pará.

Pouco depois, Frei Betto e frei Oswaldo encontraram-se novamente com Marighella nos fundos da sapataria dos pais de João Antônio, no bairro paulistano da Liberdade. A partir de então, o líder da ALN passou a contar com a participação ativa de alguns dominicanos.

Frei Tito, em entrevista de 1972 ao jornalista italiano Claudio Zanchetti, lamentava nunca ter encontrado o revolucionário marxista, "um grande líder e pessoa maravilhosa".

Magno Vilela encontrou algumas vezes o líder da ALN entre 1968 e 1969. As reuniões eram de pequenos grupos, rigorosamente clandestinos e em geral duravam pouco tempo. Nelas, tratava-se

ERNESTO

de discutir ações específicas de luta contra a ditadura, encontrar abrigo seguro para militantes em dificuldade, angariar apoio de diferentes tipos para a ALN, ajudar pessoas a sair clandestinamente do Brasil.

— Para o jovem frade de vinte e poucos anos que eu era, a figura maciça do revolucionário de fama antiga impressionava. Impressionou-me também a sobriedade dele no trato com as pessoas nos grupos. Nada de grandes efusões sentimentais aparentes, mas uma grande objetividade política — conta Magno.

O militante comunista baiano tinha idade para ser pai dos jovens dominicanos. Demonstrava sempre uma deferência especial por aquele pequeno grupo, como para manifestar que, tanto como líder político quanto como pessoa, não partilhava os preconceitos do "comunismo oficial" daquela época contra os cristãos.

— Lembro-me que ele costumava nos dizer, sempre com sobriedade, que tinha grande apreço pela insistência dos dominicanos brasileiros na necessidade de 'valorização do ser humano', expressão por ele usada para designar a mesma coisa que a linguagem cristã chama de dignidade da pessoa humana — conta Magno.

Frei Fernando de Brito descreve o revolucionário como um homem de porte agigantado que costumava usar "uma peruca que não condizia com seu perfil e lhe emprestava certo ar jocoso". Quase todos os frades ligados à ALN ressaltaram o lado improvisado da peruca. O disfarce só fazia chamar atenção, como conta no seu diário:

"O mais famoso revolucionário brasileiro tinha o olhar penetrante, agudo, voz pausada, mansa. Era educado e gentil, sabia escutar e mostrava-se muito seguro em seus argumentos. Tinha a história do Brasil na cabeça, conhecia bem a história de todas as lutas populares e, devido a seus estudos de ciências exatas, tinha facilidade para lidar com detalhes técnicos. Era poliglota, dotado de prodigiosa memória, dominava os clássicos e preocupava-se com a vida pessoal de cada militante."

Marighella exigia regras de segurança estritas de seus companheiros, mas costumava abusar da autoconfiança, frequentando restaurantes e praças do centro de São Paulo, apesar da total clandestinidade em que passou a viver quando optou pela luta armada.

A vida adulta de Carlos Marighella foi uma sucessão de encarceramentos e volta à liberdade. Nascido em Salvador em 1911, Carlos era filho do operário italiano Augusto Marighella, natural de Ferrara. No Brasil, casou-se com a filha de escravos Maria Rita do Nascimento, de quem teve sete filhos. Aos 21 anos, Carlos aderiu à Federação Vermelha dos Estudantes, vinculada ao Partido Comunista Brasileiro, depois de abandonar o curso de engenharia civil.

"Um sentimento profundo de revolta ante a injustiça social não me permitia prosseguir em busca de um diploma e dedicar-me à engenharia civil, num país onde as crianças são obrigadas a trabalhar para comer", escreveu tempos depois.

Preso em 1936 pela Polícia Especial de Filinto Müller, o líder comunista de 25 anos foi torturado durante 23 dias, demonstrando resistência física e psicológica extraordinárias. Depois de um ano de prisão, a anistia de 1937, com a instauração do Estado Novo, lançou-o na luta clandestina. Marighella passa a mobilizar os trabalhadores paulistas contra o avanço do nazifascismo, defendido no Brasil pela Ação Integralista Brasileira, de Plínio Salgado.

Por suas atividades inspiradas no Front Populaire[5] (Frente Popular), de Maurice Thorez, secretário-geral do Partido Comunista Francês (PCF), que participou ativamente da Resistência Francesa ao nazifascismo, Marighella foi novamente preso em 1939.

---

5. Criado em 1936, o Front Populaire inspirava tal pavor na direita francesa anticomunista que o jornal de extrema direita *L'Aurore* chegou a estampar como manchete "*Plutôt Hitler que le Front Populaire*" (Antes Hitler que a Frente Popular). Esses mesmos franceses depois colaboraram com indisfarçável entusiasmo com o invasor nazista durante o governo do marechal Pétain, instalado em Vichy. O governo de Vichy colaborou com zelo extremo com o invasor alemão na tarefa de deportação de judeus, socialistas e comunistas. Tanto franceses quanto estrangeiros refugiados na França foram enviados para os campos de concentração nazistas por pertencerem a um desses grupos.

Quando a Segunda Guerra Mundial começou na Europa, o comunista Carlos Marighella encontrava-se, novamente, numa prisão do governo Vargas, o Presídio Especial de São Paulo. A polícia de Filinto Müller mais uma vez o torturou barbaramente: teve as solas dos pés queimadas com maçarico, estiletes enfiados sob as unhas, alguns dentes arrancados. Mas não conseguiram fazê-lo falar. Dessa vez, Marighella permaneceu na prisão até 18 de abril de 1945, quando foi solto no processo de anistia e redemocratização do país, juntamente com seiscentos presos políticos.

Ele acompanhara a Segunda Guerra de dentro da prisão. Marighella havia ficado 5 anos, 10 meses e 23 dias preso. Saiu da prisão aos 44 anos, louvado pelos jornais. Na Bahia, uma missa celebrou sua liberdade.

O Partido Comunista ainda não tinha autorização para funcionar, mas já começava a se organizar. A legalidade foi comemorada num grande comício no estádio de São Januário, no Rio, no dia 23 de maio, que reuniu uma multidão de cerca de cem mil pessoas para ver e ouvir Prestes, que, em vez de revolução, passou a pregar "ordem e tranquilidade", alinhando-se ao movimento "queremista", que apoiava a eleição de uma Assembleia Constituinte com a manutenção do ditador Getúlio Vargas.

O PCB recebeu o registro do TSE em novembro de 1945, e Marighella terminaria o ano como deputado federal, eleito no dia 2 de dezembro. Foi o único eleito entre os 24 candidatos apresentados pelo Partido Comunista no seu estado.

Na Câmara, a bancada comunista era composta por 14 deputados (Jorge Amado foi eleito por São Paulo) e um senador, Luís Carlos Prestes, o senador mais votado no Brasil na época. Gregório Bezerra foi eleito deputado por Pernambuco. Como segundo suplente de secretário da mesa da Assembleia, também chamada Comissão de Polícia, Marighella foi um dos mais combativos defensores dos interesses das massas trabalhadoras.

A bancada era expressiva, mas minoritária, na Assembleia Constituinte. Getúlio fora deposto, mas deixou seus herdeiros políticos nos dois partidos apoiados por ele: PTB e PSD, que formavam a maioria conservadora.

Marighella passou a viajar pelo país defendendo a nova imagem do PCB, com paradas frequentes em Salvador. Foi um tempo de crescimento do partido: em cerca de dois anos, passou de 6.800 filiados para cerca de duzentos mil.

Entre os simpatizantes ou filiados de quem Marighella se aproximou nessa época estavam Jorge Amado, Zélia Gattai, Carlos Drummond de Andrade e Oscar Niemeyer. Mas a legalidade durou pouco. Uma feroz reação conservadora culminou na cassação do PCB pelo general Dutra, em maio de 1947. Os parlamentares perderam seus mandatos em janeiro de 1948.

Era hora de voltar à clandestinidade.

Nos anos 1950, Marighella embarca para a China, para conhecer de perto a jovem revolução chinesa.

O Golpe militar de 1964, que derrubou o governo constitucional de João Goulart, não surpreendeu Marighella, que via com preocupação o avanço da reação às anunciadas reformas de base. Juntamente com outros líderes do PCB, teve os direitos políticos suspensos por dez anos, além de ser indiciado em Inquérito Policial Militar.

Logo depois do Golpe, conseguiu fugir do apartamento da Rua Correa Dutra, no Flamengo, pouco antes da invasão pelo Dops. Nesse endereço, Marighella morou legalmente com sua segunda mulher, Clara Charf, durante os governos de Kubitschek e Goulart. Foi o único período em que viveram na legalidade nos 21 anos de vida em comum.

Ao se refugiar num cinema na Tijuca, fugindo dos policiais, Marighella foi baleado ao resistir à prisão. Ele tira as lições desse episódio no livro *Por que resisti à prisão*, publicado em 1965, com apresentação do crítico literário Antonio Candido e prefácio de Jorge Amado.

No ano seguinte, ao expor sua visão da realidade nacional no texto *A crise brasileira*, Carlos Marighella escreveu que o objetivo do movimento de massas é "levar a ditadura à derrota, substituí-la por outro governo". Para isso, o líder comunista estava convencido de que o caminho pacífico fora superado. Em sua estratégia de luta, ele previa uma "aliança com os católicos e, em particular, com a esquerda católica".

Depois de ter participado em Cuba da Primeira Conferência da OLAS (Organização Latino-americana de Solidariedade), em agosto de 1967, contrariando a decisão do Partido Comunista Brasileiro de não enviar representante, Marighella foi expulso do PCB. Permaneceu alguns meses na ilha de Fidel, onde redigiu *Algumas questões sobre a guerrilha no Brasil*.

Dedicou esse livro à memória de Che Guevara, morto na Bolívià em 8 de outubro daquele ano.

Após sua expulsão do PCB, chamado familiarmente por seus militantes de Partidão, a Ala Marighella criou uma nova organização comunista, o Agrupamento Comunista de São Paulo, em abril de 1968. A fundação foi marcada pela publicação do primeiro número do jornal *O Guerrilheiro*, mas a organização foi rebatizada Ação Libertadora Nacional ainda em 1968. A partir daí já era claro que o combate à ditadura seria feito através da luta armada, descartada pelo Partidão.

O programa da nova organização revolucionária estabelecia como meta "derrubar a ditadura militar e formar um governo revolucionário do povo". Como consequência, "os norte-americanos seriam expulsos, os latifundiários expropriados e as condições de vida de operários, camponeses e das classes médias, melhoradas". Nesse governo revolucionário, haveria liberdade de imprensa, de crítica e de organização, o que faltava no Brasil da ditadura. O Brasil se tornaria "uma nação independente na sua política externa, abandonando a posição subalterna de satélite dos Estados Unidos".

Na mesma época, os comunistas históricos Mário Alves e Apolônio de Carvalho deixaram o Partido Comunista, mas, por divergências teóricas, não se uniram a Marighella, apesar de defenderem, como ele, a luta armada. Alves e Apolônio criaram, no Rio, o PCBR (Partido Comunista Brasileiro Revolucionário), com outros dissidentes, como Jacob Gorender. Convidado a integrar o PCBR, Marighella teria dito:

— Não saí de um Partidão para entrar num partidinho.

Além dos sequestros, as ações armadas da ALN e de outros grupos da luta armada consistiam em assaltos a bancos, expropriações de armas em quartéis e assaltos a carros-fortes para financiar a guerrilha.

O comandante mais conhecido da guerrilha urbana e declarado "inimigo público número 1" pela ditadura escreveu: "A polícia nos acusa de terroristas e assaltantes, mas não somos outra coisa senão revolucionários que lutam à mão armada contra a atual ditadura militar brasileira e o imperialismo norte-americano."

Seu objetivo maior, no ano de 1969, era implantar as bases da guerrilha urbana. Para isso, contava com o apoio logístico dos dominicanos de São Paulo e de seus conventos no interior do Brasil.

Mas o guerrilheiro era também poeta. Apreciava a música popular brasileira com seus geniais letristas que despontaram nos anos 1960, como Chico Buarque e Caetano Veloso. Este homenageou Marighella, em 2012, com a canção *Um comunista*, do álbum *Abraçaço*. Marighella conhecia muito bem as canções de Nelson Cavaquinho e Cartola e era capaz de cantar de cor o repertório do conterrâneo Dorival Caymmi.

Homem de um entusiasmo contagiante, o líder guerrilheiro não perdia a ternura, como recomendara o Che.

— Tinha uma risada gostosa, do fundo da alma — diz Iara Pereira, jovem militante que Marighella conheceu ainda criança.

Mas sua alegria e dinamismo não dependiam de nenhum estimulante externo — ao contrário de seu algoz, o sinistro delegado Fleury. Mantinha-se afastado até mesmo de bebidas alcoólicas. No entanto, seu companheiro de armas, Câmara Ferreira, sabia apreciar os bons vinhos, que não interessavam ao líder da ALN, totalmente abstêmio.

Como de hábito, a vida pessoal de um revolucionário desse calibre acaba sempre em segundo plano. A prioridade absoluta era seu engajamento comunista. Enquanto o partido estava na legalidade, ele vivia uma vida normal. Nos períodos em que o PCB era posto na ilegalidade, Marighella vivia na prisão ou na clandestinidade. Raramente tinha endereço conhecido.

Sua mulher, Clara Charf, conta no documentário *Marighella*, de Isa Grispum Ferraz, que seu pai se opôs radicalmente ao casamento da filha com um homem cheio de "defeitos". Ele não queria ver Clara se unir a um "gói, comunista e mulato".

Mas o homem "cheio de defeitos" tinha uma grande qualidade: uma coragem ímpar que o impulsionava à ação.

"Esses homens que fazem o que pregam sempre foram raros", escreveu Carlos Eugênio Paz, o guerrilheiro Clemente da ALN. "Cada geração tem direito a alguns apenas."

Também no documentário *Marighella*, Antonio Candido define o líder comunista como "um dos heróis do povo brasileiro, um santo ateu, um santo sem Deus".

Nessa mesma linha, em artigo sobre Guevara, Hélio Pellegrino ressaltou o desprendimento e a coragem do homem cuja morte nas matas bolivianas transformou-o num dos maiores mitos do século XX:

> Ao dar a vida para a redenção dos povos subdesenvolvidos da América Latina — e do mundo inteiro — Che Guevara colocou em toda sua profundidade o problema da ética revolucionária [...] Renunciando às posições que conquistara em Cuba para voltar às guerrilhas como simples soldado, Guevara transcendeu os limites da ação política para ganhar a estatura de herói, de mito.

Quando adotou na luta armada o codinome "Ernesto", Carlos Marighella deixava patente sua admiração pelo Che, morto um ano antes da criação da ALN.

Congresso da UNE, Ibiúna, outubro de 1968

Tito cai no "grande arrastão" do sítio

Qualquer protesto, qualquer tomada de consciência da situação, qualquer iniciativa popular, qualquer movimento de brio nacional é — imediata e inexoravelmente — tachado de subversão comunista... O povo é — por definição — comunista, e, se as Forças Armadas estão comprometidas com uma ideologia que faz do anticomunismo obtuso e irracional o seu centro de apoio, daí decorre que as Forças Armadas deverão estar, sempre, em qualquer emergência, contra o povo.

HÉLIO PELLEGRINO, 1968

Quando se observa, hoje, tudo o que ocorreu no país em 1968, tem-se a impressão de que houve muito mais de 12 meses naquele ano em que o tempo parecia acelerado.

O ano começou com manifestações estudantis em todo o Brasil, passou pelo assassinato do estudante Edson Luís, em 28 de março, no Rio, pela passeata dos Cem Mil, dia 26 de junho, também no Rio, pelo desastrado Congresso da UNE, em outubro, em Ibiúna, e terminou com o véu sombrio do Ato Institucional número 5.

Aos 23 anos, instalado em São Paulo, Tito de Alencar Lima continuava sua militância no movimento estudantil. Naquele ano de 1968, o frade dominicano era presidente eleito do Diretório Acadêmico do Instituto de Filosofia e Teologia (IFT). Foi com essa credencial que participou do trigésimo congresso da União Nacional dos Estudantes, em Ibiúna. A UNE estava na ilegalidade desde o Golpe de 1964.

Criado em 1967, o IFT era mantido por ordens e congregações religiosas católicas, na cidade de São Paulo, para formar os religiosos. O Instituto, de curta duração, funcionava num antigo colégio alugado, e foi uma tentativa de resposta à crise dessas instituições, que viam diminuir sensivelmente o número de candidatos à vida religiosa.

Até 1968, a formação dos dominicanos tinha sido confinada ao ambiente religioso. A partir daquele ano, além de estudarem no IFT, os frades foram cursar filosofia, história ou ciências sociais na Universidade de São Paulo. O movimento estudantil vivia uma grande efervescência em todo o Brasil, e os dominicanos mergulharam de cabeça na militância política universitária.

Em 1967, três frades foram aprovados no vestibular da USP: Ratton e Oswaldo na filosofia, e Magno, na história. Frei Ivo fez o vestibular em 1969 e cursou filosofia na USP, até que a prisão em novembro veio interromper seus estudos por quatro anos. No mesmo ano, Tito também entrou na USP, onde cursou ciências sociais até sua prisão em novembro.

Uma parte dos estudantes universitários, muito politizada, era formada por militantes da Juventude Universitária Católica, JUC. Estes defendiam a inserção dos estudantes no meio do operariado para um trabalho de formação de lideranças. Alguns liam Mao Tsé-Tung, sabiam de cor passagens do *Pequeno livro vermelho*. Outros liam o livro de Che Guevara, *A guerra de guerrilhas*, e *Revolução na revolução*, de Régis Debray.

Os condenados da terra, de Frantz Fanon, foi uma leitura importante para os jovens dominicanos. O psiquiatra francês, de origem martiniquenha, revelou a perversão da relação colonizado-colonizador e alguns aspectos da guerra da Argélia, na qual os militares franceses usaram a tortura em larga escala. Um desses generais, Jacques Massu, no fim da vida declarou-se arrependido do uso da tortura, ao contrário de outros, como o general Paul Aussaresses.

CONGRESSO DA UNE, IBIÚNA, OUTUBRO DE 1968

O contato direto com o movimento estudantil provocou, nos dominicanos de São Paulo, o mesmo impacto progressista que parte do clero francês sofreu pela proximidade com o movimento sindical no pós-guerra. Mas, além de estudar fora do convento, os frades precisaram buscar também extramuros seu sustento, já que, no Brasil, a Ordem não tinha fontes de renda suficientes.

Frei Fernando e frei Maurício (João Caldas Valença) empregaram-se na Livraria Duas Cidades, de propriedade da Ordem dominicana. Frei Betto, que cursara jornalismo antes de vestir o hábito, integrou-se à equipe da revista *Realidade* e, mais tarde, à *Folha da Tarde*, acumulando por um tempo a função de assistente de direção de José Celso Martinez Corrêa na histórica montagem de *O rei da vela*, de Oswald de Andrade. Tito e Magno Vilela davam aulas em colégios católicos.

Fora do mundo universitário, alguns intelectuais viam com preocupação os estudantes sofrerem a repressão policial que se acentuava a cada dia. Defensor corajoso da democracia e dos direitos humanos, o psicanalista e poeta Hélio Pellegrino mostrou-se um fino analista político daquele momento histórico. Em artigo de 7 de abril de 1968, no *Correio da Manhã*, comentando a morte do estudante Edson Luís em 28 de março — assassinado pela Polícia Militar num protesto de estudantes diante do restaurante universitário do Calabouço, no centro do Rio de Janeiro —, escreveu:

> A morte do jovem estudante, convulsionando o país, coloca problemas políticos da mais alta importância. Através dela, o povo brasileiro, pela primeira vez, depois do golpe de 31 de março/1º de abril de 1964, toma profunda e emocionada consciência de seu repúdio ao Poder Militar que nos oprime [...] Segundo a Sorbonne, o mundo de hoje ainda continua monoliticamente dividido entre Leste e Oeste, entre Rússia e Estados Unidos, entre Deus e o Diabo. Em virtude do poderio atômico que está nas mãos tanto de Deus (EUA) quanto do

Diabo (URSS), a guerra entre ambos, não podendo declarar-se em nível bélico total, reflui para as áreas de influência dos dois blocos e ganha as fronteiras internas dos países que compõem tais áreas [...] O Brasil, visto por este ângulo, não pode ter destino nacional autônomo — nem estratégia autônoma [...] Qualquer protesto, qualquer tomada de consciência da situação, qualquer iniciativa popular, qualquer movimento de brio nacional é — imediata e inexoravelmente — tachado de subversão comunista [...] O povo é — por definição — comunista, e, se as Forças Armadas estão comprometidas com uma ideologia que faz do anticomunismo obtuso e irracional o seu centro de apoio, daí decorre que as Forças Armadas deverão estar, sempre, em qualquer emergência, contra o povo.

A morte de Edson Luís revoltou o país. O cortejo fúnebre foi acompanhado por cinquenta mil pessoas, e nos dias que se seguiram houve diversas manifestações de protesto.

Na manhã do dia 4 de abril, depois da missa de sétimo dia, na Candelária, soldados a cavalo investiram contra os repórteres e o povo reunidos na igreja. Os padres foram para a frente da igreja da Candelária fazer um cordão de proteção para os fiéis, atacados pela cavalaria que dispersava a multidão a golpes de sabre. Dezenas de pessoas ficaram feridas. A cena é emblemática na história da resistência à ditadura. Fotos da época mostram o povo e os clérigos unidos contra a repressão policial.

Na mesma noite, outra missa estava programada na Candelária, e foi proibida. O vigário-geral do Rio de Janeiro, dom Castro Pinto, insistiu em realizá-la e, na saída, as pessoas foram protegidas pelo corredor formado pelos padres que saíram de mãos dadas para que os fiéis pudessem passar pelos soldados da polícia montada.

A Passeata dos Cem Mil entrou para a história dos protestos contra a ditadura. No dia 26 de junho de 1968, intelectuais, artistas, estudantes, parte da Igreja e da classe média desfilaram no centro do Rio pedindo o fim da ditadura e da repressão. Nas faixas carregadas por

CONGRESSO DA UNE, IBIÚNA, OUTUBRO DE 1968

vários participantes, era possível ler "Abaixo a ditadura, o povo no poder". A mesma frase era repetida com entusiasmo pela multidão.

No dia da passeata do Rio, no Nordeste, o Comando de Caça aos Comunistas (CCC) fazia mais uma demonstração de violência. O padre Antônio Henrique Pereira Neto, coordenador da Pastoral da Arquidiocese de Olinda e Recife, um dos assessores do arcebispo dom Helder Camara, foi sequestrado pelo CCC em Recife. Seu corpo foi encontrado no dia seguinte, num matagal da Cidade Universitária, pendurado de cabeça para baixo em uma árvore, com marcas de tortura: espancamento, queimaduras de cigarro, cortes profundos por todo o corpo, castração e ferimentos à bala.

Padre Antônio Henrique foi assassinado porque tinha tomado posições firmes contra os métodos de repressão utilizados pelo governo. Além disso, celebrara uma missa em memória do estudante Edson Luís de Lima Souto. Depois disso, passara a receber ameaças de morte.

Esse crime bárbaro revoltou Tito e seus confrades, envolvidos no movimento estudantil e próximos das posições defendidas por dom Helder Camara, que em viagens ao exterior nunca deixou de denunciar as torturas e as leis de exceção da ditadura brasileira.

Em carta de 25 de julho ao amigo Otto Lara Resende, Pellegrino comenta:

> O Brasil ou faz sua revolução socialista — a revolução dos pobres, dos deserdados, desgraçados, degredados e degradados — ou então jamais se integrará como nação dona de si e de sua totalidade nacional capaz de ser sujeito e não objeto da história [...] essa gente (a burguesia brasileira), ao menor sinal de abatimento, ou mal-estar, entregou, entrega e entregará o país aos militares, e estes são o braço armado dos ricos contra os pobres [...] A saída — beco sem saída — é a força das armas, é a repressão, é a violência a serviço da morte contra a vida. VIVA LA MUERTE! É esta a bandeira das Forças Armadas no Brasil.

Como os universitários de sua época, Tito acompanhava a evolução da música brasileira que brilhava nos festivais da canção da segunda metade dos anos 1960. Gostava tanto de música que aprendeu a tocar violão. O menino que pedia para ser embalado pela *Patativa* de Vicente Celestino ouvia e tocava o melhor da MPB, sobretudo Chico Buarque de Hollanda.

— Não era um virtuoso, tocava para acompanhar as canções brasileiras — lembra Frei Betto.

Como bom nordestino, Tito tinha uma rede em seu quarto do convento de São Paulo. Era nela que tocava violão, lia ou se entregava à introspecção.

Clandestinos no sítio

Frei Tito não poupou esforços quando se viu encarregado por frei Oswaldo de encontrar um local para o trigésimo congresso da UNE, a ser realizado na segunda semana de outubro. Precisavam de um espaço grande e isolado para um congresso clandestino.

A algumas semanas da data do congresso, em visita aos Zerbini, Tito vê chegar Domingos Simões, um conhecido da família, que ficara muito agradecido ao general quando este o dispensara do serviço militar por ser arrimo de família.

Simões passava sempre para levar ovos, batatas e abóboras de seu sítio para a família do general. Dona Therezinha apresenta a Tito o homem rústico, mas afável, e o frade lhe pergunta da possibilidade de ceder sua propriedade para uma reunião.

"Empresto", respondeu Simões, sem saber direito que tipo de reunião seria feita no sítio que ficava a 14 quilômetros de Ibiúna, cidade de cinco mil habitantes, a setenta quilômetros de São Paulo.

Tito deixou a casa do general Zerbini com tudo acertado.

CONGRESSO DA UNE, IBIÚNA, OUTUBRO DE 1968

Pouco depois, Oswaldo e o general, que era engenheiro-geógrafo, fizeram o plano detalhado de segurança. O general expressou reservas quanto ao local, mas não dava tempo de mudar. Fez um mapa detalhado: colina, rio, ponte, indicados com os ícones utilizados pelo Exército.

O sítio revelou-se, depois, a ratoeira ideal para o Deops prender e fichar, ao mesmo tempo, 712 universitários de todo o país. A fina flor do movimento estudantil e seus líderes.

Frei Ivo e frei Oswaldo foram encarregados de alugar um carro para levar a Ibiúna três personagens importantes do congresso.

— Nossa missão foi levar Vladimir Palmeira, José Dirceu de Oliveira e Silva e Luís Travassos. Não éramos delegados para o congresso, nem participávamos do esquema de segurança — conta Oswaldo.

Ivo alugou uma Rural Willys para a viagem. Os dois frades deveriam voltar para São Paulo no mesmo dia. O congresso começaria no dia seguinte.

No meio do caminho, ao fazer uma descida muito rápida, a Rural é parada perto de um posto da polícia rodoviária. O policial vem pedir os documentos.

José Dirceu tinha os cabelos compridos, era facilmente reconhecível. Quando Ivo para o carro, Dirceu abre o jornal, escondendo o rosto. O policial olha os documentos e vê a profissão de Ivo: religioso.

— Ah, vocês estão indo para o seminário ali na frente?

Ivo, que nem sabia que havia um seminário por perto, concorda. O policial recomenda mais cuidado na direção e libera os cinco jovens.

Eram sete da noite quando Oswaldo e Ivo deixaram o sítio de volta a São Paulo. O retorno foi épico, sob chuva ininterrupta e atoleiros que, de vez em quando, engoliam as rodas do carro. Mesmo dirigindo a trinta quilômetros por hora, Ivo teve que parar para tomar café e não dormir no volante. Chegaram à capital de madrugada.

UM HOMEM TORTURADO — NOS PASSOS DE FREI TITO DE ALENCAR

Em junho de 1968, o carioca Jean-Marc von der Weid, da Escola Nacional de Química, atual Faculdade de Engenharia Química da UFRJ, havia sido preso no final de uma manifestação estudantil, acusado, com mais três estudantes, de ter queimado uma caminhonete do Exército. Apesar de inocentes, foram processados. Graças a protestos em todo o país, puderam responder ao processo em liberdade.

Dois meses depois, no *Correio da Manhã* de 11 de agosto de 1968, Hélio Pellegrino denunciava "o remédio" dos militares para conter a resistência do povo na rua:

> tiros, bombas de gás lacrimogêneo, pancadaria selvagem, prisões arbitrárias, torturas, intimidações de toda sorte [...] O povo, no Brasil, se quiser salvar-se terá que, laboriosamente, criar seu rumo próprio. Isto está acontecendo, através da luta dos estudantes, através do clero progressista e dos intelectuais, através das greves operárias e da politização da classe média.

A guerrilha urbana fazia ações espetaculares. Os assaltos a banco se sucediam para financiar os grupos armados. O movimento estudantil se radicalizava. Com o futuro político cada vez mais incerto, o pai de Jean-Marc von der Weid, cidadão suíço, previdente, achou por bem providenciar o passaporte suíço do filho. O documento foi obtido em tempo recorde, graças à intervenção do embaixador Enrico Bücher, que seria sequestrado algum tempo depois, em 7 de dezembro de 1970.

Ironia do destino, Jean-Marc acabou sendo um dos setenta prisioneiros políticos trocados pela libertação do embaixador.

Tito foi outro dos prisioneiros trocados no lote do suíço.

Em setembro de 1968, quase às vésperas do Congresso da UNE, o governo aprovou no Congresso Nacional, sem maiores discussões, uma reforma universitária formatada nos termos dos acordos fir-

CONGRESSO DA UNE, IBIÚNA, OUTUBRO DE 1968

mados, em 1965 e 1967, entre o Ministério da Educação e a United States Agency for International Development, o Acordo MEC-Usaid. A reforma tinha como meta replanejar o ensino no Brasil, sobretudo o ensino superior. Para os estudantes, sob o pretexto de modernização, a reforma escondia a tentativa de privatização do ensino universitário, subordinando-o aos interesses do mercado de trabalho e dos patrões capitalistas, e não às prioridades de desenvolvimento do país.

Agosto e setembro foram meses febris e de muita agitação no meio estudantil. No Brasil inteiro, grupos de universitários se reuniam para preparar o trigésimo congresso da UNE, em outubro, quando seria eleito o presidente que sucederia a Luís Travassos. Entre os estudantes havia militantes de diversas organizações políticas: AP, PCB e as dissidências do Partidão: Dissidência-GB, Dissidência-SP, PCdoB, PCBR e ALN.

Jean-Marc von der Weid, candidato à presidência, defendia que o congresso fosse realizado em São Paulo, nas instalações do CRUSP (Centro Residencial da Universidade de São Paulo). José Dirceu, estudante de Direito da PUC-SP, presidente da União Estadual dos Estudantes (UEE) de São Paulo, também candidato e um dos organizadores do Congresso, defendia a realização de um encontro clandestino. Essa tendência venceu.

Luís Travassos foi quem lançou a candidatura de Jean-Marc à presidência da UNE.

— O Travassos passou por cima da direção da AP e por cima de mim porque nem me perguntou. Eu estava clandestino em São Paulo e ele me avisou que tinha lançado meu nome numa coletiva — conta Jean-Marc.

Travassos foi também quem apresentou Jean-Marc a José Dirceu. O encontro foi na Faculdade de Filosofia da USP, na Rua Maria Antônia:

— Ao entrarmos no hall ouvi alguém gritando de longe: "Travassos, quem é esse apedeuta que você trouxe?" — O hall estava cheio de gente e aquilo me pareceu um escândalo. No Rio, ninguém jamais mencionava em público o partido do outro (no caso a AP) e o epíteto, para mim novo e certamente depreciativo, era uma clara alusão à minha militância. "Quem é esse cana?" — rosnei enfurecido. — "Venha conhecer seu adversário" — disse o Travassos rindo. Era o Dirceu.

As apresentações foram mais que frias. Jean-Marc não gostou do jeito "arrogante e pretensioso" de Dirceu e sentiu que a antipatia foi recíproca. Luís e Dirceu eram colegas na Faculdade de Direito da PUC de São Paulo e amigos, apesar das discordâncias políticas.

— Dirceu tinha fama de garanhão e tivera um caso até com uma policial infiltrada pelo Deops no movimento estudantil paulista — conta Jean-Marc.

Ela fora apelidada de "Maçã Dourada", a tentação da repressão.

Jean-Marc, hoje à frente da ONG ASPTA (Assessoria e Serviços a Projetos em Agricultura Alternativa), não poupa críticas ao antigo adversário:

— Na disputa das eleições para a União Estadual dos Estudantes de São Paulo, ele usou métodos agressivos, inclusive o sequestro da Drosila, coordenadora da campanha da Catarina Meloni, da AP, que ficou em cárcere privado por quatro dias. No Rio, eu tinha ouvido esta história pelo Daniel Aarão Reis, da DI-GB, insuspeito por ser aliado do Dirceu, mas escandalizado com os métodos que grassavam no Movimento Estudantil de São Paulo. Catarina ganhou as eleições diretas para a UEE, mas Dirceu não aceitou os votos da Faculdade de Engenharia Industrial, conhecido reduto da AP.

A vitória dos adversários fora esmagadora, mas Dirceu acusou o outro campo de fraude. No entanto, por ter tido a maioria dos votos na capital, acabou ganhando maior notoriedade, por ocasião das grandes manifestações de estudantes, em 1968.

Naquele clima de preparação do congresso, pareceu estranho a Jean-Marc que os estudantes pudessem circular livremente, sem que o Deops interviesse. As reuniões eram livres e os debates entre os participantes, acirrados. Ele havia sido condenado a dois anos de

CONGRESSO DA UNE, IBIÚNA, OUTUBRO DE 1968

prisão no processo da manifestação do Rio, em que fora incendiado um carro da polícia. Foi julgado à revelia, pois caíra na clandestinidade antes da sentença. Durante a permanência em São Paulo, escondeu-se em casas de amigos, inclusive do jornalista Claudio Abramo.

Na tensão pré-Congresso, estourou o conflito entre estudantes da Faculdade de Filosofia, Ciências e Letras da USP, na Rua Maria Antônia, e o grupo de provocadores de extrema direita do CCC, da Universidade Mackenzie. No confronto, morreu um secundarista e o CCC invadiu a Faculdade de Filosofia da USP.

Na segunda semana de outubro, começou a peregrinação rumo ao sítio.

Para chegar a Ibiúna, os estudantes embarcaram em fusquinhas ou caminhões que tinham de vencer a lama até chegar ao local. Tudo era precário, não havia infraestrutura para abrigar tanta gente. Fazia frio, não haveria água potável nem comida para todos, como logo perceberam os primeiros a chegar.

Os cerca de setecentos congressistas iam passar alguns dias comendo mal, dormindo mal, amontoados em uma casa de cem metros quadrados e se reunindo numa tenda de circo. Pior: corriam o risco de sair do sítio diretamente para a prisão. A segurança do congresso estava a cargo de estudantes secundaristas, armados de pistolas e espingardas de caça.

Cid Queiroz Benjamin era estudante da Faculdade de Engenharia da UFRJ, militante da Dissidência Comunista da Guanabara e, no Congresso de Ibiúna, apoiaria a candidatura de Dirceu. Como dirigente da União Metropolitana dos Estudantes (UME), fora eleito delegado de sua faculdade ao congresso da UNE. Segundo ele, a única precaução que se teve foi anunciar o congresso para vinte dias depois da data em que efetivamente começaria.

— Mas era muito fácil controlar alguns delegados e chegar lá. Aquela versão de que foram descobertos porque se comprou muito pão é bobagem. A polícia já sabia. Os quase mil delegados eram eleitos em

UM·HOMEM TORTURADO — NOS PASSOS DE FREI TITO DE ALENCAR

assembleias. Desses, uns tantos já deviam ser policiais infiltrados — diz Benjamin, que critica sobretudo a ideia estapafúrdia de um congresso 'clandestino" com quase mil pessoas entre estudantes e observadores.

Jean-Marc percebeu imediatamente que os garotos pareciam brincar de guerrilheiros e, em caso de cerco da polícia, ninguém saberia para onde ir, apesar de dizerem que estava tudo sob controle. Paulo de Tarso Venceslau, da ALN, que no ano seguinte participaria do sequestro do embaixador dos Estados Unidos, era um dos responsáveis pelo esquema de segurança do congresso.

Tito também teria feito parte do esquema, segundo a biografia de Marighella, de autoria do jornalista Mário Magalhães. Ele teria a missão de dar um tiro caso a polícia chegasse. No entanto, nem Ivo, nem Frei Betto, nem frei Oswaldo confirmam qualquer envolvimento de Tito com armas para defender o congresso.

Oswaldo se lembra de que o general Zerbini previra, juntamente com ele, um esquema detalhado para fugas numa eventual chegada da polícia. Nesse caso, alguém avisaria com tiros para o alto. Mas ele duvida da versão de Tito com uma arma.

Ivo é categórico:

— Tito ajudou a encontrar o sítio para o congresso, mas ninguém iria esperar que participasse da segurança. Não era o costume. Pediam apoio logístico.

Magno Vilela considera a história fantasiosa. Pensa que Tito pode ter participado do esquema que dizia respeito à segurança, mas sem armas. Magno conta que ele próprio participou da segurança de uma manifestação estudantil na Praça do Correio, em São Paulo. Toledo (Joaquim Câmara Ferreira), que cuidava meticulosamente dos esquemas de segurança, dera ao frade a incumbência de fazer a segurança do líder estudantil José Roberto Arantes, ex-vice-presidente da UNE. No esquema montado, Arantes ia tomar a palavra inesperadamente e sairia com a cobertura de outro companheiro, que Magno desconhecia, dentro do estilo de compartimentalização das tarefas.

Arantes terminou seu discurso sem rodeios:

— Como dizia o grande poeta Maiakovski, a nossa maior camarada agora é a arma.

Magno gritou estarrecido:

— Você é louco!

Era o momento da virada de parte dos líderes estudantis aderindo à luta armada.

Oriundo da experiência da Ação Católica, Tito tinha uma proximidade com a Ação Popular. Por isso, expressava reservas quanto à ação armada.

— Na própria AP, por volta de 1965-1966, o tema foi intensamente debatido. Conversamos no convento teoricamente sobre a questão da luta armada, sem que ele tenha me dito nada sobre a ALN. Embora expansivo, Tito era discreto, reservado mesmo — atesta o ex-frade Roberto Romano, que nunca pertenceu à ALN, mas nem por isso escapou à prisão.

Em Ibiúna, os estudantes próximos ao Partidão (PCB) desconfiavam das ligações da Dissidência-SP com a ALN e se inquietavam, pois não queriam ver a UNE metida em estratégias guerrilheiras.

Mas uma suposta aparição de Marighella no congresso, relatada por Davi Capistrano a Jean-Marc, é categoricamente desmentida.

Ivo Lesbaupin, Magno Vilela, Oswaldo Rezende e Betto consideram que não tinha cabimento Marighella fazer essa visita relâmpago, uma versão que se espalhou entre alguns estudantes.

— Com toda a ousadia e destemor do Marighella, duvido que ele tivesse ido a Ibiúna. Ele não tinha nada a ver num congresso estudantil, para que se expor desnecessariamente? — diz Ivo, categórico.

Frei Betto qualifica de absolutamente inverossímil uma ida do guerrilheiro ao sítio:

— Marighella tinha suas loucuras, mas não a esse ponto.

Na realidade, Marighella nunca pôs os pés em Ibiúna e soube pelo rádio da queda do congresso e da prisão dos estudantes quando ia da Baixada Santista para São Paulo.

Mas, se o líder da ALN não foi, um jornalista conseguiu a proeza de penetrar na reunião sigilosa. Na noite do terceiro dia, ao se levantar na escuridão para comer algo, Jean-Marc foi abordado por uma voz rouquíssima. Era Eduardo Pinto, o único jornalista a furar as barreiras e entrar no sítio. O repórter, que viera do Rio para cobrir o evento para o *Jornal do Brasil*, mostrou a Jean-Marc o recorte de jornal de São Paulo: uma pequena nota dizia que o II Exército iniciaria nos próximos dias exercícios de contraguerrilha na região de Ibiúna. Pouco antes, ao mostrar o jornal aos responsáveis pela segurança do congresso, o jornalista ouviu deles a certeza de que não haveria repressão.

Mas era evidente que aquele congresso não podia continuar clandestino por muito tempo. Por motivos ligados à própria movimentação de pessoas e à infraestrutura para alimentar e abrigar todo mundo. Mas, sobretudo, pela infiltração dos órgãos de informação no movimento estudantil.

José Dirceu e Jean-Marc von der Weid se enfrentavam com as armas de que dispunham: muita articulação política para convencer os congressistas. O primeiro era apoiado pelo grupo Dissidência, o segundo, por Travassos e pela Ação Popular. As outras organizações políticas da oposição à ditadura também estavam representadas: Partidão, PCdoB, PCBR, assim como a ALN.

Tito, um estudante desconhecido da maioria dos participantes do Congresso, acompanhou com interesse as articulações para eleger Jean-Marc von der Weid. Os frades oscilavam entre a Ação Popular e a Dissidência até se constituir a ALN. Mas, como a AP nasceu da Ação Católica, os dominicanos tinham ligação mais estreita com esse movimento.

Os trabalhos foram interrompidos no dia 12 de outubro por uma intempestiva chegada de centenas de soldados da Força Pública Estadual, nome da atual Polícia Militar de São Paulo. Os estudantes

CONGRESSO DA UNE, IBIÚNA, OUTUBRO DE 1968

foram levados em nove ônibus, um micro-ônibus, cinco caminhões, duas Kombis e uma Rural Willys.

No dia seguinte, a manchete da *Folha de S. Paulo* dizia: "Congresso da UNE: todos presos."

A revista *Veja*, datada de 16 de outubro de 1968, não foi mais original. A matéria de capa, com uma foto de soldados e estudantes presos, dizia: "Todos presos — Assim acabou o congresso da ex-UNE." Não era também mais original que o resto da mídia brasileira ao chamar de "Revolução" o Golpe militar que instituíra a ditadura em 1964. Na enorme foto de capa via-se uma fila de estudantes com as mãos na nuca, vigiados por soldados armados.

No dia da prisão dos estudantes, guerrilheiros urbanos executavam em São Paulo, com seis tiros no peito e uma rajada de metralhadora, o capitão do Exército dos Estados Unidos Charles Rodney Chandler, ex-combatente da guerra do Vietnã e suposto agente da CIA. Era uma ação conjunta da VPR e da ALN.

Levados sem nenhuma resistência ao Presídio Tiradentes, todos os estudantes foram fichados e muitos tiveram que responder a interrogatório. Vladimir Palmeira, José Dirceu e Luís Travassos ficaram presos quase um ano, até setembro de 1969, quando foram libertados em troca do embaixador dos Estados Unidos.

Os dominicanos Tito de Alencar Lima e Luiz Felipe Ratton Mascarenhas foram levados com todos os estudantes e fichados, pela primeira vez, no Deops.

Mas, naquele mês de outubro de 1968, o Deops ainda não tinha a informação de que fora Tito quem intermediara a cessão do local do encontro. Por isso, foi libertado depois de fichado.

— Dirceu e sua turma tinham nos levado ao maior desastre da história da UNE — analisa Jean-Marc, em referência ao congresso clandestino.

Cid Benjamin resume:

— O congresso foi uma maluquice do Zé Dirceu.

O fichamento de toda a vanguarda do movimento estudantil facilitou muito o trabalho da repressão nos anos seguintes. O jornalista Elio Gaspari qualifica a prisão dos 712 estudantes de "maior arrastão da história brasileira". Esse número foi divulgado pela Secretaria de Segurança Pública.

O fichário de Ibiúna foi muito útil ao Deops. Dali em diante, muitos foram interrogados sob tortura para reconhecer companheiros que seguiram em outras militâncias.

Jean-Marc escapou da prisão ao se incorporar, com documento falso, a um grupo de estudantes do Paraná, devidamente despachados ao estado de origem pelo Deops. Mais tarde, seria eleito presidente da UNE, em março de 1969, vencendo José Dirceu.

O balanço final de votos foi contestado pelas Dissidências paulista e carioca, mas elas perderam na plenária. Jean-Marc foi eleito por uma diferença de oito votos. O congresso, presidido por José Arantes, passou a presidência a Jean-Marc, reconhecendo a derrota de Dirceu, representado pelo vice de sua chapa.

— Mas Dirceu não aceitou o resultado. Ao chegar ao México, trocado pelo embaixador americano, deu declarações como presidente da UNE — conta o verdadeiro presidente eleito.

A ditadura castraria igualmente, por muitos anos, o entusiasmo e a energia dos dois jovens, vencedor e perdedor. Banidos, foram militar em terras estrangeiras. Jean-Marc revela ainda hoje as marcas daquela disputa acirrada de dois líderes estudantis em ascensão. Não poupa críticas ao antigo adversário, que depois se tornaria um dos homens mais poderosos do Brasil no governo do presidente Lula.

Preso em setembro de 1969, Jean-Marc von der Weid foi torturado por uma semana na Ilha das Flores, na Baía de Guanabara, quartel de um batalhão de fuzileiros navais.

Tito e Jean-Marc sequer haviam se falado no sítio em Ibiúna. A História os colocaria lado a lado, um ano e dois meses depois.

CONGRESSO DA UNE, IBIÚNA, OUTUBRO DE 1968

Desbaratado o desastrado congresso, o general Zerbini não foi importunado. Dona Therezinha, contudo, foi presa na Quarta-Feira de Cinzas de 1970, pelo Doi-Codi, como consequência da prisão dos frades. Ela dava cobertura a militantes procurados pela polícia e recebia em sua casa pessoas consideradas subversivas. Chegou até mesmo a arranjar refúgio para o cabo Anselmo.

Visceralmente contra o governo militar e a ditadura, Therezinha Zerbini não pertencia a nenhuma organização. Agia apenas por solidariedade com amigos que lhe pediam um favor. A irmã, Antonieta, também foi presa. Apesar de não ter nenhuma consciência política, escondia militantes a pedido de Therezinha, que depois se tornou uma das líderes da luta pela anistia.

Uma vez, o próprio Jean-Marc von der Weid passou pela casa dos Zerbini para encontrar pessoas e debater estratégias. Discrição era a palavra de ordem, ninguém precisava se identificar. Os Zerbini eram receptivos e discretos.

Dois meses depois da queda do Congresso da UNE, em 13 de dezembro de 1968, foi decretado o Ato Institucional nº 5, o AI-5. Com ele, a ditadura se escancarava. Fechava o Congresso, suprimia o *habeas corpus* nos casos de "crimes políticos", instaurava a censura prévia à imprensa, à música, ao teatro e ao cinema.

Começava a clandestinidade para muitos jovens considerados "inimigos internos"[6] pelo regime. Muitos aderiram à guerrilha urbana, resposta radical de luta contra a ditadura, que disseminou cada vez mais nos interrogatórios o uso do pau de arara e dos choques elétricos, entre outros métodos de tortura.

---

6. De acordo com o *Manual Básico da Escola Superior de Guerra*, a maior preocupação do governo era a "guerra revolucionária". Na ótica da ESG, o inimigo estava em toda parte. No combate "à estratégia indireta do comunismo", o aparato repressivo do Estado de Segurança Nacional via todos os cidadãos como suspeitos e prováveis culpados até provarem sua inocência. A repressão ao "inimigo interno" gerou todos os abusos de poder e violações dos direitos fundamentais.

O dono do sítio, Domingos Simões, um homem alto e louro, de 52 anos, conseguiu escapar do grande arrastão de Ibiúna. Mas o delegado Fleury o pegou no ano seguinte, quando Tito e seus confrades foram levados no tsunami que sucedeu à captura do embaixador americano.

O AI-5 foi assinado como uma resposta às manifestações, discursos e protestos da sociedade civil — estudantes, intelectuais e parte da classe política — contra a ditadura. O discurso do deputado Marcio Moreira Alves, no Congresso, denunciando a tortura ("Quando não será o Exército um valhacouto de torturadores?") e conclamando o povo brasileiro a boicotar as festividades do 7 de Setembro foi apenas o estopim. Com a recusa da Câmara, dia 12 de dezembro, de dar a licença para que o deputado fosse processado, o governo editou o AI-5 no dia 13 de dezembro.

Mais tarde, esse episódio gerou, em Paris, uma *private joke* entre alguns exilados — Aloysio Nunes Ferreira, Magno Vilela, Oswaldo Rezende e Tito de Alencar. Eles se referiam a Marcio Moreira Alves como "o nipônico".

Numa das cartas de Tito a Magno, ele trata o ex-deputado com esse epíteto, numa alusão à piada do japonês: "Em Nagasaki, em 1945, um cidadão vai ao banheiro e na hora em que puxa a descarga os americanos jogam a bomba. Estupefato, ele se pergunta: 'O que eu fiz, meu Deus?'"

A captura do embaixador, 1969

Os Estados Unidos são responsáveis pelo golpe de 1964. Na época existia o plano trienal de Celso Furtado, relativamente progressista. O embaixador americano, Lincoln Gordon, havia ido à imprensa posicionar-se oficialmente contra este plano. Os Estados Unidos tinham o apoio de todas as forças reacionárias do Brasil: industriais, políticos da direita e forças armadas, que já haviam tentado vários golpes desde 1945.

TITO DE ALENCAR LIMA, entrevista à
revista italiana *Gallo*, 1972

Em 1968, Cid Queiroz Benjamin fazia parte da diretoria da UME (União Metropolitana de Estudantes). Preso no congresso de Ibiúna, como Tito e outros setecentos estudantes, Cid aderiu à luta armada contra a ditadura logo depois do AI-5, quando sua organização, a Dissidência Comunista da Guanabara, resolveu montar um setor armado, para o qual foi designado.

Sem nunca terem se encontrado na militância, os destinos dos dois estudantes iriam se cruzar. Foi Cid quem, aos 20 anos, concebeu, juntamente com Franklin Martins, um plano para a captura do embaixador americano Charles Burke Elbrick. Era a primeira ação da guerrilha urbana com o objetivo de negociar a libertação de um diplomata em troca de presos políticos de diversas organizações de luta armada.

Esse primeiro sequestro levaria Tito à prisão. A terceira e última captura de um embaixador permitiu sua libertação.

Apesar de o próprio texto do manifesto — lido em cadeia de rádio e TV por exigência dos guerrilheiros — usar indistintamente as palavras sequestro e captura, há entre alguns historiadores uma preferência pela segunda.

O historiador e ex-guerrilheiro da Dissidência Daniel Aarão Reis não acha sequestro um termo adequado para designar a ação da qual participou. Argumenta que, no Código Penal, o termo refere-se a crime comum.

— Por se tratar de um ato revolucionário, a ação dos guerrilheiros não pode ser caracterizada pelo discurso policial, jurídico, hostil à ação. O que houve foi ação que visava a capturar um símbolo da contrarrevolução para trocá-lo por outro símbolo, revolucionário, os prisioneiros torturados nas cadeias da ditadura.

Vladimir Palmeira, outro militante da Dissidência Comunista-GB, estava na prisão havia quase um ano. Como ele, outros líderes estudantis se encontravam encarcerados desde o congresso de Ibiúna. Pensando em uma estratégia para libertá-lo, a organização chegou a fazer levantamentos externos em quartéis em São Paulo.

Entre os sequestradores havia dois futuros jornalistas, Cid Benjamin, de 20 anos, e Franklin Martins, de 21 anos, e um ex-jornalista que deixara o emprego no *Jornal do Brasil* e passou a viver na clandestinidade: Fernando Gabeira, de 28 anos.

— O manifesto foi redigido por Franklin Martins, com alguns pitacos de Toledo, de Gabeira e meus — atesta Cid.

Como Vladimir Palmeira e Cid, Franklin pertencia à Dissidência Comunista-GB, formada por egressos do Partido Comunista Brasileiro (PCB). Depois do Golpe militar, a Dissidência havia se disseminado no movimento estudantil, chegando a ter grande influência nas universidades no fim dos anos 1960, tanto no Rio quanto em São Paulo. Após o AI-5, a Dissidência abandonou a militância política

A CAPTURA DO EMBAIXADOR, 1969

nas universidades e entrou na luta armada. Alguns formaram o novo MR-8, outros foram para a ALN.

Ao redigir o manifesto a ser divulgado após o sequestro, os guerrilheiros da Dissidência-GB resolveram assinar MR-8 para reavivar a chama desse grupo revolucionário que estava sendo dizimado pela repressão. A assinatura era uma maneira de zombar do aparelho da ditadura, que se vangloriava de ter aniquilado a organização.

A brutal repressão

Em 4 de setembro de 1969, Elbrick inauguraria os chamados "sequestros de embaixadores", sendo libertado três dias depois em troca de 15 presos políticos. Outras ações se sucederam. Um segundo embaixador, o alemão Von Holleben, foi capturado em junho do ano seguinte, permitindo a libertação do próprio Cid e de mais 39 presos. Seis meses depois, o suíço Giovanni Enrico Bücher seria o refém que abriria a porta da prisão a setenta presos políticos, entre os quais Tito de Alencar Lima.

O sucesso da captura do diplomata americano permitiu a libertação dos três líderes estudantis pescados no arrastão de Ibiúna: José Dirceu, Luís Travassos e Vladimir Palmeira. A ação pareceu, num primeiro momento, uma bem-sucedida operação conjunta de dois grupos da luta armada. O futuro, esperava-se, prepararia uma união das forças revolucionárias fragmentadas em 28 siglas de guerrilha urbana, segundo um levantamento feito pelo major Carlos Alberto Brilhante Ustra, que a atriz e deputada Bete Mendes apontaria, em 1985, como seu antigo torturador.

Se de um lado a ação teve um saldo positivo, por outro desencadeou uma brutal repressão que levou à prisão os frades dominicanos próximos à ALN.

Alguns dos principais guerrilheiros que participaram da captura do americano foram presos logo nas semanas seguintes, causando uma sangria na ALN e no MR-8, responsáveis pelo ato revolucionário. Ao prender Paulo de Tarso Venceslau, a repressão encontrou no seu talão de cheques o telefone do Convento das Perdizes, em São Paulo.

Concretamente, a emboscada que o delegado Fleury montou para Marighella, em São Paulo, começou a se delinear com o sequestro de frei Ivo e frei Fernando, dia 2 de novembro, enquanto caminhavam numa rua do bairro do Catete, no Rio. Interrogados sob tortura, os frades abriram a senha usada por Ernesto, o principal codinome de Marighella.

Daí à prisão de Tito de Alencar, junto com seus confrades dominicanos, e ao fuzilamento de Marighella, foi questão de horas.

Numa manhã do escaldante mês de dezembro de 2012, quando os termômetros marcaram por vários dias mais de 40 graus, Cid Benjamin nos recebeu no Rio para contar a história do sequestro.

Já clandestinos, ele e Franklin Martins estavam na Rua Marques, em Botafogo, quando viram passar o carro do embaixador com a bandeirinha dos Estados Unidos. O diplomata viajava sozinho com seu motorista. Os dois surpreenderam-se com a falta de um aparato de segurança. Comentaram que um embaixador americano havia sido morto por guerrilheiros na Guatemala pouco tempo antes.

— Esse cara está se arriscando a ter o mesmo fim do outro da Guatemala — disse Cid.

A conversa evoluiu:

— Por que não sequestrar Elbrick e exigir em troca de sua vida a libertação de presos políticos?

A primeira opção foi fazer a captura associando-se à VAR-Palmares, que tinha mais identidade política com os membros da Dissidência. Mas a VAR estava fragilizada por quedas importantes.

— Com o plano montado, fui procurar a ALN, que tinha fama de ser mais pão, pão, queijo, queijo. As decisões eram rápidas — conta Cid.

Depois de um contato de Cláudio Torres com uma pessoa da ALN ligada a Joaquim Câmara Ferreira, Cid Benjamim foi a São Paulo encontrar pessoalmente o revolucionário, que tinha os codinomes de Velho ou Toledo. Na reunião, estavam Virgílio Gomes da Silva, o Jonas, e Carlos Eduardo Pires Fleury. Ambos pertenciam ao grupo tático armado (GTA) da ALN, assim como Manoel Cyrillo de Oliveira Neto e Paulo de Tarso Venceslau, que também participaram da ação. Virgílio era operário. Paulo de Tarso tinha sido aluno da Faculdade de Filosofia, Ciências e Letras da USP, na Rua Maria Antônia, fora preso em Ibiúna e caíra na clandestinidade, aderindo à luta armada, logo depois de recuperar a liberdade. Fleury era estudante universitário da PUC-SP antes de deixar a vida legal.

Toledo, o comandante político do sequestro, se referia a esses jovens guerrilheiros como "uma meninada que precisava de alguém para botar um pouco de ordem". Aos 56 anos, Câmara Ferreira podia ser pai de toda a garotada de pouco mais de 20 anos que participou da captura do diplomata.

A ALN se associou à ação por decisão unilateral de Câmara Ferreira sem o prévio conhecimento de Marighella.

Segundo João Caldas Valença, o ex-frei Maurício, havia um claro conflito na liderança da ALN, principalmente entre Marighella e Câmara Ferreira.

— Ações de guerra deste último eram decididas sem a consulta ou anuência do Baiano. Isso provocou uma grande tensão no processo de crescimento da ALN no sul do país.

Marighella, o Baiano, soube que a ALN sequestrara o embaixador depois do fato consumado. Dentro da lógica que ele mesmo preconizava, uma espécie de "democracia participativa" no interior da organização, os guerrilheiros podiam e deviam programar ações contra a ditadura sem consentimento ou conhecimento de seus líderes.

Mas houve quem pensasse que os revolucionários haviam ido longe demais "cutucando a onça com vara curta". Oswaldo Rezende, na Suíça, onde se encontrava desde julho, expressou esse temor. Ele achava, como Marighella, que a luta armada não tinha se preparado para a repressão que se seguiria. A violência da reação da ditadura mostrou que eles estavam certos.

Carlos Eugênio Paz, o Clemente da ALN, anotou tempos depois: "Fabiano (um dos codinomes de Marighella) tinha razão, não era hora de atacar duro, teríamos feito melhor usando o ano para preparar o lançamento da guerrilha rural."

Tendo cedido às exigências dos sequestradores para poupar a vida do representante de seu maior aliado, a ditadura não engoliu a humilhação. Durante as negociações com os guerrilheiros, e nos dias que se seguiram à libertação do embaixador, o país foi vasculhado na busca a qualquer pessoa ou indício que levasse a Marighella, declarado "inimigo público número 1".

Começava a caça implacável ao símbolo maior da luta armada contra a ditadura. Os militares queriam apagar o incêndio revolucionário que Marighella representava, para isso precisavam reduzir a cinzas a guerrilha urbana. Nos três dias em que o embaixador ficou sob o poder dos guerrilheiros, 1.800 pessoas foram presas.

Carlos Eugênio Paz comentou o desbaratamento das duas organizações que realizaram o sequestro:

> As torturas fizeram com que companheiros importantes na Organização dessem informações. Em aparelhos que caíram, por descuido de quem apenas começava a lutar, números de telefone de outros companheiros eram encontrados pela repressão, que sempre tinha como seguir as novas pistas. Telefones controlados, militantes seguidos e fotografados, presos, torturados, o cerco se fechava [...]

Analisando as baixas da luta armada através de prisões, fuzilamentos e mortes sob tortura, o historiador Jacob Gorender constatou:

— Não tínhamos contato com a população simples para renovar a militância. A perda de um militante era irreparável. E perdíamos um, dois, vários de uma vez. Não tínhamos como renovar a militância. Nós íamos minguando e eles crescendo.

No dia seguinte ao sequestro, 5 de setembro de 1969, o governo decretou o Ato Institucional nº 13, AI-13, que bania do território nacional "o brasileiro que, comprovadamente, se tornar inconveniente, nocivo ou perigoso à segurança nacional".

No dia 7 de setembro de 1969, o embaixador dos Estados Unidos foi libertado e os 15 presos políticos partiram, banidos, para o México. O grupo inaugurava a lista de 130 brasileiros que seriam trocados por diplomatas durante a ditadura. Inaugurava também o grupo de banidos que se tornavam apátridas.

Um ano e quatro meses depois, Tito viria a fazer parte da lista.

As quedas dos autores do sequestro do americano foram se sucedendo: Virgílio Gomes da Silva, o Jonas, foi preso no mesmo mês do sequestro, em 29 de setembro. No dia seguinte, foi a vez de Carlos Eduardo Fleury. Paulo de Tarso Venceslau caiu no dia 1º de outubro. Fernando Gabeira foi preso em janeiro de 1970 e Cid Benjamin, sete meses e meio depois da ação, dia 21 de abril.

Franklin Martins e Câmara Ferreira, contudo, fugiram do país pelo esquema de fronteira no Rio Grande do Sul, coordenado por Frei Betto.

Até 2004, Jonas era considerado um dos desaparecidos da ditadura, pois havia morrido em decorrência das torturas e sua prisão nunca fora assumida pelos órgãos de segurança nem seu corpo entregue à família. Graças à investigação jornalística do repórter Mário Magalhães, a família descobriu que ele está enterrado no cemitério de Vila Formosa, em São Paulo.

Por ser um dos idealizadores da captura, Cid Benjamin foi um dos mais procurados pelo Dops desde que Elbrick reapareceu são e salvo, ao descer de um Volkswagen, dia 7 de setembro de 1969.

Desse dia até 21 de abril de 1970, Cid viveu clandestino, evitando locais muito movimentados. Com o nome já conhecido, passou a ser caçado de forma mais dura. No feriado nacional que homenageia Tiradentes, foi preso pelo Doi-Codi no bairro carioca do Méier e levado para a Rua Barão de Mesquita.

Fazia mais de cinco meses que Tito e seus confrades estavam no Presídio Tiradentes, em São Paulo.

Ao ser preso, Cid Benjamin preparava com outros revolucionários a captura do embaixador alemão. Sua prisão não inviabilizou o novo sequestro, que ocorreu em junho de 1970, executado pela VPR e pela ALN.

As regras de segurança, São Paulo, 1969–Paris, 2012

Frades no pau de arara

De passagem por Paris, Magno Vilela nos encontra num café perto da Rue Mouffetard para falar de frei Tito.

O ex-dominicano é hoje historiador e professor universitário em São Paulo. No verão europeu de 2012, estava de férias na Cidade Luz com a mulher, uma ex-religiosa francesa que conheceu quando esteve exilado na França por quase dez anos, de 1970 a 1979.

No fim da década de 1960, Magno, nascido em 1944 na cidade mineira de Formiga, tinha cabelos anelados e rosto fino. O ex-militante da Ação Católica era considerado um erudito e falava rápido como o disparo de uma metralhadora. Até hoje, as frases brotam em cascata, como se ele tivesse muito a dizer em pouco tempo.

Magno foi uma das pessoas mais próximas de Tito nos três anos e sete meses que o cearense viveu no exílio, de janeiro de 1971 a agosto de 1974. No Convento das Perdizes, já haviam convivido de 1967 a 1969. Reencontraram-se em Paris em fevereiro de 1971, quando Tito chegou de Santiago, com rápida passagem por Roma.

Em Paris, o exilado, que conseguiu escapar ao cerco de Fleury, e o frade banido conviveram no Convento Saint-Jacques, na Rue des Tanneries, no 13ᵉ *arrondissement*, de 1971 a 1973.

Ao chegar para a entrevista, num belo dia de calor, Magno senta-se à mesa em que estamos, perto da varanda, de costas para a rua. Logo depois de se instalar, diz com ar divertido:

— Na época do exílio, eu estaria sentado ali.

Aponta para uma mesa dentro do restaurante, recuada, com banqueta contra a parede. Em 2012, ele sabe que não corre riscos. Não precisa estar com todas as antenas ligadas como quando saía às ruas de Paris nos anos 1970.

Naquela época, agentes do SNI circulavam pela cidade controlando os exilados, fotografando encontros e até mesmo participando de entrevistas de brasileiros com a polícia francesa para a aquisição de documentos.

Foi o que aconteceu com Luiz Eduardo Prado de Oliveira, ex-ativista da Dissidência Comunista-GB, que escapou por pouco da prisão ao pegar um voo para a Europa, logo depois do sequestro do diplomata americano. Em Paris, ao ser entrevistado por um policial para a aquisição de um visto de longa duração, Luiz Eduardo viu dois agentes silenciosos ladeando o francês:

— As roupas e as caras não enganavam. Eram brasileiros e se mantinham calados. Em um momento, fizeram um gesto e foram confabular com o policial francês num canto isolado. Todos os exilados contavam histórias parecidas.

Nos anos 1960 e 1970, as representações brasileiras no exterior funcionavam como órgãos de propaganda da ditadura e abrigavam agentes do SNI. Por isso, em Paris, os exilados mantinham-se a uma distância prudente do 34, Cours Albert 1er, o endereço da Embaixada do Brasil. Nos anos 1970, um dos "três patetas" da Junta Militar, o general Aurélio de Lyra Tavares, foi premiado com o posto de embaixador em Paris. Mais tarde, o ex-ministro Delfim Netto também chefiou a representação brasileira às margens do Sena.

Ao deixar o Brasil em 1970, Magno embarcara para Paris com Luiz Felipe Ratton Mascarenhas, depois de uma passagem por Santiago e por Roma, onde aproveitaram para conhecer o Vaticano e ver as maravilhas da cidade eterna. Na capital italiana, Vincent de Couesnongle era o assistente do Mestre-geral da Ordem, como era chamado o superior dos dominicanos.

AS REGRAS DE SEGURANÇA, SÃO PAULO, 1969-PARIS, 2012

— Frei De Couesnongle deu toda a cobertura eclesiástica de Roma aos frades dominicanos presos no Brasil. Mandou cartas a mim e Ratton quando estávamos no Chile e acompanhou tudo por convicção. Ele havia trabalhado no Brasil um tempo dando aula no convento dos dominicanos.

Meses depois, com Tito, De Couesnongle foi tão atencioso quanto tinha sido com seus confrades.

Ao chegar à França, Magno Vilela retomou imediatamente seus estudos no convento dominicano do Saulchoir, perto de Paris.

Depois do sequestro do embaixador americano, Marighella, Toledo (Câmara Ferreira), Magno e Ivo tiveram uma reunião tarde da noite, na Rua Joaquim Nabuco, no Brooklin, na capital paulista. Era um dia de setembro de 1969. No encontro, acertaram que Toledo iria para o Sul, levado por Ivo, para atravessar a fronteira para o Uruguai no esquema coordenado por Frei Betto. Foi a última vez que Toledo e Marighella se viram. Durante a conversa, Marighella constatou que a repressão estava apertando o cerco. O chefe da ALN recomendou:

— Campana total, a barra está pesada, desfazemos todos os contatos.

Ivo levou Toledo para o Sul. O velho revolucionário ia disfarçado de padre, com uma gola de clérigo. Na volta, Ivo entregou a Magno um pacote da parte de Toledo. Era uma Beretta, apreendida depois por Fleury quando a polícia invadiu o apartamento da Rua Rego Freitas, onde moravam Magno e Ratton. O revólver foi para os autos e serviria de prova contra o frade no processo em que foi condenado à revelia.

Magno nunca usou a arma, nem tinha licença de porte. Se tivesse sido preso, acredita que a arma poderia lhe valer doses extras de tortura. Nunca entendeu por que Toledo lhe mandou o revólver, uma vez que não participava da luta armada. Os frades tinham se engajado para ser um apoio, real, consciente, mas não armado.

Seria uma forma de legar uma recordação da luta, que Toledo via chegar a um beco sem saída?

Frei Ratton e frei Magno haviam caído na clandestinidade poucas horas antes da invasão do apartamento da Rua Rego Freitas, 530, e pouco antes do cerco ao convento. Frei Fernando também tinha ficado no apartamento depois que Frei Betto fora se instalar no Convento Cristo Rei, em São Leopoldo. Frei Ivo e frei Tito moravam no Convento das Perdizes.

Frei Oswaldo Rezende, responsável pela aproximação de Marighella com o convento, já tinha saído do país com uma bolsa de estudos, no primeiro semestre de 1969; o italiano Giorgio Callegari morava no convento e João Antônio Caldas Valença (frei Maurício) vivia num apartamento na Rua Rocha, perto da Praça 14 Bis, desde a hora em que o homem pisou na Lua, em junho de 1969. Para ele, uma referência inesquecível.

Magno ficou no apartamento da Rego Freitas até 3 de novembro de 1969, véspera da emboscada a Marighella. Ele, Ratton, João Caldas, Ivo e Fernando eram os dominicanos mais próximos da ALN, depois que Oswaldo partira para a Suíça e que Betto se instalara no Sul.

Magno Vilela era o frade mais próximo de Câmara Ferreira, o Toledo, comandante político do sequestro de Elbrick. Com aparência de professor ou funcionário público, Toledo tinha 55 anos em 1968 e podia ser pai daquele grupo de dominicanos nascidos no fim da guerra, à exceção de Fernando e de João Caldas, quase dez anos mais velhos. Experiente, o velho militante, que conhecera a prisão durante o Estado Novo, era o braço direito de Marighella. Sem ele, a ALN não teria sido a maior organização da guerrilha urbana.

Pouco tempo antes de sua prisão, João Caldas pedira sua exclusão da Ordem, voltando a assumir sua identidade. Foi preso no mesmo dia que Tito e Giorgio. Naquele dia, a polícia política prendeu mais de

AS REGRAS DE SEGURANÇA, SÃO PAULO, 1969-PARIS, 2012

vinte pessoas, graças a informações obtidas sob tortura e a telefones sob escuta, inclusive o do convento.

Ao contrário de Tito, que nunca teve contato pessoal com Marighella, João e os outros frades participaram de encontros com o revolucionário. Foi no apartamento de João Caldas, da Rua Rocha, que se deu o último encontro pessoal dos dominicanos com o mítico guerrilheiro. Ao pressentir que o cerco aos dominicanos se estreitava, Ratton Mascarenhas agendou a reunião com Marighella, numa noite de setembro.

Por anteverem o perigo, Ratton e Magno caíram na clandestinidade, e por isso escaparam das masmorras da ditadura e das sessões de tortura. Analisando hoje aqueles tempos sombrios, Magno se atribui uma "lucidez política" que os outros frades não teriam tido. Os que foram presos não teriam cumprido as regras de segurança, como ele e Ratton, que conseguiram driblar o cerco de Fleury. Quando a polícia chegou, encontrou o apartamento vazio e levou tudo o que podia incriminar os frades.

— Cheguei a pensar em me entregar, porque não tinha a intenção de sair do Brasil naquela época. Mas preferi viver clandestino, em circunstâncias muito difíceis.

Antes de partirem para o exílio, Magno e Ratton ficaram nove meses em condições precárias em São Paulo e em outras cidades. Na própria capital, mudavam de paradeiro diversas vezes. De uma fazenda de São José dos Campos, tiveram de sair às pressas, como de outros esconderijos sempre provisórios.

Entre os frades dominicanos que apoiavam a ALN, Tito era um caso à parte. Ele questionava a possibilidade de sucesso de uma guerrilha sem as massas para dar respaldo à revolução. Sua participação na luta política era conflitante. Expunha a João suas dúvidas e críticas quanto a um engajamento marxista, como apoio e retaguarda da luta armada.

Oswaldo, no entanto, via em Tito posições bastante afinadas com as suas.

— Se não fosse assim, não o teria contactado para conseguir o sítio para o congresso da UNE, nem haveria pensado nele para me substituir — assegura ao ser questionado sobre possíveis hesitações de Tito.

Segundo ele, Tito fazia parte do grupo dos frades que apoiavam Marighella. Participava das reuniões, cumpria tarefas como todo mundo.

— Só depois que fui para a Europa os frades estiveram com o Marighella habitualmente. E apenas pouco antes do meu embarque Tito pediu para se afastar temporariamente.

Antes de viajar com frei Fernando para o Rio no feriado de Finados, que caía num fim de semana, para um contato com o ex-frade beneditino Sinval Itaçarambi Leão, frei Ivo passou no apartamento da Rua Rego Freitas. Magno e ele tiveram uma longa conversa.

Magno aconselhou a Ivo:

— Seria melhor não fazer essa viagem, porque desde o sequestro todo mundo está caindo.

Mas os dois frades estavam decididos e viajaram para o Rio num ônibus noturno, como conta Fernando em seu diário. Devidamente seguidos pelo Deops, como revelou depois a polícia.

Antes de partir para o Rio, Ivo fez um pedido a seu confrade Roberto Romano. Se não voltasse ao convento em três dias, Roberto deveria ligar para o pai de Ivo no Rio e começar as buscas dando ciência às autoridades do convento e aos frades que moravam fora.

No fim do prazo e sem ter notícias de Ivo, Roberto telefona ao Rio e Monsieur Lesbaupin se mostra aflito pelo sumiço do filho. Romano diz ao pai do amigo que pediria permissão no convento para ir ao Rio ajudar na busca. Logo depois, passa no apartamento para avisar Ratton e Magno do desaparecimento de Ivo e Fernando.

AS REGRAS DE SEGURANÇA, SÃO PAULO, 1969-PARIS, 2012

Em 2012, Magno avaliava que era preciso ser cego para imaginar que a repressão não ia chegar aos frades.

— Se até as duas horas da tarde da segunda-feira, dia 3, você não tiver notícias, liga para a casa de meu pai, no Rio — sugerira Ivo no encontro com Magno.

Naquela época, Magno dava aulas no Colégio Santa Maria e estava terminando o curso de filosofia. Na correria, acabou esquecendo ou atrasando o telefonema combinado. Voltou ao apartamento para preparar a aula do dia seguinte.

Eram quatro da tarde quando Roberto Romano tocou a campainha. Encontrou Magno e Ratton descontraídos. Ratton lia *Cem anos de solidão*, de Gabriel García Márquez. Magno preparava trabalhos acadêmicos.

— Vocês sabem notícias do Ivo? — perguntou Roberto.

Os dois amigos fizeram de conta que não sabiam de nada. Somente depois que Roberto falou da recomendação de Ivo para contatar seu pai e avisar a todos caso não retornasse a São Paulo, Magno e Ratton se mostraram preocupados.

Roberto Romano nada sabia das atividades do grupo de confrades ligados à ALN. Ao deixar o apartamento de Magno e Ratton, passou no convento e recebeu autorização para ir ao Rio. Viajou na mesma noite e, no dia seguinte, estava no convento dominicano do bairro do Leme. Ao sair, foi preso e conduzido ao Cenimar, de onde foi levado para o Deops de São Paulo.

— Fui preso porque o telefone do convento de São Paulo já estava grampeado pela polícia. Minha conversa com o pai do Ivo fora ouvida pelos policiais — contou Romano em 2013. Ele fora ao Rio ajudar a localizar o amigo Ivo e não "como alguém comprometido politicamente".

Na narrativa de Magno, ele se encontrava sozinho quando Romano chegou.

Ao ouvir as notícias trazidas pelo confrade, ficou certo de que os frades tinham caído e respondeu:

— Esqueça que você ouviu isso, que me conhece, que esteve aqui. Volte para o convento e esqueça.

Pegou uma pasta onde enfiou o diário de classe, um par de meias, uma cueca, uma escova de dentes, uma caneta, um livro e um pijama, e saiu apressado. Ratton chegou no momento em que deixava o apartamento.

— Temos que sair. Todo mundo está caindo. Vamos sair — disse Magno.

Na tarde do dia 3 de novembro, no atordoamento das notícias sobre o desaparecimento de Ivo e Fernando no Rio, Magno chegou a telefonar da Rua Sete de Abril para Tito, no convento. Ele se lembra até hoje do número: 622324. Avisou-lhe que estava saindo do apartamento para cair na clandestinidade. Aconselhou-o a fazer o mesmo. Tratava-se de telefonema preventivo, pois ainda não sabiam concretamente o alcance da ação policial.

— Não, não vou sair, não quero complicação — respondeu Tito ao confrade.

Ao deixar o apartamento com Ratton, ficara acertado que cada um ia buscar seu próprio esquema para se esconder e se encontrariam no dia seguinte, num lugar seguro. No entanto, só se aproximariam caso vissem que havia total segurança.

Magno seguiu para a casa de quatro irmãs, muito ligadas aos dominicanos, solidárias com eles sem conhecer detalhes da militância. Sabiam apenas que os frades ajudavam pessoas ligadas à luta armada a se esconder da polícia, conseguir documentos e outros recursos de emergência.

Na noite do dia 3 de novembro, quando bateu à casa das amigas, Maria José Brandão Machado, a Zezé, mais próxima dele, ainda não havia chegado do colégio onde lecionava. As outras o receberam e perceberam seu nervosismo.

AS REGRAS DE SEGURANÇA, SÃO PAULO, 1969-PARIS, 2012

Quando Zezé abriu a porta, ele lhe disse:

— Estão prendendo todos. Preciso passar a noite aqui.

Sem nenhum esquema para se esconder, sentia-se acuado. À meia-noite, quando a campainha tocou insistentemente, recomendou:

— Digam que não sabem de nada, que eu as enganava, que pedia para vocês guardarem objetos fechados, que vocês ignoravam o que era.

O frade correu para o jardim, prestes a pular o muro da casa que dava para um terreno baldio. Antes que ele saltasse, elas o chamaram. Era Ratton.

Depois de ouvir a bronca pela insistência na campainha, que fez Magno pensar que era a polícia, Ratton informou:

— Por onde passei, as pessoas já tinham sido presas.

Telefonaram para Frei Betto, que se encontrava no Rio Grande do Sul, no seminário jesuíta Cristo Rei, em São Leopoldo, onde ajudava revolucionários perseguidos a atravessar a fronteira.

Quando Magno e Ratton lhe disseram que ele próprio deveria atravessar a fonteira, Betto respondeu que iria aguardar.

Em 2012, no Convento das Perdizes, Frei Betto disse não se recordar desse telefonema.

Na madrugada do dia 3 para o dia 4, Fleury invadiu o convento e prendeu Tito e outros frades.

Já no decurso do dia 4, preocupadíssimos e sem nenhum contato com outros dominicanos, Magno e Ratton deram uma discreta volta pela Rua Amaral Gurgel, que passa por trás do apartamento onde morava o primeiro.

— Como não vimos nenhuma roupa estendida no varal, o que a empregada doméstica fazia cada manhã, a desconfiança aumentou, a ponto de decidirmos nem mesmo passar pela frente do prédio da Rua Rego Freitas.

Ainda na manhã do dia 4, por mero acaso, os dois frades cruzaram com frei Reginaldo Fortini na Praça da República, perto da Companhia Telefônica da Rua Sete de Abril. Na época, frei Fortini trabalhava na Livraria Duas Cidades, ali perto. Como não soube dar informações precisas, decidiram que era melhor não ir até o convento.

Foram para um telefone público, ligaram para o convento. O frade que atendeu deve ter reconhecido a voz de Magno. Este inventou uma história:

— Gostaria de saber se tem algum frade disponível para confessar.

O interlocutor respondeu:

— Não, estão todos muito ocupados, no momento ninguém pode atendê-lo. Talvez seja melhor ligar mais tarde. Bem mais tarde.

Magno Vilela entendeu o recado, agradeceu e se despediu. Era o dia 4 de novembro e os policiais já estavam no convento. Tito, Giorgio Callegari e Edson já se encontravam no Deops, assim como João Caldas, preso ao tentar entrar no seu prédio.

Naquela noite, Magno soube da morte de Marighella. Estava numa comunidade dos camilianos, no Jaçanã, em São Paulo. Na TV, passava o jogo Santos x Corinthians. No intervalo, foi comer no refeitório e, quando voltou, havia um silêncio na sala. Alguém lhe contou que o *Jornal Nacional* acabara de anunciar a morte de Marighella e a presença de dois dominicanos no tiroteio. No dia seguinte, deixou o local e procurou esconderijo mais seguro.

Magno não sabe explicar por que Marighella não teria cumprido as regras de segurança ao ter notícias das quedas de frades, no Rio. O livro *Batismo de sangue* dá conta de que Marighella fora informado do sumiço de dominicanos no Rio. Mesmo assim, marcou o encontro com Fernando, em telefonema dado à livraria através de Antônio Flavio Médici de Camargo, que o conduziria ao encontro.

O biógrafo de Marighella, Mário Magalhães, com base em diversos testemunhos, assegura que o líder da ALN não foi informado do sequestro, no Rio, de frei Ivo e frei Fernando antes de se dirigir à Alameda Casa Branca, na noite de 4 de novembro.

Fernando fora torturado e estava cercado pelos homens de Sérgio Fleury na livraria quando confirmou o ponto para aquela terça-feira, 4 de novembro, às 20h30. Nem Magno nem João Caldas Valença sabem explicar por que o chefe da ALN decidira marcar aquele encontro tão arriscado. É difícil imaginar que ele manteria o ponto se tivesse sido avisado das prisões.

Não é a convicção do historiador comunista Jacob Gorender, que em entrevista que pode ser vista na internet,[7] diz:

"Marighella foi um dos homens mais valentes que conheci em minha vida. E ele se arriscou. Soube das prisões de dominicanos antes de ir para esse encontro, o que já era suficiente para não ir. Mas foi. Isso foi fatal para ele."

Ivo, um dos dois frades que estavam no carro na emboscada montada por Sérgio Fleury para Marighella, não tem certeza de que chegaram a ele notícias da sua prisão e da de Fernando no Rio. Até hoje não se pode provar que o revolucionário soube, nem se pode ter absoluta certeza de que não sabia.

— A gente tem a impressão de que havia esse conhecimento, mas não dá pra ter certeza — diz Ivo.

Sob tortura, Fernando revelara como o líder da ALN marcava os encontros com os frades, tomando sempre a iniciativa de ligar para a Livraria Duas Cidades, onde ele trabalhava.

Fernando escreveu em seu diário:

> Falei, o desespero e a dor me projetaram para uma outra dimensão da realidade, intermediária entre o pesadelo e a vida. Além disso, sabia que Marighella se ausentara de São Paulo. E era o terceiro dia que eu me encontrava preso. Não me era admissível que o líder da

---

7. http://www.youtube.com/watch?v=4APirS7_Zzg.

ALN, tão experiente e bem informado, no dia 4 já não estivesse a par de nossa prisão no dia 2 e da invasão policial, dia seguinte, ao Convento das Perdizes, quando prenderam os frades Tito de Alencar Lima, Giorgio Callegari e, no Rio, Roberto Romano.

Levado por Fleury até a livraria, Fernando atende ao telefone:

— Aqui é o Ernesto, vou à gráfica hoje às 20h.

— Sim — respondeu frei Fernando.

A "gráfica" era o ponto da Alameda Casa Branca, mais ou menos diante do número 806.

Os policiais puseram Fernando, 32 anos, e Ivo, 23 anos, no carro para ir ao encontro de Marighella. Fernando registrou no diário:

> Não me foi possível discernir entre o real e o imaginário. Uma alucinação suscitada por minha mente atordoada? Antes que pudesse distinguir o que havia de realidade ou projeção fantasiosa, Ivo e eu escutamos uma saraivada de balas. Não vi Marighella tombar. Esperei que ali se desse também o nosso fim. Meu corpo, teso, aguardou o impacto de um projétil. Logo as portas foram abertas e, nós, retirados do veículo. No meio da rua, um grupo de pessoas mirava o chão — estirado, jazia o corpo de Marighella. No caminho para o Deops, os policiais alardearam que éramos "traidores".

Ao chegarem de volta ao Deops na noite de 4 de novembro, os frades viram o delegado Raul Pudim descer ao porão com uma batina dominicana dobrada no antebraço e uma Bíblia na mão. Eufórico, gritava:

— Olê, olá, o Marighella se fodeu foi no jantar!

Da Bíblia retirou fotos do corpo de Marighella morto dentro de um fusca, as mesmas que foram distribuídas à imprensa e correram mundo.

— Em reação, os comunistas entoaram *A Internacional* e os cristãos, um canto gregoriano — conta Fernando.

AS REGRAS DE SEGURANÇA, SÃO PAULO, 1969-PARIS, 2012

O jornalista Emiliano José, biógrafo do líder da ALN, diz que Marighella poderia ter sido levado com vida, mas foi fuzilado porque, vivo, representaria um grande problema para a ditadura.

Mal terminada a emboscada que comandara, Fleury começou a bombardear a imprensa com a versão da traição dos dominicanos. Os frades da ALN eram ora "terroristas" ora "Judas". Todos os jornais aderiram à versão de que os dominicanos haviam traído Marighella. As manchetes associavam as palavras "frades" e "terror".

O Globo deu na primeira página a fotografia do convento dos dominicanos com a manchete: "Aqui se escondiam os terroristas."

Começava a campanha da ditadura para desmoralizar os dominicanos, responsabilizando-os pela queda do "inimigo público número 1" (cujo nome os jornais grafavam com um único l). A ditadura tentava dividir a esquerda, ao apresentar os frades como "traidores".

"Os padres comandam o terror que matou Marighela?" (*O Estado de S. Paulo* — 5.11.69)

"E os frades o traíram. Foi assim." (*Jornal da Tarde* — 5.11.69)

"Como Marighela foi traído pelo terror." (*Jornal da Tarde* — 5.11.69)

"Marighela encontra seus amigos frades. E depois cai morto." (*Jornal da Tarde* — 5.11.69)

"O padre fala. É a sentença de morte de Marighela." (*Jornal da Tarde* — 6.11.69)

Ao comentar como a imprensa aderiu à diabolização dos frades construída pelo regime ditatorial, o ex-frade Roberto Romano observa: "Eles não agiram como jornalistas. Agiram como carrascos e torturadores."

Nesse quadro, o *Jornal do Brasil* foi quem deu a manchete mais sóbria: "Morte de Marighella inicia desarticulação terrorista" (5.12.69).

No meio da tempestade de desinformação desencadeada pela execução de Marighella, o editorial "O beijo de Judas", publicado no dia 6 de novembro, no jornal carioca O *Globo,* foi um caso à parte. Poderia ter sido escrito pelos carrascos.

> "O beijo de Judas" (editorial publicado em O *Globo* dia 6 de novembro de 1969)
>
> Carlos Marighella morreu, como Guevara, de armas na mão. Lutando. Foi fiel até o fim ao evangelho do ódio, da violência a que serviu com implacável fanatismo por mais de trinta anos.
>
> Alguns dos crimes mais bárbaros da história policial do Brasil talvez hajam sido praticados pelo Grupo Marighella. A morte do Capitão Chandler, por exemplo, é desses episódios que figurarão nos anais da crueldade e da covardia humanas.
>
> Dezenas de atentados, assaltos e alguns sequestros tiveram a participação do bando ultrarradical do ex-deputado pelo PCB e que há dois anos representava a OLAS, de Havana, no Brasil, aqui espalhando a morte e a destruição.
>
> Mas reconheça-se que Marighella pôs toda a sua sinceridade nessa vida de sinistras empreitadas que teria seu epílogo anteontem na Alameda Casa Branca em São Paulo.
>
> Examinemos porém a participação dos frades dominicanos no fato. Frei Ivo e frei Fernando levaram a polícia a Marighella.
>
> Há dois anos, num Convento paulista, realizou-se um congresso da UNE. Como se tratava de reunião ilegal, pois a entidade já então não tinha existência reconhecida, as autoridades penetraram naquela casa "religiosa" e fizeram algumas detenções, inclusive de sacerdotes dominicanos.
>
> Quase que o mundo desabou. Choveram os protestos contra a "perseguição religiosa". O fato de sacerdotes dessa Ordem, como Frei Josafah — redator principal do famigerado periódico *Brasil Urgente* dos tempos de Goulart —, serem veteranos no radicalismo político não foi levado em conta pelos "liberais", que "não

acreditavam" que padres tivessem feito aquilo por mal. "Foram enganados" — argumentavam.

Agora, a morte de Marighella é um levantar de cortinas. Frades dominicanos integram o grupo que espalha a morte e o terror por este Brasil enlutando famílias, fabricando viúvas e órfãos.

Não apenas os dois que "entregaram" — frei Ivo e frei Fernando — fazem parte do grupo. Estão diretamente implicados nas atividades de Marighella frei Tito, frei Luís Felipe, o ex-frei Maurício.

Alguns outros já abandonaram a batina e encontram-se fora do País, como o ex-frei Bernardo Catão, também do Convento de São Paulo, que se casou com uma ex-freira e hoje vive nos Estados Unidos. Frei Chico, outro célebre agitador, também abandonou a Ordem dos Pregadores e emigrou para casar-se.

É uma trágica dissolução o que se contempla. Uma Ordem de sete séculos e meio, que deu à história nomes como São Domingos, São Tomás de Aquino, Santa Catarina de Sena, Fra Angelico, produz delinquentes desprovidos de qualquer dimensão de grandeza como esses dois maus acólitos de Marighella.

Frei Ivo e frei Fernando já haviam traído a Igreja e a Ordem a que pertencem quando, renegando os votos de amor e caridade impostos pelo Evangelho cristão, abraçaram a filosofia de ódio ensinada por Lenine APUD Marx.

Essa traição foi o primeiro beijo de Judas que deram. Todo o resto decorreu desta apostasia — ainda mais grave que o usual, pois fingiram que ainda continuavam dentro da Igreja, quando apenas dela se utilizavam para servir ao terror.

"Então um dos doze, que se chamava Judas Iscariotes, foi ter com os príncipes dos sacerdotes e lhes disse: Que me quereis dar, e vo-lo entregarei? E eles lhe deram trinta moedas de prata. E desde então buscava oportunidade para O entregar."

Quando aderiram ao comunismo, Frei Ivo e frei Fernando repetiram o gesto de Iscariotes. Esvaziados da moral cristã, entregaram-se ao amoralismo marxista-leninista. Frei Ivo declarou em 1966 a uma revista mensal o seguinte: "Meu Deus não é o deus-ópio, que aliena: ao contrário, Ele engaja, compromete."

Esse "DEUS" anticristão "engaja" os homens nisso: na volúpia de matar e na covardia diante do perigo de vida.

Frei Ivo e frei Fernando, que rasgaram os votos que livremente firmaram diante de Deus, perderam a resistência moral e traíram os votos de fidelidade à própria doutrina da violência. Entregaram Marighella à polícia com meticulosa proficiência.

Foi um segundo beijo à maneira de Judas. Esses infelizes frades beijoqueiros da traição bem encarnam o papel devastador desempenhado em certos setores da Igreja por determinadas alas ditas "renovadoras". Ontem mesmo Paulo VI fazia mais uma advertência a estes grupos, ao dizer: "Nada dentro da Igreja deve ser arbitrário, tumultuoso ou revolucionário."

Que a covardia desses infelizes frades pelo menos sirva de lição às ovelhas tresmalhadas que seguem por esses descaminhos escabrosos de traição a todos os valores.

Vinte e quatro horas após os jornais terem noticiado a morte de Marighella, o advogado Mário Simas foi procurado pelo prior do convento, frei Edson Braga. Ele assumiu a defesa dos dominicanos. Para Simas, divulgar a morte de Marighella como uma traição dos dominicanos foi uma decisão maquiavélica da ditadura: ao mesmo tempo que indispunha os conservadores contra os frades, jogava contra eles toda a esquerda revolucionária.

Assumindo claramente a defesa do regime, a revista *Veja* de 3 de dezembro de 1969 trazia uma reportagem de capa intitulada "O presidente não admite torturas". A foto da capa era a estátua da Justiça, da Praça dos Três Poderes em Brasília. O presidente que usava *Veja* como sua porta-voz era o general Emílio Garrastazu Médici, que governava desde outubro daquele ano.

*

AS REGRAS DE SEGURANÇA, SÃO PAULO, 1969-PARIS, 2012

Na vanguarda do engajamento progressista da Igreja Católica, os dominicanos sempre foram uma pedra no sapato dos ditadores. Em 1965, o general Castello Branco já cogitara expulsar a Ordem Dominicana do Brasil. Por pouco não assina o decreto de expulsão, que teria modificado o rumo da história.

Um suposto documento obtido nos arquivos da CIA informava que alguém, desde 1968, teria comentado em São Paulo, em círculos políticos que depois vazaram, a participação dos dominicanos ao lado de Marighella. Se essa versão fosse verdadeira, argumenta Magno, a polícia teria exercido um controle muito maior sobre a ação de todos, e nem ele nem Ratton teriam podido escapar.

No longo período de precária clandestinidade, Ratton e Magno foram ajudados por gente da Igreja, inclusive um padre camiliano, Julio Munaro. Ele não estava de acordo com as ideias dos jovens frades mas, por solidariedade e caridade, viajou a Assunção para esperar os dois foragidos com passaportes falsos. Eles atravessaram a fronteira com o Paraguai praticamente a pé. Depois, seguiram de táxi para Assunção, onde Munaro os esperava com dois passaportes e a passagem para o Chile. Somente de ida.

O ministro das Relações Exteriores de Eduardo Frei, Gabriel Valdès, grande figura da democracia cristã, havia prometido dar cobertura discreta, mas total, aos dois frades. Apesar disso, a polícia chilena tentou criar problemas.

Em Santiago, a cada novo obstáculo, os dois frades procuravam Francisco Whitaker, Plínio de Arruda Sampaio, Paulo de Tarso Santos ou Almino Afonso. A turma de brasileiros exilados no Chile, que fazia parte da primeira diáspora, ajudava no que podia. Sobretudo Arruda Sampaio e Whitaker. Depois de três meses de espera, conseguiram um *laissez-passer*, que consistia em uma folha branca dobrada onde se lia: "Este documento é válido para deixar o Chile."

Com um visto de entrada de alguns dias para a Itália e um visto de longa duração para a França, os dois viajaram para Roma. Depois de fazerem um tipo de turismo sob tensão aliviada na cidade santa, Ratton e Magno partiram para Paris.

Luiz Felipe Ratton Mascarenhas ficou ainda um período na Ordem e depois a deixou. Magno só deixou a Ordem dos Dominicanos em 1979, um ano antes de voltar ao Brasil.

Mais de quarenta anos depois da morte de Marighella, Jacob Gorender avaliava:

"Foi errado fazer a luta armada, mas foi digno. De certo modo, é um capítulo que enriqueceu a esquerda brasileira e que pode ser mencionado honrosamente."

Preso dois meses depois dos dominicanos, em 20 de janeiro de 1970, dia do seu aniversário, Gorender conta a "comemoração": "Eu aniversariei no pau de arara no Dops do Rio."

As regras de segurança, um dogma para os militantes mais experientes, não impediram que comunistas históricos como Marighella, Câmara Ferreira, Mário Alves, Jacob Gorender e Apolônio de Carvalho fossem apanhados pelas forças da repressão.

A prisão

Se houve guerra, eles contrariaram todas as leis da guerra. Temos o direito de exigir a abertura dos arquivos secretos onde se esconde a verdade. Os documentos que contam a verdade estão ainda protegidos pelo sigilo. Há torturadores e assassinos protegidos pelo silêncio. E os crimes que cometeram são, pelo direito internacional, inafiançáveis, imprescritíveis.

FREI OSWALDO AUGUSTO REZENDE JUNIOR

Na madrugada de terça-feira, 4 de novembro de 1969, o provincial da Ordem dominicana, frei Domingos Maia Leite, foi acordado por frei Edson Braga de Souza, prior do Convento das Perdizes, que lhe dizia:

— O delegado Fleury está aqui no convento com policiais. Veio prender frei Tito e quer levar você também ao Deops.

Eram três horas da manhã. O provincial trocou de roupa diante de um policial armado, com a metralhadora apontada. Ao descer as escadas, viu frei Tito descendo já algemado, ao lado do delegado Sérgio Paranhos Fleury. Este cercara o prédio de madrugada, dando início à "Operação Batina Branca", que consistia na invasão do Convento das Perdizes e na prisão dos dominicanos.

No claustro, o policial fez o provincial aguardar por alguns minutos, encostado na parede, de mãos para trás.

Fleury deu ordem aos policiais para colocarem frei Tito no camburão dos presos. Frei Domingos foi no carro do delegado, juntamente com frei Edson. Receberam ordem de sentar-se no banco traseiro da viatura, entre dois policiais armados de metralhadoras. Fleury foi no banco da frente, ao lado do motorista. Além de Tito, foram levados o dominicano italiano Giorgio Callegari e frei Sérgio Lobo.

Ao prender Tito, Fleury lhe disse:

— Com gente da tua estirpe não temos piedade nenhuma. Somos pagos para isso. Sabemos que você tem muito para contar. Se não quiser falar, será pior. Te torturaremos.

No Deops, o delegado havia enfileirado todos os presos num corredor. Frei Domingos só reconheceu frei Ivo Lesbaupin pela camisa. O rosto estava totalmente deformado pela tortura. Também viu frei Fernando de Brito. Os dois frades haviam sido sequestrados dois dias antes numa rua do Catete, no Rio. Depois de interrogados sob tortura, foram levados para São Paulo. Frei Roberto Romano, de São Paulo, fora preso no convento do Leme, no Rio.

O delegado Fleury levou frei Domingos a uma grande sala. Eufórico, apresentou-lhe três senhores em trajes civis: um oficial do Exército, um da Marinha e outro da Aeronáutica. Fleury se dirigiu a todos:

— Acabamos de prender os dominicanos. Através deles, vamos pegar o Marighella.

Frei Domingos foi libertado algumas horas depois, juntamente com os freis Edson e Sérgio.

Tito, Ivo, Fernando e Giorgio permaneceram presos. Tito e Giorgio foram imediatamente interrogados sob tortura e de certa forma abreviaram a tortura do ex-frei Maurício, João Antônio Caldas Valença, preso horas antes.

A primeira providência dos torturadores era pôr o preso em situação de inferioridade e insegurança. Para isso, ele se via despojado de tudo, ficava totalmente nu. Então, o interrogatório começava. Compreendia violência física, mas também insultos. No caso dos frades, a Igreja era ridicularizada. Nas portas das salas, o nome de cada delegado passou a ser precedido do título FREI.

No interrogatório de Tito, antes de começar a tortura, Fleury lhe disse:

— Ivo e Fernando foram submetidos ao soro da verdade e já falaram.

Como o frade continuasse impassível durante duas horas, Fleury mandou levarem Tito para a sala de tortura, onde se encontravam umas cinco pessoas que começaram a lhe dar socos, antes de colocá-lo no pau de arara.

Ao liberar frei Domingos, Fleury avisou que o convento continuaria ocupado até que prendessem Marighella. Com os telefones controlados, os frades não podiam avisar ninguém sobre a operação policial em curso.

Nesse mesmo dia, o cearense Genésio Homem de Oliveira passou no convento procurando Tito para saber se ele lhe conseguira um oculista. Foi imediatamente preso, levado para o Deops e torturado.

Genésio era primo de frei Tito e militava na ALN. Conhecido pelo apelido Rabótnik (Rabote na versão curta), que em russo significa operário, fora do PCB, tivera uma experiência de treinamento de quadros na União Soviética e combatera a ditadura Vargas. Provavelmente, o oculista era pretexto para um recado ou um contato político com Tito.

À noite, quando assistiam pela TV ao jogo Santos x Corinthians, frei Domingos e os confrades ouviram perplexos a notícia divulgada pelos telejornais: Marighella acabava de ser morto, "entregue pelos frades dominicanos". Objeto de uma caçada que envolvera diretamente todas as estruturas repressivas do governo militar, o revolucionário fora encurralado e fuzilado.

Na noite do dia 3 de novembro, uma segunda-feira, poucas horas antes da invasão do convento, frei Edson Braga, o prior das Perdizes, estava na casa de Antônio Ribeiro Pena e de Maria Auxiliadora Ribeiro Pena, juntamente com frei Ratton. O casal morava na Travessa Ouro Preto, no Jardim Europa, e fazia parte da rede de apoio articulada pelos dominicanos. De lá, ligaram para o ex-frei Maurício, João Caldas Valença, e deram o recado:

— Seus confrades Ivo e Fernando não voltaram do Rio e não deram mais notícias. Venha nos encontrar.

João Caldas passou imediatamente na casa dos Ribeiro Pena. Ratton não quis segui-los quando frei Edson Braga saiu num carro com João e Antônio, para verificar a situação em torno do convento.

Ao chegarem às Perdizes, perto da Rua Caiubi, confirmaram o cerco da polícia. Dirigiram-se na mesma hora ao apartamento da Rua Rocha, onde João morava. Ao tentar entrar no prédio, João foi preso por policiais que já o aguardavam. Ao chegar no camburão, encontrou Edson e Antônio Ribeiro Pena, presos minutos antes, no final da rua.

Chegaram ao Deops por volta da meia-noite. Frei Edson Braga foi libertado e voltou para o convento, de onde seria novamente levado, pouco depois, na "Operação Batina Branca".

No Deops, João Caldas e Ribeiro Pena foram conduzidos diretamente para a sala do delegado Alcides Cintra Bueno para interrogatório. O delegado e o jornalista Lenildo Tabosa Pessoa haviam sido tentados pela batina quando jovens, e eram considerados "especialistas" em questões de teologia.

Cintra Bueno abrira as portas do Deops para o jornalista, que acompanhou alguns dos interrogatórios "ideológicos" dos frades. Lenildo Tabosa Pessoa, do *Jornal da Tarde* e do *Estado de S. Paulo*, se destacava pelo furor de seus textos alinhados à campanha do governo contra a Ordem dos Dominicanos.

As perguntas feitas a João — na presença de Ivo e de Fernando, totalmente deformados pela tortura — tentavam desqualificar os frades usando argumentos teológicos. João, um perfeito adepto do *aggiornamento* do Concílio Vaticano II, ousou:

— Vocês estão no tempo de Leão XIII, antes de João XXIII. Esta é a Igreja velha.

No seu papel de inquisidor dos dominicanos, Cintra Bueno recebia freiras de Jesus Crucificado que iam levar anotações de pregações de padres considerados subversivos. Eram delatoras a serviço do Deops, dentro da própria Igreja.

Já no exílio, o dominicano Magno Vilela escreveu, pensando, provavelmente, em cristãos como o delegado, o jornalista e as freiras: "Há um trabalho que chamaria mesmo de revolucionário a ser feito: não deixar que nenhum grupo religioso, nenhuma sociedade, ninguém possa apropriar-se reacionariamente do Evangelho."

A teologia de Tito era o contrário daquela que praticava parte da Igreja Católica brasileira, que se omitia ou compactuava com a ditadura. Como seus confrades, ele fazia uma leitura totalmente engajada do Evangelho, como revelam seus textos, escritos em Paris.

João estava sendo torturado quando Tito e Giorgio Callegari chegaram para ser interrogados. Os torturadores o tiraram do pau de arara e nele amarraram Giorgio. João mudou de suplício: foi para a cadeira do dragão.[8]

Em seguida, foi a vez de Tito ser torturado. Os algozes ainda não recorriam ao capuz, que tempos depois passou a ser utilizado. Com ele, os torturadores aumentavam a sensação de insegurança do preso, que não sabia que tipo de sevícias sofreria, nem quando nem de onde viriam. Por ser de lona grossa, o capuz também dificultava a respiração, funcionando como um instrumento de tortura adicional.

A tortura era utilizada imediatamente após a prisão dos revolucionários, de familiares ou de pessoas que não tinham nenhum

---

8. Tipo de cadeira elétrica na qual o indivíduo era atado aos pulsos por cintos de couro. Fios eram amarrados nas orelhas, língua, órgãos genitais, dedos dos pés e seios (em mulheres). As pernas eram afastadas para trás por uma travessa de madeira, que fazia com que, a cada espasmo causado pelo choque elétrico, elas batessem violentamente contra a travessa de madeira, causando ferimentos profundos.

envolvimento com a luta armada mas, por infortúnio, haviam caído na malha da repressão. A ideia da polícia era arrancar qualquer informação, o mais rápido possível, para tentar interceptar os próximos pontos, ou encontros marcados entre os militantes, antes que estes notassem que alguém tinha caído.

"Primeiro se tortura ou se ameaça. Depois se interroga. A lógica é precisamente essa: destruir o prisioneiro e tornar natural o medo", escreveu o jornalista Flávio Tavares, um dos 15 presos políticos libertados em troca do embaixador americano, em setembro de 1969.

As técnicas de tortura (que foram se "aperfeiçoando" para tornar tudo mais insuportável para o torturado) eram muito variadas. O próprio Marighella, um velho frequentador dos porões da ditadura Vargas, listou algumas, a partir de sua experiência e de relatos de revolucionários presos.

A mais utilizada talvez tenha sido o pau de arara. Mas a inventividade dos torturadores não tem limites. Desde a Antiguidade, as técnicas para provocar dor e aniquilar as resistências do preso foram incorporando descobertas científicas como a eletricidade: além do pau de arara, choques elétricos nos órgãos genitais e nos ouvidos eram muito usados pela ditadura brasileira.

Além disso, os torturadores brasileiros praticavam o espancamento coletivo por vários policiais. E ainda: a cadeira do dragão, o telefone,[9] queimaduras com pontas de cigarro, mergulhos forçados em tanques de óleo ou barris de água gelada, com as mãos algemadas e de cabeça para baixo, simulação de afogamento no mar e de fuzilamento com tiros de festim, jorros de luz ofuscante nos olhos, espuma de sabão ou sabão em pó no globo ocular, jejum de vários dias, imobilidade (de pés descalços sobre latas de cera, sem tampa, até o desfalecimento das vítimas), pancadas a porrete e cassetete de borracha, espancamento

---

9. Aplicação de golpes simultâneos nos ouvidos, com as mãos em concha, até arrebentar os tímpanos.

dos rins e abdômen, bordoadas nas costas ou quedas de costas (até a fratura da coluna vertebral).

O pau de arara, considerado uma autêntica contribuição brasileira ao arsenal mundial de técnicas de tortura, também chamado "varal" ou "cambau", era usado desde os tempos da Colônia para punir "negros fujões". O suplício ganhou esse nome por lembrar as longas varas usadas para levar aves aos mercados, atadas pelos pés.

Num de seus depoimentos, João Caldas Valença confirmou pertencer ao "grupo de Marighella". Deu os nomes dos confrades que pertenciam ao "grupo". Está no documento do Deops:

> Ivens (*sic*) do Amaral Lesbaupin (frei Ivo); Fernando de Brito (frei Fernando ou Mateus); Luiz Felipe Ratton Mascarenhas (frei Ratton ou Ivan); Magno Vilela (frei Magno ou Leonardo); Oswaldo Rezende (frei Oswaldo); Carlos Alberto Libânio Cristo (*sic*) (frei Betto) e Tito de Alencar (frei Tito), ocorrendo que este último desvinculou-se do "grupo" em fins do ano passado.

Enquanto era identificado por policiais depois da morte de Marighella, Ivo manteve-se calado. Os agentes zombavam dele dizendo que estava ferido na perna por ter tentado escapar durante o tiroteio, sendo imobilizado por mordidas de cães adestrados. O ambiente no Deops era de festa pela morte de Marighella. Se os frades não foram poupados da tortura, por que iriam poupá-los da chacota e do deboche?

Sérgio Fernando Paranhos Fleury, o homem que idealizou a "Operação Batina Branca" e dirigia pessoalmente os interrogatórios sob tortura, trabalhava desde os 17 anos em delegacias. Nascera em 1933, em Niterói, filho de um médico-legista, morto por doença contraída ao fazer a necrópsia do cadáver de um preso. Em 1967, Fleury fizera parte do grupo de policiais que cuidava da segurança do cantor Roberto Carlos.

A luta pelo monopólio do mercado de drogas de São Paulo o levaria a chefiar o Esquadrão da Morte, grupo de policiais que, acobertado por magistrados, políticos e militares, promovia sistemática campanha de extermínio de traficantes e marginais entre 1967 e 1974.

Descrito por Elio Gaspari como um puro produto da polícia paulista, com sua tradição de torturas e assassinatos, Fleury viria a encarnar o combate ao "terrorismo". "Nunca na história brasileira um delinquente adquiriu sua proeminência", escreveu o jornalista.

Frei Fernando, que como frei Tito esteve face a face com o "delinquente", o descreve em seu diário como um verdadeiro personagem de filme de terror:

> Seus olhos de águia, inoculados de ódio, são quase líquidos. Ao torturar, tornam-se salientes, marcados por rubras e finas estrias. A cabeça redonda assemelha-se a uma bola a equilibrar-se sobre o corpanzil. O tronco avolumado não tem a flacidez dos obesos; antes, dá a impressão de que, por dentro da pele, a estrutura óssea é suficientemente dilatada para ocupar todos os espaços. As bochechas alargam o rosto e o nariz é diminutamente desproporcional ao desenho oval da face. Os cabelos são crespos e ralos, cuidadosamente fixados para imprimir-lhe aparência asseada. As mãos, gigantes, trazem dedos arredondados, e o tom grave da voz acentua-lhe o modo impositivo de falar.[...]
>
> De nossos encontros, não guardo a imagem de um policial; mais se assemelha a um personagem sádico de filme de terror, como se o sofrimento alheio, aliado à humilhação, lhe causasse prazer orgástico. Não perde tempo em inquirir ou investigar; seu cartão de visitas é a dor.
>
> Utiliza os instrumentos de tortura como um cirurgião equipado para abrir, sem anestesia, as entranhas do paciente e extrair o tumor. A seus olhos cada prisioneiro porta o vírus capaz de ameaçar a segurança nacional, contaminando o corpo social. Antes que a peste se espalhe, urge arrancá-lo a ferro e fogo. Se o prisioneiro resiste com o seu silêncio, Fleury passa dos métodos "científicos" — pau de arara, choque elétrico, afogamento — aos brutais: arranca unhas com alicate, fura o tímpano, cega um olho, castra. Nesses casos, quase sempre mata. O único silêncio que não lhe irrita os ouvidos nem lhe instiga a prepotência é o da morte.

Mesmo com toda a vigilância e repressão, frei Fernando de Brito pôde escrever com tenacidade um diário no qual registrava as visitas de bispos e religiosos, o dia a dia dos presos, a luta do trabalho contra o ócio, as missas, a violência, a solidariedade existente no cárcere, as notícias que vinham de fora. Mas também a atividade do Esquadrão da Morte, que de vez em quando vinha retirar presos comuns de suas celas. Nunca mais apareciam.

O diário de Fernando era anotado em papel de seda, em letras microscópicas. O papel era enrolado e colocado numa caneta Bic, cuja carga tinha sido cortada ao meio, deixando a ponta perfeita para passar por um eventual controle. No dia de visita, a caneta era trocada por outra, idêntica, levada por um dos frades do convento. As pequenas páginas de papel de seda podiam também sair em maços de cigarros, abertos pelos fundos. Após colocar o canudinho de papel dentro do cigarro, Fernando cuidava de tapar as extremidades com fumo.

Um dia, Fernando pensa em comentar com Ivo, Betto e Tito seu trabalho de "escriba" de um diário. Desiste. "Quanto menos gente souber, melhor. Segurança nunca é demais", reflete.

Assim que foi informada da prisão, a família de Tito passou um telegrama pedindo notícias ao prior. A resposta era tranquilizadora: ele estava com os outros frades, sob os cuidados da Ordem dominicana, e um advogado, Mário Simas, cuidava do caso. Logo que puderam, Nildes e sua irmã mais velha, Nailde, foram para São Paulo.

— Eram quase mil quilômetros de distância e as visitas eram limitadas, apenas aos sábados à tarde, depois de passar pelo setor de fiscalização e receber a permissão do delegado. Durante toda a prisão de Tito, que durou um ano e dois meses, fomos três vezes a São Paulo. Em cada viagem, passávamos um mês e ficávamos com ele apenas quatro momentos — conta Nildes.

Na primeira visita, pouco depois da prisão, Tito parecia bem-humorado e esperançoso. Pensava que ele e seus confrades não iam ficar muito tempo presos. Para poupar a família, nunca relatou a Nildes as torturas.

Para visitar um preso, a família passava por uma longa maratona. Cada visita tinha de ter autorização prévia, dada por escrito, num documento que devia ser buscado na Auditoria Militar no meio da semana. Para a visita do sábado, prevista para as 15h, as irmãs de Tito chegavam às 13h e faziam fila para serem revistadas. A fila dos parentes dos presos dava voltas no quarteirão.

O rigor do controle era constrangedor para as irmãs. Tinham que abrir todos os pacotes e tirar a roupa. Mas para o frade era um bálsamo receber a visita da família e saber notícias dos irmãos e de seu Ildefonso.

— Quando chegávamos à penitenciária, ele perguntava por todos os amigos. Mas não tocava em assunto político conosco. Ele se preocupava que seu envolvimento levasse a família a ser investigada. E sempre fez tudo para nos poupar, nunca nos contou como foram as torturas — diz Nildes.

Antes da segunda fase de tortura, em fevereiro de 1970, Tito parecia alegre. Bem-humorado, esperançoso, pedia às irmãs para não se preocuparem.

— A gente não sabe se ele fazia isso para nos animar ou se realmente o clima entre eles favorecia. Tanto eles quanto nós achávamos que ia ser uma passagem rápida. Ele nos recebia bem e nos apresentava aos outros presos.

Tito nunca se perdoou por ter aberto o nome de Rabote na tortura comandada por Fleury. Foi o próprio militante quem o consolou ao chegar ao Deops preso. Explicou a Tito que ele e seus companheiros do Partido Comunista tinham feito treinamento para suportar sevícias. O que não era o caso dos frades, capazes de argumentar e debater à luz da teologia e do marxismo, mas sem preparo para enfrentar a força bruta de um regime ditatorial.

Rabote tentava ajudar Tito e seus confrades, preocupados com o que fora aberto na tortura. Eles passavam a limpo o que já fora dito e o que não deveria ser revelado.

Abrir um nome na tortura deixa o revolucionário vulnerável, pois não foi capaz de silenciar diante da repressão. Os torturadores exploravam a situação de fraqueza. Alguns dos revolucionários da ALN acabaram cedendo à dor do suplício, mesmo conhecendo de cor o documento "Segurança", escrito por Marighella, que recomendava suportar as sevícias tempo suficiente para que a organização pudesse alertar os outros militantes.

Tito era um revolucionário e frade dominicano. Para ele, não havia contradição, como explicou numa entrevista, dada em 1972 ao jornalista italiano Claudio Zanchetti:

> Ser revolucionário é ser solidário e participar de todas as lutas da classe operária, em todas as formas, segundo táticas tanto legais como ilegais, tendo em vista a tomada do poder, inclusive recorrendo à luta armada, se o permitirem as condições subjetivas e objetivas. Além disso, há todo um aspecto ideológico, humanista e utópico da revolução. A revolução é a luta por um mundo novo, um tipo de messianismo terrestre, no qual há possibilidade para os cristãos e marxistas de se encontrarem.

Por ter aberto o nome do Rabote, Tito se armou de uma certeza: se fosse levado de volta à tortura, teria que montar um plano para se matar.

— Ele ainda não sabia o inferno que iria enfrentar na Operação Bandeirantes. Mas foi para lá mais determinado do que no período que passou no Deops — avalia João.

Aos frades presos no Rio e em São Paulo, veio juntar-se Frei Betto, preso pelo Exército no Rio Grande do Sul, no domingo, 9 de novembro. Levado a São Paulo pelo delegado Fleury, que foi a Porto

UM HOMEM TORTURADO — NOS PASSOS DE FREI TITO DE ALENCAR

Alegre para interrogá-lo, ele chegou ao presídio Tiradentes dia 12 de novembro, juntamente com outro preso, Nestor Mota, professor de ioga e ex-noviço dominicano.

Naquele mês, seis frades estavam presos em São Paulo: Ivo Lesbaupin, Betto, Tito de Alencar Lima, Roberto Romano, Giorgio Callegari (Pipo) e Fernando. Além deles, dois ex-frades, João Caldas Valença e Nestor Mota. Tito conheceu os dois primeiros nos tempos da JEC (Juventude Estudantil Católica). Os outros, encontrara no convento em São Paulo.

Na prisão, Tito e seus confrades leram ou releram *Os condenados da terra*, do psiquiatra francês, originário da Martinica, Frantz Fanon. Publicado em 1961, o livro circulou na França clandestinamente durante a Guerra da Argélia (1957-1962). Logo se tornou a Bíblia da luta anticolonialista dos povos do Terceiro Mundo. Fanon cuidou de militantes clandestinos da Frente de Libertação Nacional durante a Guerra da Argélia e viu os horrores que a tortura causa tanto em torturados quanto em torturadores. O psiquiatra, que se tornou um ícone do pensamento anticolonial no mundo inteiro, morreu em 1961, aos 37 anos.

Totalmente engajado na luta dos argelinos pela independência, Fanon foi expulso da Argélia, ainda colônia francesa, depois de escrever às autoridades francesas denunciando a brutalidade do poder colonial francês, os assassinatos e as arbitrariedades dos representantes da metrópole contra os argelinos que lutavam pela independência.

No prefácio da edição de 1968 do livro de Frantz Fanon, da editora François Maspero, o filósofo Jean-Paul Sartre faz um requisitório contra o colonialismo e contra a tortura. Ironizando o excesso de trabalho dos militares torturadores franceses, Sartre escreve: "Não é bom que um policial seja obrigado a torturar dez horas por dia: nesse ritmo, seus nervos vão ficar despedaçados, a menos que proíbam aos carrascos, em seu próprio interesse, fazer horas extras."

Além das leituras, os presos políticos passavam muitas horas em discussões políticas. Debatiam, divergiam e, muitas vezes, concordavam sobre os caminhos e os descaminhos da luta de resistência.

João foi para a cela 1, deixando a cela 7, onde estava reunido o grupo pertencente à ALN. Na cela 1, encontrou Antônio Ribeiro Pena, Diógenes de Arruda Câmara, dirigente e fundador do PCB, o médico Antônio Carlos Madeira, amigo dos dominicanos, e Américo Jacobina Lacombe.

No presídio, as diversas organizações tentavam manter seus militantes juntos. Isso só era possível porque existia uma porosidade na relação com os carcereiros. Alguns haviam sido militantes do PCB e, por vezes, abriam as celas, facilitando os contatos. Assim, Tito podia deixar a cela 7 para ir conversar com João na cela 1.

Nas conversas, Tito falava de sua tristeza por ter aberto Rabote e pela morte de Marighella. E expressava suspeitas. Achava que o clima do presídio era perigoso, havia gente infiltrada nas celas. De fato, pouco tempo depois as suspeitas de Tito se confirmaram: um dos presos deu depoimento na TV delatando o que vira na prisão.

No cárcere, Tito tinha "momentos de alternância", segundo João, que o tranquilizava dizendo que quem viveu a tortura pode sentir de forma mais ou menos intensa essa ponte entre o real e o imaginário.

— Ele fora preso justamente num momento de muita sensibilidade, durante sua narcoanálise, a terapia com injeções — resume João Caldas.

Quando hoje analisa o ex-confrade, Roberto Romano assinala sua inteligência aguda.

— Tito percebia muito bem que problemas sérios estavam por vir, tanto na sua vida pessoal, quanto na eclesiástica, quanto na política secular. Quando a consciência é mais clara, a dor mostra uma face mais corrosiva.

Como Tito, Fernando também passou por momentos de luta contra o desvario e a insônia crônica. Ele narra em seu diário:

> Agrava-me o quadro alucinatório. A tensão emocional produz efeitos somáticos. Durante a noite, sou acometido de alucinações auditivas. Vozes múltiplas me chamam pelo nome e impõem ordens imperativas. Todos os meus pensamentos e ideias parecem continuamente captados e gravados à distância. A cabeça, turbinada, abriga mil fantasmas. São imagens díspares, fugazes, terrificantes, traços necrófilos de perfis indefinidos; porém, assustadores. E elas impedem que o sono me vença.

Passados os primeiros dias de prisão, ainda no Deops, os frades conseguiram celebrar a eucaristia. Bolachas serviram de hóstias e Ki-Suco, de vinho. Os carcereiros permitiram que comparecesse uma pessoa de cada uma das seis celas e quatro solitárias. Fernando oficiou, frei Ivo e frei Tito puxaram os cânticos.

Esquadrão da Morte

Na primeira semana de dezembro, os frades foram transferidos do inferno para o purgatório: passaram do Deops ao Presídio Tiradentes, que ficava na avenida de mesmo nome. O lugar é descrito no *Diário de Fernando* como "um prédio sombrio, cinza, desbotado, corroído pelo tempo e por tantas almas penadas que aqui padeceram". Ele acrescenta: "Irônico capricho da elite brasileira: batizar com o nome de quem sacrificou a vida pela liberdade um local destinado a confinar corpos e ideias."

O Deops foi extinto em 1983 e, no antigo prédio, funcionam hoje um anexo da Pinacoteca do Estado e o Memorial da Resistência. Do Tiradentes, demolido em 1972 nas obras do metrô, restou o arco da porta principal, tombado pelo Patrimônio Histórico na gestão de Luiza Erundina.

A PRISÃO

Deixar as catacumbas do Deops significava, em tese, ver cessar as ameaças de tortura, livrar-se da anomia jurídica, ter acesso a advogado e visitas, banho de sol, e alimentação saudável. Em tese, porque na prática as coisas eram um pouco diferentes.

As condições de vida no Presídio Tiradentes não ficavam nada a dever às das piores prisões do planeta. Os frades vão ocupar a cela 15 do Pavilhão 2, que no andar térreo guardava confinados, sem notificação legal, presos comuns em período de investigação e inter-rogatório. O térreo era escuro, retalhado em masmorras.

Os presos comuns — chamados de corrós, corruptela de correcio-nais —, em período de investigação e interrogatório, viviam em total promiscuidade. Menores se misturavam a travestis e delinquentes, quase todos jovens, presos em flagrante ou capturados sob acusação ou suspeita de terem cometido algum delito. *O Diário de Fernando* dá conta dos horrores da vida dos corrós:

> Muitos são marcados para morrer. De madrugada, sob conivência da direção do presídio e cumplicidade de guardas e carcereiros, são retirados daqui pelo Esquadrão da Morte — a ala assassina da polícia, liderada pelo delegado Fleury e protegida por magistrados, políticos e militares — e conduzidos à periferia da Grande São Paulo. Postos a correr, tornam-se alvos móveis das armas dos agentes do Estado. O Esquadrão faz questão de assinar o crime: deixa junto ao cadáver o seu símbolo, um cartaz com o desenho de uma caveira sobre duas tíbias. Para a opinião pública, a vítima faleceu em confronto com a polícia. No entanto, com frequência vemos estampadas nos jornais fotos de corrós que, no dia anterior, circulavam pelo presídio, desta-cados para cuidar da faxina ou da entrega de alimentos.

Um dia, um carcereiro ofereceu aos frades mozarela a um preço exorbitante. Eles propuseram 5% do valor. Acabaram comprando por 15%. Ao entregar a mercadoria, disse:

— Joguem fora a embalagem.

Nela estava impresso: "Doação do estado de São Paulo." O produto destinado aos presos era comercializado dentro e fora do presídio.

Do Pavilhão 2, os seis frades e dois ex-frades foram transferidos para a cela 7 do Pavilhão 1. Nela, 32 presos políticos se apertavam em 160 metros quadrados, espaço outrora ocupado por uma lavanderia. Imediatamente, os frades decidiram organizar a vida na prisão, o que significava limpar a cela e melhorar a comida.

A cela ficava no andar superior do pavilhão e tinha duas esquinas de grades, o que a tornava bem ventilada. Havia dois vasos sanitários, chuveiro, tanque de lavar roupa, pia de cozinha e um fogão instalado pelos próprios presos. Como o grupo contava com dois engenheiros eletricistas, um engenheiro químico e um torneiro mecânico, logo instalaram gambiarras e organizaram a precariedade: com barbantes fizeram cabides de roupa e com caixas de papelão, armários. Mas as quatro bocas elétricas que chamavam de fogão não tinham nenhuma pressa de aquecer a água do café ou do feijão.

Da comida entregue pela Penitenciária do Estado, Frei Betto e frei Giorgio, exímios cozinheiros, aproveitavam verduras e legumes, lavados cuidadosamente. A única refeição digna desse nome era o almoço. O desjejum se restringia a leite, café e pão seco, eventualmente acrescidos de margarina e frutas, enviadas pelos familiares. O jantar era um lanche frugal.

Organizados em equipes de cozinha por Giorgio e Betto, os presos políticos se alternavam nos preparativos dos alimentos. Para que o almoço ficasse pronto entre meio-dia e duas da tarde, a equipe de plantão iniciava o trabalho na noite anterior.

— Cozinhar batatas, arroz e feijão para tantas bocas em apenas quatro chapas elétricas exige passar a madrugada com um olho nas panelas e outro no baralho — conta Fernando.

A cama era o lugar de dormir, comer, jogar cartas, ler e discutir. O espaço em volta do colchão tinha que ser aproveitado milimetri-

A PRISÃO

camente para guardar as poucas peças de roupa, livros, material de higiene e correspondência.

No mês de dezembro de 1969, Tito e os outros dominicanos tiveram a prisão preventiva decretada pela 2ª Auditoria de Guerra da 2ª Região Militar. Ficaram sob a responsabilidade do juiz auditor Nelson Guimarães.

Dia 17 de dezembro, os presos puderam receber visitas. Mas os padres permaneceram incomunicáveis. Apenas o italiano frei Giorgio Callegari teve o direito de avistar-se, por 15 minutos, com o padre dominicano francês Vincent de Couesnongle, representante do Mestre da Ordem dominicana, que vinha de Roma.

De Couesnongle só não foi preso ou sequestrado pelo irado delegado Fleury, que espumava com sua presença, porque estava em missão diplomática, com avisos antecipados ao Itamaraty e ao Ministério da Justiça do Brasil.

Mário Simas, o advogado dos frades, homem de fala mansa e contundente, raciocínio ágil e gestos comedidos, protestou junto ao STM contra a incomunicabilidade de seus clientes. O juiz auditor, Nelson Machado da Silva Guimarães, visitou os prisioneiros e autorizou a entrada dos familiares dos frades no sábado seguinte.

Entre os presos políticos, um francês chamava a atenção com seu inseparável cachimbo. Era o empresário Jacques Breyton, que participara da Resistência, movimento que libertou a França dos alemães na Segunda Guerra. No fim da guerra, ele recebeu a Cruz de Guerra, a Medalha da Resistência e a Legião de Honra, aos 23 anos. Mudou-se para São Paulo em 1958, tornou-se um bem-sucedido empresário de telecomunicações e foi preso por ter abrigado Marighella em sua bela mansão ajardinada da Vila Mariana. Os presos aprenderam muito sobre a Resistência Francesa através das palestras de Breyton.

Para evitar a ociosidade, o pior mal dentro do cárcere, os presos políticos se distribuíam em grupos, com aulas de francês e ioga, ginástica e trabalhos manuais, além do estudo de teologia, para os dominicanos.

A Justiça Militar não permitia aos frades celebrar missa dentro do presídio. Seria contraditório, já que os considerava "terroristas ateus". Assim, eles celebravam todas as noites entre eles e, uma vez por semana, para toda a cela, a pedido do coletivo. Aí entra o Ki-Suco no lugar do vinho e uma caneca como cálice. Julgavam que, com certeza, Jesus é mais tolerante que o Vaticano.

O cônsul da Itália recebeu permissão para visitar frei Giorgio Callegari, que aproveitou para fazer um discurso inflamado exigindo que o governo italiano o tirasse daquele cárcere.

Apesar de ser um conservador em política, o bispo auxiliar de São Paulo, o dominicano dom Lucas Moreira Neves, foi visitar seus confrades com o padre José Afonso de Moraes Bueno Passos. Era uma visita formal pelo Natal. Dom Lucas não é poupado no diário de Fernando:

> Mineiro, sagaz, fica em cima do muro para ver melhor dos dois lados. Nunca se sabe o que de fato pensa e de que lado está. Desprovido de opinião própria, talvez prefira, quase sempre, estar de acordo com quem lhe é superior. Nascido em São João del Rei, dá um boi para não entrar na briga e a boiada para continuar de fora. Ele e o juiz, conhecidos de longa data, parecem coincidir em pontos de vista, mormente quanto à conjuntura política do país, razão pela qual mereceu o privilégio de nos visitar quando lhe convier, sem necessidade de, a cada vez, requerer autorização na Auditoria Militar, como se exige de todos os interessados em vir ao nosso encontro.

No primeiro Natal na prisão, Tito e seus confrades receberam a visita dos padres do convento, que levaram alimentos e cigarros. Tudo era submetido a severa revista, inclusive os alimentos, muitas vezes manipulados de forma inapropriada. Mas, com astúcia, o diário de Fernando ia saindo da prisão e sendo bem guardado.

De noite, os frades desembrulharam as iguarias, depois de fazer um ato litúrgico com cânticos e leituras bíblicas. A cantoria atraiu vozes femininas e masculinas vindas de outras celas quando iniciaram a célebre *Noite feliz*. "Jamais daremos a eles o prazer de nos verem abatidos e tristes", anotou Fernando.

"Missa é reunião política"

No mês de janeiro de 1970, Tito e seus confrades foram transferidos para a cela 19 do Pavilhão 2. As instalações lembravam a Casa dos Mortos, de Dostoiévski. Por motivos de segurança, Fernando queimou algumas folhas de seu diário.

O espaço de 8 por 3,5 metros era ocupado por oito presos. Havia goteiras no teto, as paredes tinham umidade por infiltrações, os presos quase não podiam sair da cela. Alimentos e roupas se acumulavam sobre os beliches. A luz precária dificultava a leitura. Não havia chuveiro e o banho só era possível agachado, ao lado da única torneira, perto da fossa sanitária.

Somente duas celas, 14 e 16, dispunham de fogareiros. Assim, para não se verem obrigados a comer o insalubre "boião" da penitenciária, os frades e presos políticos se reorganizaram para cozinhar legumes e alimentos trazidos pelas famílias em regime de cantina.

Aproveitando a visita de um padre, frei Fernando foi ver o delegado diretor do presídio para pedir permissão para celebrar uma missa no domingo.

— Missa é reunião política — pontificou o delegado, que se gabava de frequentar o Cursilho da Cristandade, espécie de formação teológica de orientação conservadora. — A menos que o cardeal autorize por escrito.

Sem esperar a permissão, frei Fernando celebrou com seus confrades a missa no corredor, com uma liturgia de exceção. O altar era um caixote bambo que sustentava uma Bíblia, um copo de água e o pão no prato de plástico das refeições habituais. Rostos espremidos nas grades acompanharam atentos os cantos litúrgicos e populares.

Aos poucos, os cantos foram se propagando, novas vozes de várias celas se juntaram às primeiras e, em certo momento, homens e mulheres cantarolaram *Carinhoso*, de João de Barro e Pixinguinha: "Meu coração/Não sei por quê/bate feliz/quando te vê..."

Poucas horas depois, de madrugada, os presos foram acordados por uma equipe de plantão que batia porretes nas barras de ferro aos berros:

— É proibido dormir de luz apagada.

Frei Fernando dialogou com seu diário:

> Não há um regulamento que prescreva isso. Mas, depois de beberem cachaça e fumarem maconha, os policiais de plantão precisam voltar a gritar para tirar o sossego dos presos, que dormiam depois de uma noite de cânticos e de confraternização.

Na terça-feira, 20 de janeiro, dom Paulo Evaristo Arns, bispo auxiliar do cardeal Agnelo Rossi, arcebispo de São Paulo, obteve finalmente permissão para visitar os dominicanos. O franciscano que trabalhara anos em favelas de Petrópolis tinha fala ríspida, frases cortantes e um coração compassivo. Foi um bom pastor e nunca falhou em sua ação apostólica, atestam os frades.

Eles relataram a dom Paulo as condições da prisão, os interrogatórios sob tortura, além das ameaças recebidas. O diretor do presídio, delegado Denardi, ouviu silencioso para fazer seu relatório aos órgãos de segurança.

No meio da noite, os frades foram acordados aos gritos pelo grande barulho feito pelos corrós. Um "cacique" de cela estava estuprando um menor que clamava por socorro. Impotente diante da violência que adivinhava, o escriba Fernando anotou:

A PRISÃO

De quem é a culpa? Do "cacique" que não fez voto de castidade e há meses não vê mulher ou dos carcereiros que enfiaram o menor numa cela de malandros escolados? Não duvido de que algum carcereiro tenha levado grana para pôr o menor ali dentro. Aqui é difícil distinguir o limite entre bandidos e representantes da lei.

Tito e seus confrades viveram muito tempo nesse submundo. O frade cearense saiu banido depois de um ano e dois meses. Fernando, Ivo e Betto passaram quatro anos presos, mudando de vez em quando de local. Sem ter sido consultado nesse turismo um tanto particular, Frei Betto foi levado a conhecer oito presídios no tempo em que ficou privado de liberdade.

A sucursal do inferno

Tito: "Cristo e Marighella são exemplos."

Se não falar, será quebrado por dentro, pois sabemos fazer as coisas sem deixar marcas visíveis. Se sobreviver, jamais esquecerá o preço de sua valentia.

CAPITÃO ALBERNAZ sobre Tito

*Ficou moderno o Brasil
Ficou moderno o milagre
A água já não vira vinho
Vira direto vinagre.*

CACASO

Em fevereiro de 1970, frei Tito deveria renovar os votos religiosos.

Indiferentes à vida espiritual e religiosa do frade, os carrascos lhe prepararam uma surpresa que o levaria a conhecer o que eles chamavam "a sucursal do inferno".

Como frei Tito, também frei Ivo e frei Roberto deveriam renovar os votos. O provincial da Ordem, frei Domingos Maia Leite, solicitou licença à Auditoria Militar para celebrar missa no presídio. A Justiça Militar, arvorando-se atribuições de Tribunal Eclesiástico, proibiu a renovação dos votos religiosos dos três dominicanos. O juiz justificou-se: dentro de uma prisão, a realização da cerimônia poderia ser interpretada como afronta ao governo.

A ditadura insistia em deslegitimar os frades como cristãos, considerando-os "hereges". Por outro lado, a opção revolucionária que fizeram era desviada de seu sentido, pois a ditadura os apresentava como "terroristas", mesmo sem nunca terem pegado em armas. Dessa forma, ela tentava afastá-los da Igreja e dos católicos, lançando sobre eles o opróbrio que a propaganda derramava sobre os "terroristas".

"O Estado que tortura, assassina, faz desaparecer restos mortais de revolucionários, censura a imprensa e governa por 'decretos secretos' seria legítimo ou seria o verdadeiro terrorista?", pergunta frei Fernando.

Em fevereiro de 1970, de volta ao Pavilhão 1, os presos políticos eram 47 na cela 7. Mal podiam se mover, muitos dormiam no chão, no mínimo espaço entre os beliches. Tinham que lutar contra as péssimas condições de carceragem, mas, sobretudo, contra os dois maiores inimigos: a ociosidade e a imaginação.

"Numa prisão, não se ocupar é condenar-se a uma espécie mórbida de esquizofrenia — o corpo retido entre as grades, a cabeça a divagar pelos abismos das ilusões perdidas", diz Frei Betto no *Diário de Fernando*.

Para evitar o ócio, quando não estavam lendo e estudando, os presos políticos trabalhavam. Fabricavam sacolas de plástico, bolsas de couro, colares de miçangas e tapetes de lã. O produto da venda dos objetos era destinado a pagar os aluguéis das famílias dos mais necessitados entre eles.

Frei Betto conta que a cela parecia uma oficina de artesanato do século XIII. Na produção de colares e gargantilhas em miçangas miúdas e multicores, estampadas por figuras que sugeriam arte asteca, Terada, Takao e Nestor Mota eram os mais habilidosos.

Certo dia, o médico Antônio Carlos Madeira era o cozinheiro da vez. Ia fazer uma bacalhoada. O resultado mereceu aplausos, mas as condições precárias do preparo fizeram com que somente às 23h o

A SUCURSAL DO INFERNO

prato estivesse pronto. Enquanto esperavam, improvisou-se um coral integrado por Roberto Romano, Carlos Alberto Lobão, frei Ivo, Sinval Itacarambi Leão, Celso Antunes Horta e frei Tito.

— Vale ressaltar que, apesar da demora, ninguém se retirou em busca de um restaurante com cozinha mais ágil — observou Tito com seu fino senso de humor, na hora de se servir.

Dia 13 de fevereiro, Genésio Homem de Oliveira, o Rabote, chegou ao Presídio Tiradentes, vindo do Deops. Na tortura, os carrascos se divertiram ameaçando separar seus dedos com uma navalha, já que ele nascera com os dedos da mão esquerda colados. Quem conheceu Rabote o define como um otimista inveterado, que conseguia extrair alegria nos momentos mais difíceis da vida. No quesito otimismo, lembrava seu antigo correligionário do Partido Comunista, Apolônio de Carvalho.

Preso havia 113 dias, Tito já começara a se recuperar dos horrores da primeira tortura de novembro de 1969. Podia ler, ajudar Betto e Giorgio nas tarefas da cozinha, fazer artesanato.

"Tito estava bem, alegre, tranquilo, recuperado do que havia sofrido no Deops. Estava bem como todos nós, livres da fase de interrogatórios. Pouco implicado, aguardava o momento de o colocarem em liberdade", escreveu Frei Betto em carta à sua amiga, Christina.

Mas eis que no dia 17 de fevereiro, terça-feira, às 14h, o capitão Maurício Lopes Lima, do Doi-Codi, chega ao Presídio Tiradentes para buscar frei Tito. Vai levá-lo para a Oban (Operação Bandeirantes), criada no ano anterior e chamada desde janeiro de Doi-Codi.[10]

---

10. A Oban fora criada pelo governador de São Paulo, Abreu Sodré, em 1º de julho de 1969, para reforçar a repressão, perseguindo todos os que se opunham à ditadura no estado. Os opositores do regime passaram a ser perseguidos e mortos implacavelmente pelos Esquadrões da Morte em todo o país. A Oban institucionalizou a tortura, prendendo e matando lideranças de esquerda, acossando cada vez mais aqueles que se opunham ao regime. Em janeiro de 1970 foram criados os Centros de Operações para a Defesa Interna (Codi) e os Departamentos de Operações Internas (Doi), que formaram o Doi-Codi, responsáveis pela prisão, tortura e morte de centenas de líderes de oposição. A Oban era mantida por contribuições financeiras e materiais de empresários e banqueiros de São Paulo.

Os companheiros resistem, protestam, exigem explicações. Fazem uma barreira para impedir sua retirada da cela. O capitão exibe, então, para espanto de todos, a autorização do juiz Nelson Guimarães, dada sob a garantia "de integridade física" do preso. Vencidos, os padres cantam a *Salve rainha* em latim.

"Por que Tito foi levado?", pergunta Frei Betto na carta de 22 de fevereiro à amiga. "Ninguém soube responder, nem ele mesmo na hora de sair. Esperávamos sua volta para o dia seguinte. Mas ele não voltou. Passaram-se os dias e ele foi ficando naquele lugar que os próprios militares chamam de 'sucursal do inferno'."

A tortura de Tito começou dentro do veículo que o transportou, como ele contará depois.

No dia 19, depois de dois dias de interrogatório sob tortura, chega à Oban, rebatizada de Doi-Codi, o capitão Benone de Arruda Albernaz, para ajudar seus colegas. O interrogatório de Tito, sob o comando do capitão Albernaz, vai das 10h às 14h.

Interrogar, na Oban, era um eufemismo. Para fazer o preso falar, os torturadores utilizavam as mais sofisticadas técnicas de tortura. Pouco depois das 18h, iniciou-se nova sessão de tortura pela equipe do capitão Albernaz. Durou mais cinco horas.

Celso Horta, jornalista, e Aton Fon Filho, advogado, ambos com 64 anos em 2012, foram presos em 1969 e levados para a Operação Bandeirantes, onde oficiava o capitão Albernaz. Ambos eram quadros da ALN.

Em vídeo disponível na internet, Horta descreve o militar como o que mais se destacava pela violência, aquele que estava sempre à frente de tudo, do corredor polonês ao pau de arara. Albernaz andava permanentemente com seu cassetete na mão, pronto a usá-lo. "Era um lunático, absolutamente doente, como um demônio" — diz.

Para Aton Fon Filho, Albernaz parecia sentir prazer em infligir a dor. Além disso, humilhava o preso, já completamente nu diante dos torturadores, com palavras que visavam a desmoralizá-lo e demoli-lo psicologicamente.

Por serem peças fundamentais no esquema de repressão e desmantelamento da resistência ao regime, os agentes do Doi-Codi eram bem protegidos pela ditadura: usavam codinomes, trajes civis, e o cabelo não tinha corte militar. Atuavam em grupos de três a cinco e seus endereços eram preservados. Os investigados tinham seu perfil ideológico anotado em fichas sintéticas: simpatizante, esquerdista, comunista etc. Na ficha também havia avaliação de caráter, capacidade profissional e inteligência. Prática de homossexualismo era considerada "desvio sexual" e forte indício de que o praticante era comunista.

Segundo a ex-presa política Maria Helena Andrade Silva, no Doi-Codi havia torturadores notórios, como o major Dalmo. Mas ele era um entre muitos:

— A cada dia um capitão comandava sua equipe, desde o pessoal de busca até o carcereiro. Assim, conheci os capitães Homero, Albernaz, Alberto e um louco chamado capitão Maurício, da equipe chamada de "inteligência", que parecia movido a anfetamina, todos com sua gangue de torturadores.

A nova tortura de Tito durou do dia 17 ao dia 20 de fevereiro de 1970, de terça a sexta-feira.

Por que frei Tito voltou para interrogatório e tortura? Com certeza porque Simões, o dono do sítio de Ibiúna, fora preso e os militares queriam acarear Tito com ele.

A prisão do dono do sítio foi o pretexto para levar os frades de volta à tortura. E, como Tito fizera a ligação com o proprietário, foi o primeiro a ir a novo interrogatório.

Mas todos os frades iriam passar por novos interrogatórios. Havia, na realidade, uma rivalidade entre os diferentes órgãos da repressão. Em 1969, começara uma nova experiência em São Paulo com a Operação Bandeirantes. Financiados por industriais paulistas, os militares do Exército instalaram essa sucursal do inferno na delegacia da Rua Tutoia. Eles queriam, como mais tarde fariam, dominar toda a repressão no país. Do outro lado, mais bem treinados naquela época, estavam o Cenimar, Centros da Marinha, junto com o Esquadrão da Morte paulista, com Sérgio Fleury.

— Foi o Esquadrão da Morte e o Cenimar que nos prenderam e reivindicaram a "glória" de matar Marighella. Isso suscitou uma rivalidade forte entre os militares que quiseram provar seu domínio na linha das informações. Eles sempre criticavam o processo feito pelo Deops, achavam que fora malfeito, que os dominicanos poderiam dar mais informações. Eles não acreditavam que nossos superiores não estivessem a par do que fazíamos e estavam aguardando uma oportunidade para nos levarem, todos, de volta à tortura — analisa frei Fernando de Brito.

Em seu relato, redigido na volta ao presídio, Tito depois confirma essa análise.

— Todos os religiosos presos virão à Operação Bandeirantes prestar novos depoimentos — disse Albernaz.

No novo interrogatório, os militares tinham planos de fazer os dominicanos assinar documentos em que reconheceriam ter participado de ações armadas e expropriações bancárias.

Seria uma forma de calar os que protestavam contra a prisão dos frades. Ao mesmo tempo, deixariam de ser apresentados como religio· sos caridosos, que ajudaram perseguidos, e passariam à categoria de "terroristas". A ditadura supunha que até mesmo o papa silenciaria diante de confissões assinadas pelos frades, obtidas sob tortura.

Durante o interrogatório de Tito, eles gritavam difamações contra a Igreja: "Os padres são homossexuais porque não se casam; o Vaticano é dono das maiores empresas do mundo." Num dado momento, o capitão Albernaz mandou que Tito abrisse a boca "para receber a hóstia sagrada". E introduziu um fio para choques elétricos.

Ao responder a alguém que pretendia manter Tito no pau de arara toda a noite, o capitão Albernaz disse:

— Não é preciso. Vamos ficar com ele aqui mais dias. Se não falar, será quebrado por dentro, pois sabemos fazer as coisas sem deixar marcas visíveis. Se sobreviver, jamais esquecerá o preço de sua valentia.

Mas o frade estava decidido a pôr um fim ao seu suplício. Para isso, começou a amolar uma lata vazia que encontrara na cela cheia de lixo:

> Tratava-se de impedir que outros viessem a ser torturados e de denunciar à opinião pública e à Igreja o que se passa nos cárceres brasileiros. Só com o sacrifício de minha vida isto seria possível, pensei. Como havia um Novo Testamento na cela, li a Paixão segundo São Mateus. O Pai havia exigido o sacrifício do Filho como prova de amor aos homens.

Frei Fernando, que conheceu a tortura nas mãos do delegado Fleury, resume sua experiência:

— A tortura física nunca é somente física. O que o torturador quer é submeter o preso. A tortura quer acabar com nossas defesas para que o torturado possa passar as informações que eles querem. Isso se faz seja com a dor física seja com a dor moral. A primeira coisa que se faz é deixar o preso nu diante dos torturadores. E aí começam a humilhá-lo. Você começa a apanhar de dez pessoas que fazem barulho e batem. O básico era o choque elétrico, mas tudo valia nessa época. Frei Tito passou três dias e três noites na Oban sendo submetido à tortura. Quando se diz a tortura parou, você vai descansar, não é nada disso. O torturador diz: "Vai descansar para continuar amanhã." Quem consegue descansar, quem consegue dormir?

Fernando Gabeira, preso em janeiro de 1970, ficou duas semanas no hospital militar tratando-se do ferimento à bala sofrido no ato de sua prisão. Do hospital, foi levado para a Operação Bandeirantes, onde estavam o cabo Mariani, parceiro de Lamarca, Simões, o dono do sítio de Ibiúna, e frei Tito.

— Tito estava muito deprimido. Tentávamos estabelecer contato com ele, mandar mensagens — conta Gabeira.

Therezinha Godoy Zerbini, também de passagem pela Oban, soube da presença do frade que frequentava sua casa para longas conversas com o general Zerbini. Escutava os gritos da tortura. Pelo vitral na parte de cima de uma porta pôde ver Tito todo ensanguentado, arrebentado fisicamente, o rosto cheio de marcas.

— Quando entrei para a acareação, ele perguntou: "Dona Therezinha, a senhora sabia para que era o sítio, não?" Respondi que sim, todo mundo sabia. Depois lhe disse: "Que o Espírito Santo te ilumine. Estamos numa enrascada e você precisa ser forte."

Os torturadores presenciaram a conversa. Levaram Tito embora. Foi a última vez que dona Therezinha o viu.

Na sexta-feira, dia 20, depois das torturas, Tito volta à cela, onde tenta o suicídio colocando uma gilete no antebraço esquerdo.

> Continuei amolando a lata. Ao meio-dia, tiraram-me para fazer a barba. Disseram que eu iria para a penitenciária. Raspei mal a barba, voltei à cela. Passou um soldado. Pedi que me emprestasse a gilete para terminar a barba. O português dormia. Tomei a gilete, enfiei-a com força na dobra interna do cotovelo. O jato de sangue manchou o chão da cela. Aproximei-me da privada, apertei o braço para que o sangue jorrasse mais depressa.

Salvo *in extremis*, o frade foi levado primeiramente para o Hospital das Clínicas e logo depois para o Hospital Militar do Cambuci, onde recebeu transfusão de sangue. O quarto do hospital, uma espécie de cela, era o mesmo no qual ficara Gabeira poucos dias antes.

Seis soldados guardavam Tito, carinhosamente atendido por religiosas vicentinas que trabalhavam no hospital. Mas seus algozes não perdiam tempo. Continuaram as sessões de tortura, dessa vez psicológicas. Os carrascos acusavam Tito de ser "um frade suicida". Diziam-lhe que a Igreja não ia mais aceitá-lo.

O psiquiatra francês que tratou de Tito, Jean-Claude Rolland, analisou a crueldade da tortura psicológica:

> Primeiramente, há as sevícias físicas que visam a um efeito imediato, sempre o mesmo: fazer a vítima falar, obter informações sobre as ações políticas nas quais ela teria colaborado e sobre as pessoas de sua rede ou organização. A violência das sevícias é institucional, racional, friamente calculada, de tal forma que um organismo normal não pode resistir. Tito pensou, talvez, que somente na morte ele poderia desfazer essa relação de força física e escapar à confissão que seus torturadores queriam.
>
> Somam-se às sevícias físicas as sevícias psíquicas, fazendo-as ressoar com uma força trágica própria. São antes de tudo insultos que, manipulados com método a serviço de uma paixão diabólica, se constroem como julgamentos categóricos emanando de uma autoridade superior, levando à confusão o discernimento da vítima e destruindo a representação que ela tem de si mesma. "Você é um padre, logo é um homossexual" "Você é um revolucionário, logo traiu o Evangelho", são alguns dos silogismos de uma perfídia absoluta: superficialmente, levam a pensar num raciocínio manifesto, mas são construídos apenas para caluniar e destruir a identidade da vítima. Tito interiorizou definitivamente essas assertivas.

"Eles queriam que eu enlouquecesse", escreveu Tito.

Se por um lado tentavam aniquilar psiquicamente o frade, por outro os carrascos pediam zelo no tratamento, queriam-no vivo. Destruído psicologicamente, mas vivo.

— Doutor, ele não pode morrer de jeito nenhum. Temos que fazer tudo, senão estamos perdidos — pediu o capitão Maurício Lopes Lima a um dos médicos que cuidavam de Tito no hospital militar.

— Pode-se imaginar o horror da vítima nessa situação extrema e paradoxal que consiste em mantê-lo vivo para melhor aniquilá-lo — avalia o dr. Rolland.

No Presídio Tiradentes, dia 21 de fevereiro, sábado, os religiosos não tinham nenhuma notícia de Tito. O núncio apostólico dom Umberto Mozzoni foi visitá-los levando chocolates e cigarros e ouviu relatos de torturas e da situação dos presos políticos. Informou que o papa Paulo VI estava a par da prisão dos padres e que a Comissão Pontifícia de Justiça e Paz do Vaticano acompanhava a situação do Brasil.

Logo depois da saída de dom Mozzoni, os religiosos ficaram sabendo que Tito estava sendo torturado na Oban. Foi um português da Delegacia de Estrangeiros quem comentou no Deops com alguém. Ao voltar ao Tiradentes, essa pessoa transmitiu a notícia aos frades.

Em seguida, chegou o cardeal Vicente Scherer, de Porto Alegre, e percorreu as celas. Viu marcas de torturas em alguns presos e partilhou a aflição dos frades dominicanos a respeito de Tito. Dom Vicente ficou impressionado ao ver Carlos Lichtsztejn. O guerrilheiro estava imobilizado há cinco meses, engessado sem poder se mexer devido aos tiros recebidos no ato de prisão.

Ao visitar a ala feminina, o cardeal encontrou Ilda Martins da Silva, viúva de Virgílio Gomes da Silva, o Jonas, morto sob tortura. Ela contou que fora presa em companhia dos filhos Vladimir, de 10 anos, Virgilinho, de 9 anos, Gregório, de 2 anos, e Isabel, de 4 meses. Os militares haviam ameaçado torturar o bebê diante da mãe.

Separada de Ilda, que ficou no presídio, a pequena Isabel, que até então só se alimentava com leite materno, não se adaptou ao leite de vaca e ficou mais de um mês internada com desidratação. Quando foi entregue à tia, estava subnutrida e parecia um bebê recém-nascido.

No final de uma visita de três horas, dom Vicente Scherer prometeu aos religiosos que a Igreja iria reagir contra as torturas e as condições carcerárias dos frades. E pediria anistia para quem não participara de ações armadas. Os religiosos protestaram argumentando que o governo aproveitaria para fazer uma repulsiva discriminação entre presos políticos: os que não pegaram em armas e os demais, isto é, os "bandidos". Se aceitassem, dariam razão à ditadura que tentava apresentar revolucionários presos como bandidos comuns.

No dia seguinte, domingo, dia 22 de fevereiro, os dominicanos souberam que Tito tentara se suicidar para salvar os outros, pois todos deveriam também retornar à tortura.

Desesperados, apelaram ao advogado Mário Simas e aos superiores dos dominicanos, frei Domingos e frei Edson. A corrida contra o relógio poderia representar a vida ou a morte de Tito.

Assim que foi avisado, o núncio apostólico dom Umberto Mozzoni voou de Brasília para São Paulo. Acompanhado por frei Domingos Maia Leite, tentou ver o jovem frade na Operação Bandeirantes. O policial de plantão informou que o nome de Tito de Alencar Lima não constava da lista de presos. Nem o representante diplomático do papa conseguia furar a barreira de incomunicabilidade do frade.

O provincial da Ordem dominicana, frei Domingos, praticamente invadiu o palácio do arcebispo, que estava acamado com flebite. Vinha acompanhado do advogado Mário Simas. Pediram providências urgentes para salvar Tito.

— O arcebispo Agnelo Rossi telefonou às autoridades, governador, comandante militar, e autorizaram uma visita a Tito no hospital. O arcebispo indicou dom Lucas Moreira Neves, que fora dominicano antes de ser sagrado bispo. Ele foi lá e viu Tito torturado, à beira da morte. Mais tarde, quando o dr. Simas pediu que dom Lucas dissesse na 2ª Auditoria Militar de São Paulo que tinha visto Tito torturado, dom Lucas negou-se dizendo que tal testemunho prejudicaria sua atividade pastoral — conta o ex-frei Roberto Romano. Ele conclui:

— Como disse um autor do século XIX: "A Igreja é de fato divina, caso contrário, os homens já teriam acabado com ela."

Anos depois, frei Domingos Maia Leite narrou o episódio:

"O juiz auditor dr. Nelson Guimarães, responsável pelos presos políticos, se dispôs a levar dom Lucas e a mim ao Hospital Militar do Cambuci. Ali chegamos no domingo já pelas 22 horas. Fomos conduzidos pelo capitão médico de plantão até a cela onde Tito se encontrava. A porta foi aberta pelo carcereiro. Tito estava deitado numa cama e ao lado, um beliche com dois policiais armados de metralhadora guardando o prisioneiro perigoso."

O capitão deu ordem para que os policiais se retirassem. Retrucaram dizendo ter recebido ordens de permanecer ali durante a noite toda.

— Saiam sob a minha responsabilidade — respondeu o médico, que deixou Tito a sós com frei Domingos.

Para frei Domingos, a cena foi uma das mais horríveis que presenciou em toda a vida. Tito mal podia falar, pois tinha a boca ferida pelo estilete elétrico da "sagrada comunhão". Ele contou o quanto sofrera nos três dias de tortura no pau de arara e em outras formas de suplício.

Seu corpo tinha marcas, feridas e hematomas.

Tito mostrou a dobra do braço esquerdo, onde havia enfiado a gilete para atingir a artéria. Na parte interna do cotovelo, havia um esparadrapo.

Frei Domingos deu a absolvição que Tito pediu e bateu à porta para que a abrissem. Foi então que entraram o juiz, o capitão médico e dom Lucas, que puderam ver o corpo de Tito cheio de feridas e hematomas.

O juiz auditor perguntou:

— Tito, deseja alguma coisa?

— Doutor, só lhe peço que não me deixe mais voltar à Oban e, quando eu tiver alta aqui, me mande diretamente para o Presídio Tiradentes.

O pedido de Tito não foi atendido.

Ele depois narrou em seu relato, escrito com a ajuda de Frei Betto, que o pedido feito ao Juiz Auditor foi ignorado:

> Na sexta-feira, 27 de fevereiro de 1970, fui levado de manhã para a Oban. Fiquei numa cela até o fim da tarde, sem comer. Sentia-me tonto e fraco, havia perdido muito sangue, e os ferimentos começavam a cicatrizar. À noite, entregaram-me de volta ao Presídio Tiradentes.

Na carta a Christina, datada do dia 22 de fevereiro, Frei Betto escreveu: "Amanhã o mesmo pode ocorrer com qualquer um de nós. Não temos nenhuma proteção ou garantia. Como os judeus condenados pelo nazismo."

A partir de então, dom Paulo Evaristo Arns, ainda bispo auxiliar, e os dominicanos no Brasil e no mundo passaram a denunciar cada vez mais as torturas praticadas nas prisões da ditadura brasileira.

Para Frei Betto, o fato de Tito ter aberto, na primeira tortura, o nome de Rabote fez com que ele se sentisse culpado e lhe deu força para resistir à segunda. E, como o peso da acusação a frei Ivo e a frei Fernando era muito grande, Tito também quis, com sua resistência, resgatar a honra dos dominicanos, acusados de "traidores".

Contrariando o desejo dos torturadores, a tentativa de suicídio de Tito não escandalizou seus confrades:

— Não foi um ato insano. Foi um ato completamente lúcido, porque com aquele gesto ele, que já tinha sido imensamente torturado, teve de ser internado num hospital e salvou-nos a todos de voltar a ser torturados. Foi um ato extremo e solidário com os companheiros. Havíamos sido torturados antes, mas a nossa tortura teria sido muito pior se não fosse por esse ato. A tortura que ele sofreu na Oban foi mil vezes maior que a que nós tivemos na noite em que chegamos ao Deops — avalia João Caldas Valença, emocionado, numa manhã de dezembro de 2012, no hall de um hotel de São Paulo.

De Fortaleza, Nildes telefona ao Convento das Perdizes em nome da família, pois uma irmã de caridade lhe mostrara no jornal *Le Monde* uma nota que falava da tentativa de suicídio de Tito na prisão. Do outro lado da linha, informam que Tito estava fora de perigo e que frei Domingos Maia iria a Fortaleza conversar com o pai e os irmãos do frade.

Ao chegar à capital cearense, frei Domingos reuniu a família e explicou o gesto de Tito. Não era um ato de um doente ou de um suicida. Tito cortara a artéria do braço para livrar os outros frades das novas torturas. Quis dar sua vida para salvar seus irmãos na fé.

Os irmãos de sangue não permitiram que seu Ildefonso ouvisse o relato das torturas e da tentativa de suicídio do filho. Preservaram o velho patriarca da tragédia.

Dia 27 de fevereiro, uma sexta-feira, ouviu-se um grito dentro do presídio Tiradentes:

— Tito chegou.

Ao voltar do inferno anunciado pelo capitão Maurício, Tito mancava e tinha a barba crescida.

— O corpo fora marcado pelas torturas, mas o moral estava altíssimo — relembra frei Fernando.

Ao passar pelas celas, todos o aplaudiam. Padre Augusti, um dos presos, reuniu o coletivo da cela 7, leu trechos do profeta Ezequiel, elogiou-lhe o heroísmo.

Ao falar, Tito citou Cristo e Marighella como exemplos. Todos cantaram a *Suíte dos pescadores*, de Caymmi.

Frei Betto descreveu o retorno de Tito ao presídio Tiradentes:

> Afeto e admiração cercaram o retorno de frei Tito à cela 7. Nossa alegria foi contida pelo lastimável estado em que ele se encontrava: o rosto inchado, o corpo coberto de hematomas e de queimaduras de cigarro, o braço esquerdo enfaixado. Estava fraco, pálido. Carregado,

subiu as escadas e, na cela, os médicos David e Madeira, presos políticos, improvisaram a aplicação de soro glicosado. Apesar de tudo, estávamos orgulhosos de sua coragem. Tito parecia todo feito de luz: seus olhos miúdos irradiavam alegria, o moral revelava-se alto e seu silêncio traduzia paz. Como todos os prisioneiros que não cedem às torturas, ele estava possuído por uma força que exprimia modéstia e dignidade.

Tito narrou aos companheiros a tortura a que foi submetido. O coletivo pediu-lhe para escrever o seu relato, queriam divulgar cópias. Frei Betto se reuniu com Tito para redigir o texto.

RELATO DE TITO DE ALENCAR LIMA

Este é o depoimento de um preso político, frei Tito de Alencar Lima, 24 anos. Dominicano.

Fui levado do Presídio Tiradentes para a "Operação Bandeirantes", Oban (Polícia do Exército), no dia 17 de fevereiro de 1970, 3ª feira, às 14h. O capitão Maurício veio buscar-me em companhia de dois policiais e disse: "Você agora vai conhecer a sucursal do inferno." Algemaram minhas mãos, jogaram-me no porta-malas da perua. No caminho as torturas tiveram início: cutiladas na cabeça e no pescoço, e apontavam-me seus revólveres.

Preso desde novembro de 1969, eu já havia sido torturado no Deops. Em dezembro, tive minha prisão preventiva decretada pela 2ª auditoria de guerra da 2ª região militar. Fiquei sob responsabilidade do juiz-auditor dr. Nelson Guimarães. Soube posteriormente que este juiz autorizara minha ida para a Oban sob "garantias de integridade física".

Ao chegar à Oban fui conduzido à sala de interrogatórios. A equipe do capitão Maurício passou a acarear-me com duas pessoas. O assunto era o Congresso da UNE em Ibiúna, em outubro de 1968. Queriam que eu esclarecesse fatos ocorridos naquela época. Apesar de declarar nada saber, insistiam para que eu "confessasse". Pouco depois levaram-me para o pau de arara. Dependurado, nu, com mãos e pés amarrados, recebi choques elétricos, de pilha seca, nos tendões dos pés e na cabeça. Eram seis os torturadores, comandados pelo capitão Maurício. Davam-me "telefones" (tapas nos ouvidos) e berravam impropérios. Isto durou cerca de uma hora. Descansei quinze minutos ao ser retirado do pau de arara. O interrogatório reiniciou. As mesmas perguntas, sob cutiladas e ameaças. Quanto mais eu negava mais fortes as pancadas. A tortura, alternada de perguntas, prosseguiu até as 22h. Ao sair da sala, tinha o corpo marcado de hematomas, o rosto inchado, a cabeça pesada e dolorida. Um soldado carregou-me até a cela 3, onde fiquei sozinho. Era uma cela de 3 x 2,5 metros, cheia de pulgas e baratas. Terrível mau cheiro, sem colchão e cobertor. Dormi de barriga vazia sobre o cimento frio e sujo.

Na quarta-feira fui acordado às 8h. Subi para a sala de interrogatórios onde a equipe do capitão Homero me esperava. Repetiram as mesmas perguntas do dia anterior. A cada resposta negativa, eu recebia cutiladas na cabeça, nos braços e no peito. Nesse ritmo, prosseguiram até o início da noite, quando serviram a primeira refeição naquelas 48 horas: arroz, feijão e um pedaço de carne. Um preso, na cela ao lado da minha, ofereceu-me copo, água e cobertor. Fui dormir com a advertência do capitão Homero de que no dia seguinte enfrentaria a "equipe da pesada".

Na quinta-feira três policiais acordaram-me à mesma hora do dia anterior. De estômago vazio, fui para a sala de interrogatórios. Um capitão, cercado por sua equipe, voltou às mesmas perguntas. "Vai ter que falar senão só sai morto daqui", gritou. Logo depois vi que isto não era apenas uma ameaça, era quase uma certeza. Sentaram-me na cadeira do dragão, com chapas metálicas e fios, descarregaram choques nas mãos, nos pés, nos ouvidos e na cabeça. Dois fios foram amarrados em minhas mãos e um na orelha esquerda. A cada descarga, eu estremecia todo, como se o organismo fosse se decompor. Da sessão de choques passaram-me ao pau de arara. Mais choques, pauladas no peito e nas pernas a cada vez que elas se curvavam para aliviar a dor. Uma hora depois, com o corpo todo ferido e sangrando, desmaiei. Fui desamarrado e reanimado. Conduziram-me a outra sala, dizendo que passariam a carga elétrica para 220 volts a fim de que eu falasse "antes de morrer". Não chegaram a fazê-lo. Voltaram às perguntas, bateram em minhas mãos com palmatória. As mãos ficaram roxas e inchadas, a ponto de não poder fechá-las. Novas pauladas. Era impossível saber qual parte do corpo doía mais; tudo parecia massacrado. Mesmo que quisesse, não poderia responder às perguntas: o raciocínio não se ordenava mais, restava apenas o desejo de perder novamente os sentidos. Isto durou até às 10h quando chegou o capitão Albernaz.

"Nosso assunto agora é especial", disse o capitão Albernaz, ligando os fios em meus membros. "Quando venho para a Oban — disse — deixo o coração em casa. Tenho verdadeiro pavor a padre e para matar terrorista nada me impede... Guerra é guerra, ou se mata ou se morre. Você deve conhecer fulano e sicrano (citou os nomes de dois presos políticos que foram torturados por ele), darei a você o mesmo tratamento que dei a eles: choques o dia todo. Todo 'não' que você disser, maior a descarga elétrica que vai receber." Estavam três militares na sala. Um deles gritou: "Quero nomes e aparelhos." Quando respondi: "Não sei" recebi uma descarga elétrica tão forte, diretamente ligada à tomada, que houve um descontrole em minhas funções fisiológicas. O capitão Albernaz queria que eu dissesse onde estava frei Ratton. Como não soubesse, levei choques durante quarenta minutos.

Queria os nomes de outros padres de São Paulo, Rio e Belo Horizonte "metidos na subversão". Partiu para a ofensa moral: "Quais os padres que têm amantes? Por que a Igreja não expulsou vocês? Quem são os outros padres terroristas?" Declarou que o interrogatório dos dominicanos, feito pelo Deops, tinha sido "a toque de caixa" e que todos os religiosos presos iriam à Oban prestar novos depoimentos. Receberiam também o mesmo "tratamento". Disse que a "Igreja é corrupta, pratica agiotagem, o Vaticano é dono das maiores empresas do mundo". Diante de minhas negativas, aplicavam-me choques, davam-me socos, pontapés e pauladas nas costas. A certa altura, o capitão Albernaz mandou que eu abrisse a boca "para receber a hóstia sagrada". Introduziu um fio elétrico. Fiquei com a boca toda inchada, sem poder falar direito. Gritaram difamações contra a Igreja, berraram que os padres são homossexuais porque não se casam. Às 14h encerraram a sessão. Carregado, voltei à cela onde fiquei estirado no chão.

Às 18h serviram jantar, mas não consegui comer. Minha boca era uma ferida só. Pouco depois levaram-me para uma "explicação". Encontrei a mesma equipe do capitão Albernaz. Voltaram às mesmas perguntas. Repetiram as difamações. Disseram que, em vista de minha resistência à tortura, concluíram que eu era um guerrilheiro e devia estar escondendo minha participação em assaltos a bancos. O "interrogatório" reiniciou para que eu "confessasse" os assaltos: choques, pontapés nos órgãos genitais e no estômago, palmatórias, ponta de cigarro acesa no meu corpo. Durante cinco horas, apanhei como um cachorro. No fim, fizeram-me passar pelo "corredor po-lonês". Avisaram que aquilo era a estreia do que iria ocorrer com os outros dominicanos. Quiseram me deixar dependurado toda a noite no pau de arara. Mas o capitão Albernaz objetou: "Não é preciso, vamos ficar com ele aqui mais dias. Se não falar, será quebrado por dentro, pois sabemos fazer as coisas sem deixar marcas visíveis. Se sobreviver, jamais esquecerá o preço de sua valentia."

Na cela eu não conseguia dormir. A dor crescia a cada momento. Sentia a cabeça dez vezes maior do que o corpo. Angustiava-me a possibilidade de os outros religiosos sofrerem o mesmo. Era preciso pôr um fim àquilo. Sentia que não iria aguentar mais o sofrimento prolongado. Só havia uma solução: matar-me.

Na cela cheia de lixo, encontrei uma lata vazia. Comecei a amolar sua ponta no cimento. O preso ao lado pressentiu minha decisão e pediu que eu me acalmasse. Havia sofrido mais do que eu (teve os testículos esmagados) e não chegara ao desespero. Mas, no meu caso, tratava-se de impedir que outros viessem a ser torturados e de denunciar à opinião pública e à Igreja o que se passa nos cárceres brasileiros. Só com o sacrifício de minha vida isto seria possível, pensei. Como havia um Novo Testamento na cela, li a Paixão Segundo São Mateus. O Pai havia exigido o sacrifício do Filho como prova de amor aos homens. Desmaiei envolto em dor e febre.

Na sexta-feira fui acordado por um policial. Havia a meu lado um novo preso: um rapaz português que chorava pelas torturas sofridas durante a madrugada. O policial advertiu-me: "O senhor tem hoje e amanhã para decidir falar. Senão a turma da pesada repete o mesmo pau. Já perderam a paciência e estão dispostos a matá-lo aos pouquinhos." Voltei aos meus pensamentos da noite anterior. Nos pulsos, eu havia marcado o lugar dos cortes. Continuei amolando a lata. Ao meio-dia, tiraram-me para fazer a barba. Disseram que eu iria para a penitenciária. Raspei mal a barba, voltei à cela. Passou um soldado. Pedi que me emprestasse a gilete para terminar a barba. O português dormia. Tomei a gilete, enfiei-a com força na dobra interna do cotovelo, no braço esquerdo. O corte fundo atingiu a artéria. O jato de sangue manchou o chão da cela. Aproximei-me da privada, apertei o braço para que o sangue jorrasse mais depressa. Mais tarde, recobrei os sentidos num leito do pronto-socorro do Hospital das Clínicas. No mesmo dia, transferiram-me para um leito do Hospital Militar. O Exército temia a repercussão, não avisaram a ninguém do que ocorrera comigo. No corredor do Hospital Militar, o capitão Maurício dizia desesperado aos médicos: "Doutor, ele não pode morrer de jeito nenhum. Temos que fazer tudo, senão estamos perdidos." No meu quarto a Oban deixou seis soldados de guarda.

No sábado teve início a tortura psicológica. Diziam: "A situação agora vai piorar para você, que é um padre suicida e terrorista. A Igreja vai expulsá-lo." Não deixavam que eu repousasse. Falavam o tempo todo, jogavam, contavam-me estranhas histórias. Percebi logo que, a fim de fugirem à responsabilidade de meu ato e o justificarem, queriam que eu enlouquecesse.

Na segunda noite recebi a visita do juiz auditor acompanhado de frei Domingos Maia Leite e de dom Lucas Moreira Neves. Haviam sido avisados pelos presos políticos do Presídio Tiradentes. O médico do hospital examinou-me à frente deles mostrando os hematomas e as cicatrizes, os pontos recebidos no Hospital das Clínicas e as marcas de tortura. O juiz declarou que aquilo era "uma estupidez" e que iria apurar responsabilidades. Pedi a ele garantias de vida e que eu não voltaria à Oban, o que prometeu fazer.

De fato fui bem tratado pelos militares do Hospital Militar, exceto os da Oban que montavam guarda em meu quarto. As irmãs vicentinas deram-me toda a assistência necessária. Mas não se cumpriu a promessa do juiz. Na sexta-feira, dia 27, fui levado de manhã para a Oban. Fiquei numa cela até o fim da tarde sem comer. Sentia-me tonto e fraco, havia perdido muito sangue e os ferimentos começavam a cicatrizar. À noite, entregaram-me de volta ao Presídio Tiradentes.

É preciso dizer que o que ocorreu comigo não é exceção, é regra. Raros os presos políticos brasileiros que não sofreram torturas. Muitos, como Schael Schneiber e Virgílio Gomes da Silva, morreram na sala de torturas. Outros ficaram surdos, estéreis ou com outros defeitos físicos. A esperança desses presos coloca-se na Igreja, única instituição brasileira fora do controle estatal-militar. Sua missão é defender e promover a dignidade humana. Onde houver um homem sofrendo, é o Mestre que sofre. É hora de nossos bispos dizerem um BASTA às torturas e injustiças promovidas pelo regime, antes que seja tarde.

A Igreja não pode omitir-se. As provas das torturas trazemos no corpo. Se a Igreja não se manifestar contra essa situação, quem o fará? Ou seria necessário que eu morresse para que alguma atitude fosse tomada? Num momento como este, o silêncio é omissão. Se falar é um risco, é muito mais um testemunho. A Igreja existe como sinal e sacramento da justiça de Deus no mundo.

"Não queremos, irmãos, que ignoreis a tribulação que nos sobreveio. Fomos maltratados desmedidamente, além das nossas forças, a ponto de termos perdido a esperança de sairmos com vida. Sentíamos dentro de nós mesmos a sentença de morte: deu-se isso para que saibamos pôr a nossa confiança, não em nós, mas em Deus, que ressuscita os mortos" (2 Coríntios 1, 8 e 9).

Faço esta denúncia e este apelo a fim de que se evite amanhã a triste notícia de mais um morto pelas torturas.

Frei Tito de Alencar Lima, OP — Fevereiro de 1970

O relato das torturas a que foi submetido pelo capitão Albernaz saiu clandestinamente da prisão de São Paulo e foi publicado na revista americana *Look* e na italiana *L'Europeo*. A *Look* recebeu, por esse texto, o prêmio de reportagem do ano de 1970, atribuído pelo New York Overseas Press Club, associação da imprensa estrangeira de Nova York.

O representante do Mestre da Ordem dos dominicanos, o francês Vincent de Couesnongle, partiu rapidamente de Roma rumo a São Paulo. Ele e frei Domingos Maia Leite passaram uma tarde inteira no presídio com Tito e seus confrades. Contaram que a prisão dos padres repercutia na Europa e que, em Roma, o apoio da Secretaria de Estado da Santa Sé era irrestrito.

Joaquim Câmara Ferreira, o Toledo, que substituiu Marighella no comando da ALN, divulgou como pôde o texto de Tito no Brasil e no exterior. Os militantes panfletaram onde foi possível e Toledo se envolveu pessoalmente nesse trabalho.

De acordo com o livro *Tortura nunca mais*, editado pela Arquidiocese de São Paulo em 1985, mais de quarenta presos foram mortos e outros quinhentos foram torturados nas dependências da "Casa dos Horrores", como ficou conhecido o Doi-Codi, chefiado pelo coronel Carlos Alberto Brilhante Ustra entre outubro de 1969 e dezembro de 1973.

Ao visitar o irmão no presídio no meio do ano, cinco meses depois da passagem dele pela "sucursal do inferno", as irmãs o encontraram silencioso, lacônico. Mas nunca lhes contou o que padeceu.

— Depois de ter escrito seu relato, ficou mais tempo calado, lendo e fazendo orações — conta Nildes, a irmã que criou Tito como um filho. Ela confessa que até hoje não conseguiu ler o texto do irmão.

Votos no pátio

Aos poucos, Tito se recuperou das torturas. "Como todos os que resistiram, seu moral permanece alto", anotou Fernando.

Aproveitando uma visita aos presos dia 4 de março, frei Domingos Maia Leite resolveu enfrentar o arbítrio: Tito foi trazido ao pátio do presídio, carregado pelos companheiros para a renovação de seus votos, cerimônia impedida pela Auditoria Militar em fevereiro.

O provincial recebeu os votos religiosos de Tito ali mesmo, como nas catacumbas. Frei Domingos, morto em 1998 aos 90 anos, não era homem de se curvar diante de proibições arbitrárias.

Logo depois das torturas, as visitas a Tito foram proibidas. Os frades pediram um laudo de seu estado assinado por médicos presos políticos, já que nenhum laudo oficial fora feito. O laudo concluiu: "Evidente anemia aguda produzida por hemorragia abundante. Sinais evidentes de lesões produzidas por objetos contundentes; sinais evidentes de lesões produzidas por fontes de calor (queimaduras)." Assinaram o documento os presos políticos dr. Antônio Carlos Madeira (CRM 9922); dr. David Unovich (CRM 5847); dr. Aytan Miranda Sipahi (CRM 13443); e dr. Benedito Arthur Sampaio (CRM 10514).

O mês de março dentro do Presídio Tiradentes foi muito produtivo. Por sugestão de Carlos Eduardo Pires Fleury e do médico David Unovich, os frades enviaram aos bispos da CNBB cópia da carta que escreveram a dom Tomás Balduíno, bispo de Goiás. Na carta, relataram as torturas por que passavam os presos políticos, contaram o caso de Tito, que não chegou a ser examinado por nenhum médico para constatar oficialmente seu estado depois da tortura, apesar de ter sido visto no Hospital Militar por dom Lucas Moreira Neves, bispo auxiliar de São Paulo, e pelo juiz auditor.

Na carta, os frades fizeram um balanço dos religiosos perseguidos: naquele mês de março de 1970, havia no Presídio Tiradentes cinco frades dominicanos, dois padres seculares, um estudante jesuíta, um ex-beneditino e dois ex-dominicanos. Mas a lista é mais longa: a irmã Maurina Borges da Silveira estava na prisão em Tremembé, padre Rubens Chasseriaux estava detido no Deops e dom Waldyr Calheiros e mais 14 padres da diocese de Volta Redonda (RJ) estavam indiciados na Lei de Segurança Nacional, além de 16 padres de Ribeirão Preto e mais dez de São Paulo. Frei Tranquilo estava preso no Rio Grande do Sul, dom Agnelo Rossi era constantemente vítima de ataques na imprensa, além de dom Helder Camara. Dom Davi Picão, bispo de Santos (SP), ficou dias em prisão domiciliar após o Ato Institucional nº 5. Vários padres estrangeiros foram expulsos do Brasil.

O texto da carta lembrava ainda que os dominicanos estavam proibidos pelas autoridades de celebrar missa, apesar da permissão explícita do cardeal Agnelo Rossi. Três frades, Tito, Ivo e Roberto, haviam sido impedidos pelas autoridades militares de renovar seus votos religiosos dia 10 de fevereiro, apesar do pedido feito pelo superior da Ordem, frei Domingos Maia Leite.

Para culminar, comentam que o presidente da República, general Médici, além de não mandar apurar as denúncias de torturas, defendeu

> o imperativo de aprimorar a prática dos princípios democráticos consagrados na Constituição brasileira, sobretudo os referentes à dignidade da pessoa humana, no bom sentido do humano — aos direitos, deveres e liberdade do homem brasileiro — mas não do pseudobrasileiro, isto é, daquele que está a serviço de outra pátria.

Os religiosos viram nessa declaração do presidente um aval para toda e qualquer arbitrariedade cometida contra os que seriam qualificados de "pseudobrasileiros". Como se a dignidade da pessoa humana fosse privilégio de algumas pessoas, não de todas.

A carta termina dizendo que estão presos por serem cristãos e terem levantado a voz por justiça e liberdade, "conforme exige nossa consciência cristã". Assinavam a carta os padres e frades Fernando de Brito, Yves do Amaral Lesbaupin, Giorgio Callegari, Roberto Romano, Betto, Manoel V. Valiente, José Eduardo Augusti e o ex-frade dominicano João Antônio Caldas Valença.

Tito relatou aos confrades que recrutas foram obrigados a participar de sua tortura. Eram jovens imberbes, convocados ao serviço militar por terem completado 18 anos, alheios à conjuntura política, levados à sala de sevícias e forçados a presenciar as torturas e rodar a manivela de choques. Os rapazes tremiam diante do horror, reagiam como autômatos às ordens recebidas. O Exército os treinava para odiar e punir os dissidentes políticos.

No dia 11 de março, militantes da VPR capturaram o cônsul do Japão, Nobuo Okushi, e retiraram do cárcere cinco guerrilheiros: Damaris Lucena, esposa de Antônio Raimundo de Lucena, morto a tiros por militares; Otávio Ângelo, da ALN, que estava preso com os frades; madre Maurina Borges da Silveira, religiosa torturada pelo delegado Fleury por ter cedido uma sala para que estudantes fizessem uma reunião em Ribeirão Preto; Diógenes Carvalho de Oliveira, da VPR, e Chizuo Osava, o Mário Japa, o verdadeiro motivo da operação.

Da Oban, Therezinha Zerbini foi para o Deops e depois para o Presídio Tiradentes. Lá, na ala feminina, conviveu com diversas presas políticas, entre elas Maria Barreto Leite e Dilma Rousseff, uma jovem guerrilheira de 22 anos. No Tiradentes, Therezinha, sua irmã, Antonieta, e Neusa, a mulher do dono do sítio de Ibiúna, ficaram na mesma cela. Antonieta escondera Simões, o dono do sítio, a pedido da irmã.

Por ter visto as presas políticas misturadas a presas comuns, assassinas, prostitutas e acusadas de diversos crimes, a mãe de dona Therezinha mostrou-se chocada ao visitá-la na prisão:

— Não criei minha filha para ficar presa com prostituta.

Naquele mês de março, chegou ao presídio a notícia de que as Éditions du Seuil, de Paris, tinham publicado *Pour la libération du Brésil*, de Carlos Marighella. Era o *Minimanual do guerrilheiro urbano*, que ganhava assim a primeira edição em língua estrangeira antes mesmo de publicado no Brasil. O governo francês proibiu o livro, mas logo depois 24 editoras se uniram para um relançamento que nocauteou a censura.

O livro se tornou um clássico e Marighella passou a ocupar um espaço importante no imaginário dos jovens franceses da geração Maio de 68, sedentos de revolução. Era o caso do estudante Xavier Plassat, que Tito iria conhecer em seu último ano de vida no convento de L'Arbresle, perto de Lyon. Plassat se tornou o melhor amigo do frade brasileiro. O encontro com Tito foi determinante para seu trabalho futuro.

No Brasil, a censura impedia não apenas a publicação de livros revolucionários. Vivia-se sob um esmagador controle da informação. A nota da Comissão Central da CNBB sobre a situação política do Brasil depois do AI-5 teve dificuldade em ser publicada; pronunciamentos do papa tiveram divulgação proibida, como atestou a rádio Vaticano. Entre muitas outras notícias censuradas, o jornal *O Estado de S. Paulo* não pôde publicar uma denúncia de torturas de 97 presos políticos, sob pena de medidas restritivas.

Apesar de todo o controle, os presos políticos usavam códigos e diversos meios para enviar cartas e textos para fora do presídio. Foi assim com o texto de Tito relatando suas torturas; foi assim com as folhas do diário de frei Fernando; foi assim com as cartas de Frei Betto, publicadas em livro quando ele ainda estava preso.

— Melhor não revelar todos os métodos que utilizávamos, nunca se sabe — brinca Yves Lesbaupin em 2012.

Enfrentando a proibição, os frades rezavam a missa aos domingos com os elementos improvisados: o pão era a hóstia e o vinho, ora era um suco de uva, ora era vinho mesmo, que entrava contrabandeado em vidro de remédio.

Para se informar, os presos políticos liam os jornais e cada um recortava as notícias de um país da América Latina. Um era especializado em Cuba, outro, na Argentina. Quanto ao Brasil, cada um ficava com um setor: economia, transportes, a atuação da Igreja. A apresentação oral dos acontecimentos da semana era feita por cada um no domingo à noite.

Nessas reuniões, debatiam os erros e acertos da resistência à ditadura. Mais erros que acertos, ou não estariam na prisão. Tito foi um dos primeiros a fazer uma autocrítica. Dizia:

— Estamos lutando contra a ditadura mas somos poucos, fracos, e vamos perder. Não temos o povo conosco, não estamos enraizados no povo.

Ele iria aprofundar essas críticas mais tarde, no exílio, em entrevistas e em artigos.

Mas desde a viagem em 1968, feita por seus confrades para prospecção da guerrilha rural, Tito via com desolação a falta de um projeto de transformação com a inclusão das massas, no qual o povo fosse ator, não espectador.

Em abril de 1970, os presos leram com prazer no *Estadão* que, em palestra na Universidade de Montana, nos Estados Unidos, o senador Edward Kennedy pediu à OEA para condenar a opressão política no Brasil.

> Ficamos calados quando se torturam presos políticos no Brasil, quando se aplicam castigos cruéis e brutais em estudantes, sacerdotes e freiras, cujo único crime é conhecer alguém que se tornou suspeito. [...] Cito o Brasil, não porque seu governo seja o único que pratica

uma repressão desse tipo, mas porque seu governo goza de nosso pleno apoio, que se traduz em armas, dinheiro, assistência técnica e o conforto de estreitas relações diplomáticas.

No mês de maio, o escritor Caio Prado Jr. foi à cela dos frades se despedir. Condenado a um ano de prisão por ter escrito um artigo que desagradou ao regime militar, ele obtivera transferência para um quartel.

Dia 9 de maio, os jornais publicaram a nota oficial do governo afirmando que no Brasil não existiam presos políticos, só bandidos. Frei Betto escreveu em carta a Christina, sua amiga: "Veja só a que fui promovido. Bandido para o Estado e frade para a Igreja. Mas Cristo não foi crucificado como marginal ao lado de dois ladrões? Portanto, para nós, a piada não é nova."

As notícias que chegavam do exterior eram alentadoras. Na Europa, dom Helder Camara prosseguia suas palestras denunciando a tortura no Brasil. Na capital francesa, um de seus encontros teve de ser transferido da sala Mutualité, com 2 mil lugares, para o Palácio dos Esportes, com 12 mil.

Dom Helder conclamou os presentes a "dizer ao mundo" que no Brasil havia tortura:

> O governo brasileiro proclama que não existem presos políticos no Brasil e nega as torturas. Por que não abre as portas das prisões brasileiras para uma comissão de inspeção da Cruz Vermelha Internacional? Estou aqui para pedir-lhes que digam ao mundo todo que no Brasil se tortura. Amo profundamente a minha pátria; a tortura a desonra.

O escolhido

Eles é que sumiram da História, eles é que estão escondidos, atemorizados, saíram daquela câmara de tortura e estão na câmara do inferno.

MANOEL CYRILLO DE OLIVEIRA NETTO,
a respeito dos torturadores

Às 10h da noite do dia 11 de junho, os prisioneiros do Tiradentes ouviram a notícia: "Sequestrado no Rio o embaixador alemão."

Em plena efervescência da Copa do Mundo realizada no México, guerrilheiros urbanos haviam capturado o embaixador da Alemanha Ocidental, Ehrenfried Anton Theodor Ludwig Von Holleben, de 61 anos. A ação foi realizada por militantes da ALN e da VPR (Vanguarda Popular Revolucionária), comandados por Eduardo Collen Leite, o Bacuri, da ALN.

Carlos Lamarca, escondido em São Paulo, não participou, mas sua legenda levou as autoridades a atribuir a ele, num primeiro momento, o sequestro. Lamarca, Joaquim Câmara Ferreira e Franklin Martins tiveram suas fotos estampadas nos jornais como suspeitos de comandarem a ação.

Desde 31 de maio, o Brasil parava a cada jogo da Copa de 1970. A expectativa era enorme: o país poderia tornar-se tricampeão mundial de futebol. O Brasil inteiro torcia: eram os "90 milhões em ação" que vibravam como "um só coração", segundo a trilha sonora da campanha da seleção. A nona Copa do Mundo era a primeira transmitida pela TV e o país estava mergulhado num clima de "Brasil grande", da "corrente pra frente".

No Presídio Tiradentes para onde foram transferidos do Deops em dezembro de 1969, os dominicanos encontraram cerca de cem presos políticos. Em junho do ano seguinte, já eram quase trezentos.

Juntamente com esses presos políticos, os religiosos viviam um dilema: torcer contra ou a favor. Eram tentados a torcer contra um time de craques como Pelé e Jairzinho, como forma de resistir à ditadura, que mobilizava as massas para os estádios de futebol, desviando-as de qualquer debate político.

Samuel Aarão Reis viu a Copa de 1970 no Dops, no Rio. O carioca tinha sido sequestrado naquele ano por homens vestidos de trajes civis, que não detinham ordem de prisão judicial nem tinham nenhuma identificação visível. Um ato ilegal, mesmo considerando as leis vigentes na época. Samuel era um dos dirigentes do MR-8, no qual militava desde 1968, na faculdade de economia da UFRJ e em atividades ligadas a comunidades de favelas e grupos operários.

Junto com os presos políticos do Dops, no Rio, Aarão Reis viu os jogos num televisor que conseguiram trazer para a prisão. Torcer contra a seleção era um esforço sobre-humano, ainda que muitos insistissem na necessidade de marcar posição contra o regime. Ao contrário do que se imagina, os militantes da luta armada não torceram em bloco contra o Brasil.

— Quem torcia contra era a minoria — garante Samuel, que seria libertado alguns meses depois, como moeda de troca de outro sequestro, juntamente com 69 presos políticos, entre os quais Tito de Alencar Lima.

Naquele mês de junho, frei Fernando anotou no seu diário:

O ESCOLHIDO

Não ostentamos no panteão nacional nenhum santo, nenhum Prêmio Nobel, embora sejamos uma nação tão populosa, virtuosa e talentosa. Nosso orgulho tece-se de 11 jogadores — a Seleção Brasileira que, agora, disputa o título de tricampeã do mundo.

E nós — presos políticos da ditadura que se arvora em patrona da Seleção — devemos ou não torcer pelo Brasil? Atroz dúvida hamletiana! Como distinguir, de dentro do cárcere, a linha divisória entre o esporte e a política? O que fazer se, aos nossos olhos, os dois se confundem, reforçam o arbítrio, encobrem, sob a vibração da torcida exaltada, os gritos de dor das vítimas dos centros de tortura? Ou será que nos cabe ser mais dialéticos, cartesianamente dialéticos, e sem sofismar admitir que o brilho da Seleção na Copa do Mundo não projeta, necessariamente, reflexos nos generais que nos governam?

Esse povo que tanto trabalha, sofre, vive sob censura e arrocho salarial, e ignora a face monstruosa do Leviatã, não tem direito à gratuidade da maratona desportiva, à catarse olímpica, à alegria de uma vitória conquistada, em nome da multidão, por 11 jogadores?

Imenso é o debate, nas celas, se devemos ou não torcer pela Seleção. Alguns torcem o nariz, outros comemoram antecipadamente o tricampeonato. Marco Antônio Moro, advogado, militante da ALN, sugere que "é bom a gente torcer contra, porque se ganhar haverá uma baita festa e vamos estar fora dela". Mas ficamos todos indignados quando Médici sugeriu a João Saldanha, técnico da Seleção, convocar Dario, o Dadá Maravilha. Comunista, Saldanha respondeu não pretender governar o país e, portanto, esperava que o presidente não escalasse a Seleção... Os cartolas da CBF, sempre envergados frente ao poder, substituíram Saldanha por Zagallo, que acatou a sugestão presidencial.

Com o tempero ufanista dos hinos patrióticos de Dom e Ravel, o espetáculo está montado. E a nossa dúvida persiste.

O tricampeonato conquistado no México e a vinda definitiva da Taça Jules Rimet para o Brasil encheram o país de entusiasmo. O general-presidente Emílio Garrastazu Médici soube tirar proveito do delírio popular. Levou os jogadores ao Palácio do Planalto, elevou a taça diante da multidão reunida para ver Jairzinho, Pelé, Carlos Alberto Torres, Tostão, Gérson e Rivelino. A Seleção era a melhor arma de propaganda. Com o pão e a liberdade escassos, o circo era a grande válvula de escape do brasileiro.

No ano do tricampeonato, o uso da imagem da seleção brasileira só foi comparável à propaganda do regime nazista nas Olimpíadas de Berlim, em 1936. A manipulação do futebol para fins políticos começara em 1969, quando o Brasil aguardava ansioso o milésimo gol de Pelé. Coberto de glórias, o craque foi recebido em Brasília pelo presidente Médici, desfilou na capital em carro aberto e recebeu do presidente a medalha do mérito nacional e o título de comendador da Ordem de Rio Branco. A ditadura se associava à imagem do bicampeão do mundo, que no ano seguinte se tornaria tricampeão. E, dócil, Pelé se deixou usar.

Parafraseando Marx, a esquerda passou a apontar o futebol como o ópio do povo. E, de fato, o futebol passou a ser a melhor propaganda da ditadura. Para isso, os militares controlavam tudo. A comissão técnica e a diretoria da CBD estavam nas mãos de militares. Na Copa de 1974, o presidente da CBD era o almirante Heleno Nunes e o preparador físico, o capitão Cláudio Coutinho, depois técnico da seleção na Copa de 1978, na Argentina.

Naquele mês de junho de 1970, os militantes dos grupos de esquerda realizaram uma jogada de mestre ao capturar o embaixador durante a Copa. Os guerrilheiros da VPR mostraram grande audácia ao executar a ação, mesmo depois da queda, pouco antes, do "aparelho" do casal Juarez Guimarães de Brito e Maria do Carmo Brito, na Rua Visconde de Albuquerque, no Leblon. No apartamento, a repressão encontrara o plano da captura do embaixador da Alemanha.

Essa queda levou à prisão de dezenas de militantes, desestruturando a organização. Durante certo tempo, a VPR chegou a cogitar

Frei Tito no Convento de Belo Horizonte, 1966.

Turma de seminaristas após a tomada de hábito no Convento de
Belo Horizonte, 1965-1966. Frei Tito é o de número 5.

Reprodução de folha de arquivo do Dops.

Os jovens frades no claustro do Convento das Perdizes, São Paulo, 1967.

Em 1968, os frades do Convento das Perdizes saíram de hábito em passeata em frente ao DOPS paulista, para protestar contra o fato de o prior do convento, frei Chico de Araujo, ter sido levado coercitivamente para ser interrogado. Na primeira fila, da esquerda para a direita, estão: Oswaldo, Magno e Tito. Ivo Lesbeaupin é o primeiro da terceira fila.

Máquina de escrever de Tito de Alencar, presente da irmã Nildes, enviada a Tito quando ele cursava Ciências Sociais na USP, hoje exposta no Memorial frei Tito, em Fortaleza.

Igreja da Candelária, manhã de 4 de abril de 1968: cavalaria da PM investe contra a população na saída da missa de sétimo dia em memória do estudante Edson Luis, morto pela polícia no dia 28 de março no Rio, durante manifestação estudantil.

Na mesma noite, para evitar mais um ataque da PM na segunda missa em memória de Edson Luis, realizada também na Candelária, os padres saíram de mãos dadas em cordão, para que os fiéis pudessem passar pelos soldados da polícia montada.

Mesmo proibida pelo governo, a missa foi realizada por insistência do vigário-geral do Rio de Janeiro, dom Castro Pinto.

Passeata dos Cem Mil, Rio de Janeiro, 26 de junho de 1968.

Vladimir Palmeira fala no centro do Rio, 26 de junho de 1968.

Passeata dos Cem Mil, Rio de Janeiro, 26 de junho de 1968.

Editorial do jornal *O Globo*, de 6 de novembro de 1969, em que os frades dominicanos são acusados de dupla traição: à Igreja e a Carlos Marighella.

Caçada monstro ao bando de Marighela

ESTELA ainda vive

PADRES DO TERROR TINHAM FORMADO CÉLULA COMUNISTA

O GLOBO
FUNDADOR DE IRINEU MARINHO

AQUI SE ESCONDIAM OS TERRORISTAS

MORTO E SEPULTADO NUMA CHÁCARA O JOVEM MILIONÁRIO SEQÜESTRADO

A vítima

Os criminosos

O beijo de Judas

CARLOS MARIGHELA morreu, como Guevara, de armas na mão. Lutando. Foi fiel até o fim ao evangelho do ódio, da violência a que serviu com implacável fanatismo por mais de trinta anos.

ALGUNS DOS CRIMES mais bárbaros da história policial do Brasil talvez hajam sido praticados pelo Grupo Marighela. A morte do Capitão Chandler, por exemplo, é desses episódios que figurarão nos anais da crueldade e da covardia humanas.

DEZENAS DE ATENTADOS, assaltos e alguns seqüestros tiveram a participação do bando ultra-radical do ex-deputado pelo PCB e que há dois anos representava a OLAS, de Havana, no Brasil, aqui espalhando a morte e a destruição.

MAS RECONHEÇA-SE que Marighela pôs tôda a sua sinceridade nessa vida de sinistras empreitadas que teria seu epílogo anteontem na Alameda Casa Branca em São Paulo.

EXAMINEMOS POREM a participação dos frades dominicanos no fato. Frei Ivo e Frei Fernando levaram a polícia a Marighela.

HÁ DOIS ANOS, num Convento paulista, realizou-se um congresso da UNE. Como se tratava de reunião ilegal, pois a entidade já então não tinha existência reconhecida, as autoridades penetraram naquela casa "religiosa" e fizeram algumas detenções, inclusive de sacerdotes dominicanos.

QUASE QUE O MUNDO desabou. Choveram os protestos contra a "perseguição religiosa". O fato de sacerdotes dessa Ordem, como Frei Josafá — redator principal do famigerado periódico "Brasil-Urgente" dos tempos de Goulart — serem veteranos no radicalismo político não foi levado em conta pelos "liberais",

que "não acreditavam" que padres tivessem feito aquilo por mal. "Foram enganados" — argumentavam.

AGORA, A MORTE de Marighela é um levantar de cortinas. Frades dominicanos INTEGRAM o grupo que espalha a morte e o terror por êste Brasil enlutando famílias, fabricando viúvas e órfãos.

NÃO APENAS OS DOIS que "entregaram" — Frei Ivo e Frei Fernando — fazem parte do grupo. Estão diretamente implicados nas atividades de Marighela Frei Tito, Frei Luís Felipe, o Ex-Frei Maurício.

ALGUNS OUTROS já abandonaram a batina e encontram-se fora do País, como o Ex-Frei Bernardo Catão, também do Convento de São Paulo, que se casou com uma ex-freira e hoje vive nos Estados Unidos. Frei Chico, outro célebre agitador, também abandonou a Ordem dos Pregadores e emigrou para casar-se.

É UMA TRÁGICA dissolução o que se contempla. Uma Ordem de sete séculos e meio, que deu à história nomes como São Domingos, São Tomás de Aquino, Santa Catarina de Sena, Fra Angélico, produz delinqüentes desprovidos de qualquer dimensão de grandeza como êsses dois maus acólitos de Marighela.

FREI IVO E FREI FERNANDO já haviam traído a Igreja e a Ordem a que pertenciam quando, renegando os votos de amor e caridade impostos pelo Evangelho cristão, abraçaram a filosofia de ódio ensinada por Lenine APUD Marx.

ESSA TRAIÇÃO foi a primeira beijo de Judas que deram. Todo o resto decorreu dessa apostasia ainda mais grave que a usual, pois fingiram que ainda continuavam dentro da Igreja, quando apenas dela se utilizavam para servir ao terror.

"ENTÃO UM DOS DOZE, que se chamava Judas Iscariotes, foi ter com os príncipes dos sacerdotes e lhes disse: Que me quereis dar, e eu vo-lo entregarei? E êles lhe deram trinta moedas de prata. E desde então buscava oportunidade para O entregar."

QUANDO ADERIRAM ao comunismo, Frei Ivo e Frei Fernando repetiram o gesto de Iscariotes. Esvaziados da moral cristã, entregaram-se ao amoralismo marxista-leninista. Frei Ivo declarou em 1966 a uma revista mensal o seguinte: "Meu Deus não é o deus-ópio, que aliena; ao contrário, Êle engaja, compromete."

ESSE "DEUS" anticristão "engaja" os homens nisso: na volúpia de matar e na covardia diante do perigo de vida.

FREI IVO E FREI FERNANDO, que rasgaram os votos que livremente fizeram diante de Deus, perderam a resistência moral e traíram os votos de fidelidade à própria doutrina da violência. Entregaram Marighela à polícia com meticulosa proficiência.

FOI UM SEGUNDO beijo à maneira de Judas. Êsses infelizes frades, beijoqueiros da traição, bem encarnam o papel devastador desempenhado em certos setores da Igreja por determinadas alas ditas "renovadoras". Ontem mesmo Paulo VI fazia mais uma advertência a êsses grupos, ao dizer: "Nada dentro da Igreja deve ser arbitrário, tumultuoso ou revolucionário."

QUE A COVARDIA dêsses infelizes frades pelo menos sirva de lição às ovelhas tresmalhadas que seguem por êsses descaminhos escabrosos da traição a todos os valôres.

Os 70 presos políticos libertados com o sequestro do embaixador suíço partem para Santiago, em janeiro de 1971.

Boletim n° 1 do Front Brésilien d'Information, editado por Miguel Arraes, Violeta Arraes e Marcio Moreira Alves, Paris, 1970.

Freis Tito, Magno Vilela e Giorgio Callegari: reencontro em Paris no inverno de 1971.

Magno Vilela, Tito e Giorgio Callegari no metrô de Paris, 1971.

Os amigos Tito e Magno Vilela em Paris, 1971.

Rue des Tanneries, onde morou Tito de Alencar Lima de 1971 a 1973, no Convento Saint-Jacques.

Jardim interno do Convento Saint-Jacques, Rue des Tanneries, Paris.

Igreja do Convento Saint-Jacques.

Convento Sainte-Marie de la Tourette.

Pátio interno do Convento Sainte-Marie de la Tourette, obra do arquiteto Le Corbusier.

Cela de frade no Convento Sainte-Marie de la Tourette.

Sala Tito de Alencar no Convento Sainte-Marie de la Tourette.

Tito no verão francês de 1974, durante viagem pelos Alpes com o amigo Daniel Béghin.

Pedra tombal em memória de Tito, no cemitério do Convento Sainte-Marie de la Tourette.

Dr. Jean-Claude Rolland: o psiquiatra que tratou de Tito de Alencar vive perto de Lyon, cercado de animais.

Frère François Genuyt vive no convento dominicano em Lyon.

Frère Alain Durand, prior do Convento Sainte-Marie de la Tourette, em 2012.

Frère Paul Coutagne, o único frade que conviveu com Tito e ainda vive no Convento Sainte-Marie de la Tourette.

Frère Patrick Jacquemont, antigo responsável pelos estudos no Convento Saint-Jacques.

Frère Paul Blanquart: na década de 1960, o mais revolucionário dos frades dominicanos de Paris.

Igreja do Convento das Perdizes, São Paulo, em 2012.

Frei Betto no Convento das Perdizes, São Paulo, em dezembro de 2012.

Terezinha Zerbini, em dezembro de 2012: grande amiga dos dominicanos das Perdizes, foi presa durante a ditadura.

o abandono do plano, substituindo o alemão por outro embaixador. Mas, calculando que a repressão daria como certa a mudança do projeto, os guerrilheiros decidiram-se pelo efeito surpresa de uma ação anunciada.

A ação de captura do embaixador alemão durou apenas dois minutos.

No mesmo dia, o primeiro comunicado dos sequestradores foi deixado na Igreja Santa Mônica, no Leblon. O manifesto foi publicado nos jornais, assinado pelo "Comando Juarez Guimarães de Brito", que reunia a VPR e a ALN. Juarez de Brito fora morto pelos policiais ao ser preso.

O representante diplomático da Alemanha Ocidental ficou sequestrado por cinco dias (de 11 a 16 de junho) e a ditadura cedeu facilmente às exigências dos revolucionários. Eles divulgaram um comunicado para ser lido na Rádio Nacional e uma lista de quarenta nomes de presos a serem libertados.

Dentro do Presídio Tiradentes, em São Paulo, Tito, Fernando, Betto, Ivo, João Caldas e os outros companheiros acompanharam sob tensão o desenrolar do sequestro do alemão, as negociações entre governo e sequestradores sobre a lista de presos a serem resgatados. Ela foi decidida numa reunião entre Joaquim Câmara Ferreira, da ALN, Carlos Lamarca, da VPR, e Devanir José de Carvalho, do Movimento Revolucionário Tiradentes (MRT). Mas outros também participaram sugerindo nomes.

No Doi-Codi, no Rio, Cid Benjamin vivia uma estressante expectativa. Quando foi preso, ele preparava justamente a captura do embaixador alemão com companheiros da ALN e da VPR. Depois da ação, chegou a Benjamin na prisão um maço de cigarros fechado vindo de alguém que o recebera da mulher de Cid. O maço foi devolvido fechado, com nomes para a lista a ser negociada com a ditadura.

Na lista final, três prisioneiros saíram da cela dos frades: Aderval Alves Coqueiro, Jeová Assis Gomes e Carlos Eduardo Pires Fleury. Dos quarenta presos resgatados, vinte eram da VPR, os outros vinte vinham de organizações como MR-8, Frente de Libertação Nacional (FLN) e ALN.

O delegado Pudim, do Deops, foi à cela do Tiradentes buscar alguns dos quarenta presos que iam sair na troca pelo embaixador alemão. Ao tomar conhecimento de que seu companheiro do PCBR, Apolônio de Carvalho, ia ser libertado, Jacob Gorender comemorou com os outros. Da Torre, a ala feminina do presídio, saíram Dulce Maia e Tercina Dias de Oliveira, a Tia, torturada no Doi-Codi por ter sido costureira dos guerrilheiros do Vale do Ribeira. Ardorosa admiradora de Carlos Lamarca, para quem trabalhou, ela partiu para o exílio com os quatro netos. "Atiramos flores a elas. Com a cara espremida nas grades, entoamos, entre vivas a Marighella e Lamarca, *A Internacional* e o *Hino da Independência — ou ficar a pátria livre ou morrer pelo Brasil",* conta frei Fernando.

Tito via a alegria dos companheiros libertados sem imaginar que no sequestro seguinte, realizado em dezembro do mesmo ano, ele seria um dos escolhidos. E teria de sair do país a contragosto, banido para sempre. Do exílio, só voltaria 12 anos depois como ícone e mártir.

Naquele mês do sequestro e da Copa, Tito compareceu à Auditoria Militar por implicação no processo da UNE. Todos os dominicanos presos foram denunciados nos artigos 22, 23 e 25 da Lei de Segurança Nacional. O artigo 25 previa a pena mínima de 5 anos e máxima de 15.

Os revolucionários incluíram Cid Benjamin na lista e ele saiu do Doi-Codi diretamente para o Galeão, no dia 15 de junho de 1970, juntamente com os outros 39 presos trocados por Von Holleben. Cid deixou a solitária do Doi-Codi sem ter amargado um longo período de prisão: ficou preso menos de dois meses. Ao deixar a prisão, os quarenta presos da lista assinavam o ato que os bania do território nacional. No voo especial estavam ainda Apolônio de Carvalho, Carlos Minc, Daniel Aarão Reis, Liszt Vieira e Fernando Gabeira. O avião decolou para Argel, capital da Argélia, que havia obtido sua independência em 1962, depois de uma guerra sangrenta contra a França, antiga potência colonial.

Cid Benjamin recorda:

— Tínhamos uma base de apoio do MR-8 na Argélia. Entre idas e vindas, articulando a luta armada no exterior, fiquei esperando o sinal para voltar ao Brasil na clandestinidade. Até que veio o sinal, mas tive de ir para o Chile para de lá tentar retornar ao Brasil.

Em julho, a ditadura conseguiu uma vitória: Massafumi Yoshinaga, que havia militado na VPR, foi apresentado à imprensa pela Secretaria de Segurança e renegou a luta armada. Admitiu ter conhecido Lamarca e declarou que "a finalidade dos subversivos é roubar bancos e matar, tudo não passa de banditismo organizado". Em 1976, Yoshinaga enforcou-se.

No mesmo mês, na Alemanha, frades dominicanos nocautearam o regime: o ministro da Justiça Alfredo Buzaid deveria fazer, em setembro, uma palestra na Sociedade Teuto-Brasileira. Uma manifestação organizada pelos religiosos contra a ditadura pôs fim ao encontro, sem que Buzaid pudesse dizer aos alemães que "não há tortura no Brasil".

No Brasil, enquanto os bispos enviavam uma carta de solidariedade aos padres encarcerados, o conservador arcebispo de S. Paulo, dom Agnelo Rossi, dava entrevista ao *Estado de S. Paulo* afirmando que a militância dos religiosos não tinha nada a ver com o cristianismo. "Eles não foram presos confessando ou comungando", alegou.

Depois de oito meses de espera, foi publicada na imprensa a parte da denúncia relativa aos frades. Ela se inicia com a apresentação de alguns ensinamentos pontifícios, escolhidos judiciosamente para mostrar o quanto eram hereges.

Frei Betto escreveu em carta aos pais, de 7 de julho de 1970:

> Interessante observar que, pela denúncia, somos mais culpados de heresia que de subversão. O promotor expõe a finalidade primária da Ordem (o combate aos albigenses) e constata como nos afastamos

desse serviço puramente religioso. O que ele esquece de dizer, ou talvez nem saiba, é que os albigenses negavam a natureza humana de Cristo e os dominicanos ensinavam o quanto Jesus é humano e histórico — o que anula qualquer validade a um cristianismo desencarnado, alheio aos problemas da terra.

Em outra carta, do mesmo mês, escreve: "Nenhuma grave acusação pesa sobre mim. Embora eu saiba que minha atividade no Sul continuará como delito, até que se convençam que o auxílio aos perseguidos é um dever e um direito da Igreja."

Na primeira audiência do processo, dia 1º de outubro de 1970, não havia nenhum jornalista no tribunal, nem brasileiro nem estrangeiro. O Ministério Público acusava os dominicanos de atentado à segurança nacional e desobediência às leis da Igreja: "Ao entrar na organização de Carlos Marighella, os religiosos acusados se voltaram contra os ensinamentos do Santo Padre, Pio XI, que declarou: 'Rejeitamos o comunismo como sistema social porque se opõe à doutrina cristã'."

O *Témoignage Chrétien* — tradicional jornal da esquerda católica francesa, fundado em 1941 para combater a ocupação nazista —, que dava ampla cobertura às denúncias de tortura e à luta contra a ditadura brasileira, assinalou em outubro de 1970:

> A preocupação das autoridades judiciais em evitar a publicidade e a das autoridades em garantir a censura total revelam a importância do processo. Trata-se de evitar uma nova deterioração das boas relações com as autoridades eclesiásticas sem impedir uma condenação severa dos acusados.

Isolamento

A decisão de frei Giorgio Callegari de iniciar uma greve de fome, em setembro de 1970, desencadeou a separação e o isolamento dos frades, vistos pelas autoridades como perigosos agitadores. Incomodavam ao

O ESCOLHIDO

regime, celebrando missa clandestinamente e conseguindo mandar para fora do presídio documentos que levavam a imprensa estrangeira a denunciar torturas, como o texto de frei Tito.

A presença deles com os outros presos políticos só gerava problemas: mobilizava a Igreja, ainda que parte da hierarquia católica os criticasse.

Dom Paulo Evaristo Arns, ainda bispo auxiliar de São Paulo, foi visitar Giorgio Callegari levando uma carta do cardeal Rossi na qual lhe pedia que cessasse a greve de fome. A greve não era seguida pelos outros frades e presos políticos, que, no entanto, cogitavam aderir a ela.

Alguns dias depois, chegou à prisão o padre Hélio Soares do Amaral para cumprir pena de 14 meses. Fora condenado por ter feito um discurso no Sete de Setembro do ano anterior, 1969, no qual dissera que "o grito do Ipiranga tinha sido uma farsa e que o Brasil tinha saído do domínio português para entrar no domínio americano".

O isolamento dos frades durou um mês, em quartéis diferentes. Fernando foi para o Batalhão de Guardas; Betto, para o Regimento de Cavalaria; Tito, para o quartel do Barro Branco; e Giorgio, para a ala de loucos do Hospital Militar, numa cela acolchoada e sem nenhum móvel.

— Antes estávamos numa cela de quarenta a cinquenta presos, que variavam conforme a semana. Fiquei na cela do Tiradentes com os demais presos políticos, mas os outros foram todos levados. O objetivo era nos separar, em solitárias — conta Yves Lesbaupin, o ex-frei Ivo.

Roberto Romano assinala que Tito começou a se fechar quando foi para a cela 7 do presídio. Depois, seu estado piorou com o isolamento:

— Ele passou a sorrir muito mais raramente, não o vi mais rir e fazer comentários engraçados sobre situações variadas, o que era frequente no convento. A sisudez dele aumentou mais ainda durante a greve de fome. Como punição, fomos separados e espalhados por diversos lugares. Depois, seu silêncio se aprofundou.

Nessa fase, nenhum dos frades tinha direito a livros ou jornais. Quem passou mais dificuldade foi Frei Betto. Ficou sozinho num quartel guardado por recrutas, prevenidos de que se tratava de perigoso terrorista. Um soldado ficava de arma apontada na sua direção. Não tinha contato com ninguém. Não tinha acesso a rádio nem a jornal. E só podia ir ao banheiro em horas determinadas.

Como estratégia para não perder o senso da realidade, pois não sabia quando era dia nem quando era noite, o prisioneiro inventou uma atividade: dava aulas para si mesmo o tempo todo.

— O soldado devia achar que Betto era totalmente maluco — observa Ivo.

Dias depois, Betto recebeu seu exemplar do Novo Testamento, passou a ler e decorar trechos dos quatro evangelhos, do relato das viagens de Paulo e do livro do Apocalipse.

Nesse período, frei Fernando teve alucinações dentro de sua cela solitária. Via máquinas avançarem sobre ele para que contasse tudo o que não dissera sob tortura. As alucinações lhe embaçavam a mente, o sono nunca chegava, acendia um cigarro no outro. Um dia, teve uma alucinação em que viu trazerem Tito para sua cela. Diziam-lhe que ele não estava nada bem. Conversaram até de madrugada. Fernando mostrou a Tito uma gilete que havia encontrado sob a cama e escondera para uma eventualidade. Tito quebrou-a e jogou-a fora. A imagem de Tito sumiu e Fernando conseguiu dormir.

Ao acordar, constatou que de fato Tito estava em sua cela. Depois, trouxeram ainda frei Roberto Romano.

Uma noite, dom Paulo Evaristo Arns e frei Gilberto Gorgulho foram visitar os três frades. Tito pediu para se confessar e frei Fernando ouviu-o dizer a dom Paulo:

— Era bom poder tirar Fernando daqui, ele está muito mal.

Giorgio Callegari ainda prosseguiu por alguns dias a greve de fome, mas interrompeu-a ao se dar conta de que não teria repercussão. Ele sabia que greves de fome são eficazes como instrumento de pressão, mas só surtem efeito em regimes democráticos, quando podem ser midiatizadas e vigora o Estado de direito.

Pouco depois, o advogado Mário Simas avisou a Fernando que ele e Callegari prestariam depoimentos na Auditoria Militar. Puderam logo depois retornar ao Presídio Tiradentes, onde os frades foram novamente reunidos.

Mais tarde, voltaram a ocupar a cela 17 do pavilhão 2, um compartimento de seis metros por três. Nesse espaço exíguo, apelidado de "Vaticano", onde o pequeno fogão elétrico de duas bocas ficava a poucos passos da privada turca, eles eram oito religiosos: Ivo, Giorgio, Hélio, Augusti, Betto, Tito, Roberto e Fernando. Foram colocados juntos para isolá-los dos outros presos políticos, inclusive quanto aos horários de visita, não mais semanais, mas quinzenais.

A alimentação também piorou, pois ficaram proibidos de receber alimento *in natura*. As famílias passaram a trazer o que podiam para os presos tentarem evitar o boião intragável servido nas celas. Cartas e livros eram limitados e censurados.

Um grande momento de júbilo no "Vaticano": chegou a notícia de que a greve de fome de Giorgio Callegari tivera repercussão no exterior. O *Témoignage Chrétien* publicara declarações do frade italiano sobre as condições da prisão e a proibição de celebrarem missa.

Outra comemoração no "Vaticano": dia 20 de setembro de 1970 o padre Augusti foi libertado.

Frei Tito fora indiciado no mesmo processo com Therezinha Zerbini e Domingos Simões, o dono do sítio de Ibiúna, por ter participado da organização do congresso clandestino da UNE, em violação à Lei de Segurança Nacional. Therezinha Zerbini foi defendida por Juarez de Alencar, e Simões, por Raimundo Pascoal Barbosa. Tito, por Mário Simas.

Na ficha do Deops disponibilizada na internet a partir de abril de 2013, pode-se ler:

Tito de Alencar Lima foi condenado em 22 de setembro de 1970 à pena de 1 ano e 6 meses de detenção, incurso no art. 36 DL 314/67 — reformada pelo E. Superior Tribunal Militar para 1 ano com base no art. 38 DL 314/67. BANIDO. Cópia da Relação dos BANIDOS = EMBAIXADOR DA SUÍÇA.

Mais uma vez, os alemães nocautearam a ditadura. Em outubro, Delfim Netto, que fora à Alemanha inaugurar uma agência do Banco do Brasil, viu-se obrigado a cancelar palestra sobre "o milagre" econômico brasileiro. Não havia clima diante dos protestos.

Pouco antes, o presidente Médici declarara que "o Brasil vai bem, mas o povo vai mal", comentando cinicamente o "milagre econômico brasileiro". O PIB chegava a crescer 14% ao ano em meio ao aumento abissal das desigualdades sociais.

Ainda em outubro, os presos políticos lamentaram uma grande perda: souberam com pesar da morte de Joaquim Câmara Ferreira, o Toledo, em 23 de outubro de 1970. Pouco antes de sua morte, Toledo escrevera:

> Como o povo não dispõe de exército, ele tem que começar pela guerrilha. A guerrilha rural é o único meio de coordenar todas as forças revolucionárias brasileiras, o único meio de mobilizar as grandes massas das cidades e dos campos, de criar um exército revolucionário do povo. A intensificação da guerrilha urbana, da sabotagem e das ações revolucionárias acabará por abalar a estrutura governamental. São indispensáveis a propaganda, a mobilização popular, a sabotagem, a preparação de quadros para dirigir a luta política e a luta armada.

Ao contrário de Marighella, Câmara Ferreira não foi fuzilado pelo delegado Fleury. Preso, levaram-no para a tortura imediatamente. Toledo morreu poucas horas depois. Os homens do delegado fizeram crer que teriam chegado a Toledo através de Bacuri, Eduardo Collen Leite, preso dia 21 de agosto, no Rio.

O ESCOLHIDO

A tragédia de Bacuri, a tortura sistemática e cruel que o levou à morte aos 25 anos, impressionou muito Tito, que pensou nele pouco antes de seu suicídio, como prova uma anotação encontrada depois de sua morte. O corpo de Bacuri — entregue à família 109 dias depois de ser preso, e 42 dias após seu sequestro do Deops, onde se encontrava encarcerado — apresentava, além de hematomas, escoriações, cortes profundos e queimaduras. Tinha os dentes arrancados, as orelhas decepadas e os olhos vazados, segundo o testemunho de Denise Crispim, sua mulher.

Os órgãos de segurança haviam divulgado para a imprensa a morte de Bacuri como resultado de um "tiroteio com a polícia".

Na Cidade do México, no mês de outubro, o diretor-presidente do *Jornal do Brasil,* Manuel Francisco do Nascimento Brito, classificou os presos políticos brasileiros de terroristas e subversivos, enquadrados por atividades contra a segurança nacional. O presidente da Associação Interamericana de Imprensa aderia, assim, à versão oficial que dizia que no Brasil só se prendiam "bandidos". Acrescentou que ninguém era torturado em seu país.

Seria ele ingênuo? Os presos não somente eram interrogados sob tortura como viviam amontoados: oito homens dividiam uma cela feita para duas pessoas. Naquele mês, 134 presos políticos se espremiam no Presídio Tiradentes, em vinte celas de tamanho variado onde a sujeira era total e ratos e insetos proliferavam. Os presos passavam o dia retidos na cama, pois não havia espaço para se movimentar. Não podiam sequer limpar a cela, uma vez que o material de limpeza que chegava ao presídio não lhes era entregue. Os produtos alimentícios comprados pelo Estado e destinados aos detidos eram comumente revendidos a eles pelos carcereiros e funcionários.

Outro brasileiro no exterior desmentiu as torturas e as prisões por delito de opinião. O ministro Alfredo Buzaid, em Londres, declarou que as denúncias de tortura no Brasil eram muito vagas e extremamente parciais. "No Brasil, ninguém é preso por suas convicções políticas ou por oposição ao governo."

Ainda em outubro de 1970, ao receber frei Domingos Maia Leite, superior dos dominicanos, em Roma, o papa Paulo VI lhe disse que toda a família dominicana no Brasil lhe era muito cara. Acrescentou:

"Estamos solidários com todos e a todos enviamos nossa bênção apostólica, especialmente aos que sofrem nas prisões."

Órgão oficial do Vaticano, o *L'Osservatore Romano* destacou, em editorial, que "no Brasil há abuso de poder e o papa segue os acontecimentos relativos à Igreja no país com preocupação e ansiedade".

Mas, durante uma audiência geral, a diplomacia do Vaticano impunha prudência: Paulo VI fez uma declaração mais ampla, dizendo que "o método de torturas se espalha pelo mundo como uma epidemia", sem referência direta ao Brasil. No entanto, citou "um grande país onde se aplicam métodos cruéis e desumanos para extorquir confissões dos prisioneiros".

O cardeal dom Agnelo Rossi, arcebispo de São Paulo e presidente da Conferência Nacional dos Bispos do Brasil, ao declarar logo depois que "não existe perseguição religiosa no país e sim uma campanha de difamação dirigida do exterior contra o governo brasileiro", queria deixar claro que o papa não se referia ao Brasil. Rossi garantia que "o digno presidente da República" fazia "esforços ingentes, sinceros e cristãos para o desenvolvimento da nação" e para vencer a subversão e a campanha que tentava denegrir o país.

Denunciar os interrogatórios sob tortura no estrangeiro era classificado pela ditadura como campanha para "denegrir o país no exterior".

Com a libertação de Roberto Romano, dia 28 de outubro, depois de depor na Justiça Militar, cinco dominicanos permaneciam no "Vaticano": Ivo, Tito, Giorgio, Betto e Fernando. Além deles, havia o ex-dominicano João Caldas Valença e o padre Hélio Soares do Amaral.

O ESCOLHIDO

No dia 18 de dezembro, foi a vez de João Caldas recobrar a liberdade.

Dom Tomás Balduíno, bispo dominicano de Goiás, da ala progressista da Igreja católica, visitou os frades no dia 3 de novembro. Fazia um ano que o delegado Fleury desencadeara a operação "Batina Branca".

Dom Paulo Evaristo Arns, novo arcebispo de São Paulo, foi visitá-los no dia seguinte à sua nomeação pelo papa Paulo VI. "O bom pastor não deixa suas ovelhas", anotou Frei Betto, em carta aos pais. Entre as notícias mais prosaicas, ele conta que Giorgio Callegari e ele, que no princípio eram os únicos cozinheiros do grupo, já haviam ensinado a Fernando, Ivo e Tito um pouco da arte culinária. Assim, cada dia um deles podia se ocupar de toda a alimentação e limpeza da cela.

Dia 4 de novembro, um ano depois da morte de Marighella, frei Fernando depôs na Auditoria Militar sobre a implantação da luta armada no Pará, onde participara, em julho de 1968, do levantamento de áreas propícias à guerrilha rural.

No dia 21 de novembro, às seis da manhã, dom Paulo Evaristo Arns foi celebrar a missa com os frades: o altar era um caixote vazio de maçã; o cálice, um copo; o templo, uma cela apertada; os fiéis, prisioneiros. Padre Hélio e frei Fernando concelebraram a missa.

Tito na lista

O mês de dezembro foi determinante na vida de frei Tito de Alencar Lima. Logo no dia 7, foi capturado no Rio o embaixador suíço Giovanni Enrico Bücher. No cargo havia quatro anos, Bücher seguia pontualmente todos os dias para a embaixada sem carros de segurança, desprezando as recomendações da Polícia Federal.

Os prisioneiros do Tiradentes acompanharam com inquietação o noticiário. Comandados por Carlos Lamarca, guerrilheiros da VPR haviam sequestrado o diplomata na Rua Conde de Baependi, em Laranjeiras, zona sul do Rio de Janeiro. Na operação de alto risco, um dos agentes federais, Hélio Carvalho de Araújo, que atuava como segurança e viajava dentro do Buick azul da embaixada, foi morto a tiros por Lamarca.

Da captura participaram, entre outros, os guerrilheiros urbanos Adair Gonçalves Reis, Gerson Theodoro de Oliveira, Alex Polari de Alverga, Inês Etienne Romeu, Maurício Guilherme da Silveira, José Roberto Gonçalves de Rezende e Alfredo Sirkis, que também atuara no sequestro do embaixador alemão, em junho do mesmo ano.

Aquele era o terceiro sequestro político que Tito acompanhava de dentro da prisão: o primeiro foi o do cônsul japonês, em março, seguido da captura do embaixador alemão em junho, ambos em 1970. O sequestro do embaixador americano, em setembro de 1969, havia inaugurado a lista das capturas de diplomatas para resgate de presos políticos. Deu origem também à violenta repressão que levou os dominicanos à prisão.

Em troca da vida do embaixador, a VPR exigiu a divulgação de um manifesto e a libertação de setenta presos políticos. Além disso, recomendava o congelamento geral dos preços por noventa dias e a liberação das roletas nas estações de trem do Rio de Janeiro. Foi o mais alto preço pedido por um embaixador capturado.

A ditadura endureceu. Recusou-se a divulgar o manifesto dos sequestradores e a facultar o transporte gratuito de trens suburbanos do Rio. Curvou-se apenas à libertação de presos políticos.

Devido às dificuldades nas negociações, Bücher foi a vítima do mais longo sequestro político acontecido no Brasil: ficou 40 dias sob a guarda dos revolucionários. O governo militar, que havia cedido rapidamente às exigências dos guerrilheiros urbanos nas capturas dos outros diplomatas, dessa vez se recusou a libertar 13 presos da lista enviada pela VPR. O impasse, que durou semanas, levou à decisão de eliminar o embaixador, tomada pela maioria dos

O ESCOLHIDO

sequestradores e pelas bases da VPR na clandestinidade. Ele só não foi morto por intervenção de Lamarca, que, como líder, assumiu a responsabilidade de substituir os nomes vetados e salvou a vida do diplomata.

Acompanhando a evolução das negociações, frei Fernando disse a Tito:

— Você tem que se preparar porque possivelmente será um dos incluídos na próxima lista.

Tito não queria nem ouvir falar na hipótese de sair do país banido, sem perspectiva de volta.

— Ele queria cumprir sua pena aqui e depois estar livre junto de seu povo, junto de sua família. Não queria ir de jeito nenhum — conta frei Fernando. — Tito era profundamente cearense, ligado à família e à terra.

A lista dos prisioneiros sofreu mudanças durante a negociação dos guerrilheiros com o governo, mas o nome de Tito de Alencar de Lima permaneceu nela do início ao fim. Depois que seu relato de tortura saíra clandestinamente e fora publicado no exterior, ele se tornara conhecido nos meios revolucionários.

No dia 11 de dezembro, Frei Betto escreveu aos pais e irmãos uma carta em que colocou o *post scriptum*: "Tito incluído na lista dos sequestradores, já assinou o termo de banimento."

No *Diário de Fernando* pode-se ler:

Curiosa a nossa reação a mais um sequestro. O preso, mesmo convicto de que seu nome não será incluído na lista dos que deverão ser soltos, dificilmente consegue se abstrair da possibilidade de uma liberdade inesperada. Participa da expectativa coletiva que envolve a todos. Cada notícia, cada comunicado dos sequestradores, cada nova negociação é como se a vida de cada um de nós estivesse sendo decidida num jogo de dados.

Ao saber de sua libertação próxima, Tito escreveu a um dos companheiros de presídio, o advogado Wanderley Caixe:

> Para mim, foi motivo de grande satisfação ter convivido com você durante 12 meses no Presídio Tiradentes. Sob o signo deste herói que, infelizmente, virou nome de cárcere, reuniremos os grandes ideais que o futuro do povo brasileiro tanto anseia: a construção do socialismo. E só os verdadeiros homens é que foram chamados para esse grande ideal. Contra isso, nada vence: nem tortura e nem perseguições. Companheiro, aqui e no exterior estaremos sempre reunidos pelos mesmos princípios. Até a vitória final. Tito.

O texto mostra um empenho em continuar na luta "até a vitória", que ele antevia, da construção do socialismo, precedida pela vitória contra a ditadura.

Enquanto a longa negociação entre sequestradores e guerrilheiros prosseguia, o mês de dezembro foi vivido na prisão com todo seu fardo. Frei Fernando estava à beira de um colapso nervoso. A pedido dos dominicanos, foi chamado ao presídio o psiquiatra Odilon de Mello Franco Filho. O frade relatou-lhe sua insônia permanente, suas alucinações auditivas. Ele ouvia seu nome chamado continuamente por vozes diferentes. Se a exaustão o vencia, ao adormecer era acometido de pesadelos nos quais se via submetido a novos interrogatórios. Tinha a impressão de que seus pensamentos eram captados e gravados a distância. Fernando não conseguia se conectar à realidade e fazia do cigarro seu único refúgio.

Surpreendeu-se ao acalentar a ideia de que talvez a morte fosse "o alvará definitivo para a liberdade", a única porta de saída para o sofrimento e a loucura que o ameaçavam.

No dia 18, o padre Hélio Soares do Amaral foi solto. Graças ao advogado Marcelo Cerqueira, o Superior Tribunal Militar anulou o julgamento que o condenara a 14 meses de prisão.

O ESCOLHIDO

Poucos dias depois, às vésperas do Natal de 1970, a Justiça Militar indeferiu o pedido de prisão domiciliar para os dominicanos, apresentado pelo advogado Mário Simas. Mas concedeu a liberdade ao italiano Giorgio Callegari, que deixou a prisão no dia 23.

Frei Betto escreveu aos pais para dizer que foi preferível a decisão do Estado de negar aos frades o direito à prisão domiciliar:

> Não devo contribuir para que um domicílio da Igreja se transforme em cárcere. Ou para que o arcebispo, responsável por nós, se converta em carcereiro. A missão da Igreja é provocar a liberdade, em nada contribuir para suprimi-la. Trata-se de um dom divino, sagrado. Por amor à liberdade e por respeito a esse dom, não devo aceitar permanecer preso senão por aqueles que assim me obrigam. A Igreja não pode e não deve, em nenhum momento, transformar-se em cárcere-anexo do regime militar brasileiro.

A terceira e última visita que Tito recebeu de suas irmãs foi em dezembro de 1970, poucos dias antes de sua partida para Santiago, no mês seguinte. A cada vez que iam visitar o irmão, Nildes e a irmã que a acompanhava tinham que passar pelos mesmos constrangimentos. Depois de revistadas, só dispunham de uma hora e meia a duas horas para ver o frade no pátio onde os presos recebiam os familiares.

Traziam o Ceará na sacola: rapadura, doce de caju, de coco, castanha, disco de Luiz Gonzaga, bilhetes da família, roupas. Tito pedia às irmãs para ajudarem presos cujas famílias estavam tendo dificuldades fora do presídio.

Ele tinha essa sensibilidade, sempre preocupado com os outros. Dizia: "não tragam para mim porque não estou precisando." Depois que ele entrou no convento e que passou a ter uma compreensão profunda da realidade, era muito desprendido, conta Nildes.

A última vez que o viu, entre o sequestro do embaixador e o banimento, Nildes conversou com o irmão sobre sua saída da prisão. Ficou muito perturbada ao saber que ele estava na lista dos seques-

UM HOMEM TORTURADO — NOS PASSOS DE FREI TITO DE ALENCAR

tradores. Não gostou da ideia de ver seu irmão banido para sempre do território nacional. Perguntou a frei Domingos por que ele fora escolhido. Ele lhe explicou que o relato de torturas transformara Tito em um símbolo da resistência, depois da publicação no exterior.

Tito reagiu:

— Não quero ir. Mas tenho que ir. Não posso desvalorizar a luta daqueles que fizeram a ação para nos libertar. Além do mais, os que se recusam a partir foram para a TV negar a crença deles na luta política. Eu não posso nem quero fazer isso.

Nildes o compreendia.

— Meu irmão não queria ir embora, mas se resignou. Tito não queria ser banido, sair do Brasil. Não tinha a intenção de continuar a luta lá fora e perder suas raízes sem saber quanto tempo ia passar lá.

Frei Fernando anotou em seu diário:

Todos sentiríamos como inestimável prêmio lotérico ver o próprio nome incluído na lista de presos a serem trocados pelo embaixador suíço. Exceto Tito. Recebeu a notícia como mau agouro. Nenhum traço de alegria relampeja em seu rosto, em contraste com a euforia dos demais contemplados com a iminente liberdade. Nosso confrade reflui-se a uma tristeza muda. Enquanto o governo cuida das providências para embarcar os que figuram na lista e bani-los do território nacional, Tito passa o dia na cama, ocupado em orar, ler, fazer ioga e, de vez em quando, dedilhar o violão para que notas soltas deem ressonância ao seu lamento gutural. Sabe que sua resistência às sevícias serve-lhe, agora, de alvará de soltura. Mas não quer arredar o pé do Brasil. Aqui estão a sua terra, o seu povo, as suas raízes. O exílio parece-lhe um imenso deserto no qual se pode caminhar com liberdade, sem contudo saber a direção certa e muito menos o destino.

No segundo e último Natal que Tito passava atrás das grades, houve Missa do Galo. Os fiéis eram os prisioneiros. A ceia, sanduíche de bife, ovo e tomate. Pouco antes da meia-noite, os frades cantaram o *Glória* e o *Magnificat* e meditaram sobre o nascimento de Jesus, descrito pelo evangelista Lucas. Contaminados pela música, os outros prisioneiros começam a cantar. Os carcereiros vieram trocar cumprimentos. Do lado do pavilhão feminino, as mulheres entoaram um coro. Os homens aplaudiram. Na parte de baixo do pavilhão, os presos comuns improvisaram uma batucada em latas e caixotes. Todos festejavam o Natal com cânticos sagrados e profanos.

Tito já sabia que deixaria a prisão em janeiro. O *Réveillon* foi uma espécie de reprise da festa de Natal, com uma cantoria que durou de 11 às 3 da madrugada.

Frei Betto conta em carta de 2 de janeiro de 1971, o que foi o coro formado por Tito, Fernando e Ivo no *Réveillon*:

> É o trio mais singular que já conheci. Tito sabe as letras, conhece até os velhos boleros do tempo em que maxissaia era saia mesmo. Ivo conhece as músicas e Fernando berra. De cada cela, um pequeno coro entoava o canto único que fazia vibrar o presídio. Para uns, mais um ano de espera. Como nós, muitos nem sabem quanto tempo ainda ficarão aqui.

As cartas da prisão escritas por Frei Betto ganharam, naquele início de 1971, uma edição na Itália sob o título *Nei soterranei della storia* [Nos subterrâneos da história]. Logo depois viriam edições em francês, sueco, holandês e espanhol. No Brasil, só puderam ser editadas em 1976, por iniciativa de Ênio Silveira, da Editora Civilização Brasileira, com prefácio de Alceu de Amoroso Lima (Tristão de Athayde).

Tito estava dividido entre o desejo de continuar no Brasil e a fidelidade aos companheiros. Não podia se recusar a sair. Mas a tensão que vivia era imensa. Foi levado várias vezes para identificação, para ser fotografado de corpo inteiro, inclusive nu, com descrição de todos os caracteres particulares.

Esse tipo de foto de todos os detalhes físicos, do prisioneiro sem roupa, era importante para a repressão, pois ajudaria a identificar banidos que resolvessem voltar clandestinos, ainda que tivessem passado por cirurgias plásticas. O aparelho repressor precisava controlar nos mínimos detalhes os presos que bania.

Os militares obrigaram Tito a gravar um videoteipe sobre as razões que o levaram a querer deixar o país. Disse que seu interesse era apenas colaborar para que a vida do embaixador suíço fosse salva. Ao lhe perguntarem a que organização pertencia, respondeu:

— À Igreja.

Naquele 11 de janeiro de 1971, às 5 da manhã, Tito se despediu de seus confrades. Estava muito emocionado. Todos os presos cantaram o *Hino da Independência* e *A Internacional*. Enquanto os companheiros vibravam com sua libertação, ele tinha o cenho enrugado e os lábios apertados.

"Atravessou o pátio com o violão, uma sacola com poucos pertences e o peso incomensurável de sua angústia", anotou Fernando.

Ivo, Fernando e Betto viam Tito pela última vez quando ele deixava a prisão para ser levado ao Rio de Janeiro, onde tomaria o avião para Santiago.

O espaço da cela ficou maior. Por pouco tempo. No fim do mês de janeiro o padre Giulio Vicini foi preso e ocupou a vaga de Tito. Imediatamente, o recém-chegado se entrosou na fabricação de colares, cintos e gargantilhas de miçangas.

Padre Giulio Vicini, da paróquia paulistana de São José dos Jardim das Oliveiras, e Yara Spadini, secretária da região episcopal Sul de São Paulo, foram presos por terem sido encontrados com manifestos de protesto contra a morte do operário Raimundo Eduardo da Silva — que se encontrava à disposição das autoridades policiais. Tanto Yara quanto o padre Giulio foram torturados no Deops.

Indignado com essas prisões e novas torturas, o arcebispo de São Paulo, dom Paulo Evaristo Arns, mandou afixar em todas as paróquias da arquidiocese nota em defesa dos presos e denúncia das torturas sofridas.

Luiz Alberto Sanz, de 27 anos, era um dos prisioneiros que deixaram o Presídio Tiradentes para embarcar no voo para Santiago. Todos os presos cantavam em homenagem aos companheiros libertados. Sanz, que ficara radiante com a notícia de que seu nome constava na lista, não podia cantar, apesar de sua euforia. Perdera a voz de emoção.

No dia 13, no Rio, os setenta presos políticos embarcaram no avião da Varig para Santiago. Tito estava silencioso e tinha uma tristeza visível no rosto.

Na manhã de 16 de janeiro de 1971, depois que os revolucionários já haviam chegado a Santiago, Giovanni Bücher foi libertado próximo à Igreja da Penha, zona norte do Rio.

PARTE II

Santiago

O país do samba, futebol e de Pelé é também grande campeão de tortura. A única coisa democrática no Brasil é a tortura porque existe indiscriminadamente para os operários, os sacerdotes, para os advogados e, enfim, para todas as categorias de pessoas.

FREI TITO, em Santiago, janeiro de 1971

Tito tinha 25 anos quando embarcou, a 13 de janeiro de 1971, na Base Aérea do Galeão para o Chile de Salvador Allende.

O embaixador suíço tirou setenta presos políticos da prisão e salvou, quem sabe, alguns da morte sob tortura. Mas o destino reservava um futuro trágico para três dos jovens que iam naquele voo: o frade dominicano Tito de Alencar Lima, próximo da ALN, a estudante de medicina Maria Auxiliadora Lara Barcellos, a Dora, e Gustavo Schiller, ambos da VAR-Palmares. Anos depois, os três buscariam no outro lado da vida a paz que não chegara com a liberdade.

A inclusão de Tito na lista dos presos a serem libertados foi vivida como uma condenação. Ser trocado por um diplomata significava perder a nacionalidade brasileira. O banido tornava-se automaticamente apátrida.

Tito foi banido do território nacional em função do Ato Institucional 13 (AI-13), de 5 de setembro de 1969, assinado em pleno desenrolar do sequestro do embaixador americano.

Ao deixarem o Brasil clandestinos, em novembro de 1969, os dominicanos Magno Vilela e Luiz Felipe Ratton Mascarenhas também haviam passado por Santiago. O presidente ainda era Eduardo Frei e o país ainda não vivia a efervescência que começaria, no ano seguinte, com a eleição e a posse de Allende.

Os dois religiosos ficaram a maior parte do tempo hospedados no convento dos dominicanos da Recoleta, onde muitos frades eram espanhóis, como o Mestre da Ordem, frei Aniceto Fernández. Por serem conservadores, aqueles dominicanos acolheram Magno e Ratton sem muito entusiasmo.

Entre os setenta banidos em janeiro de 1971, não havia nomes muito conhecidos, exceto o presidente da UNE, Jean-Marc von der Weid. Ao ser levado para a prisão da Ilha das Flores — antiga hospedaria de imigrantes no século XIX, localizada na Baía de Guanabara, transformada em local de detenção pelo Cenimar após 1968 —, o líder estudantil demorara a ser identificado. Era setembro de 1969, e ele portava uma identidade falsa. Por sorte dele, o embaixador americano foi capturado quando estava em plena tortura, que incluía todo o arsenal conhecido: pau de arara, afogamento, choque elétrico, além de fuzilamento simulado.

— No meio da porrada, o Cenimar me deixou meio de lado para correr atrás dos sequestradores do embaixador — conta Jean-Marc.

Ele não entendeu por que seu nome não foi incluído na lista em que constavam os líderes estudantis Vladimir Palmeira, José Dirceu e Luís Travassos. Ao ver Fernando Gabeira chegar preso à Ilha das Flores, meses depois, Jean-Marc o interpelou:

— Por que vocês não me botaram na lista do Elbrick?

Gabeira explicou que, ao fazerem a lista dos 15 presos a serem libertados, os guerrilheiros que capturaram Elbrick não sabiam que ele já estava preso. Jean-Marc caíra poucos dias antes. Os sequestradores, completamente isolados, não tinham informações. Isso valeu a Jean-Marc suportar mais um ano e meio de cárcere. No grupo dos setenta, além de Tito, ele era o único que não participara da guerrilha, pois sua organização, a Ação Popular, não aprovava a forma de luta armada que se fazia na época.

Os militares aproveitaram para jogar o líder estudantil contra os guerrilheiros. Diziam:

— Sabe quem vai ser libertado? Seus amigos Travassos, Vladimir, José Dirceu, Maria Augusta, Ricardo. Você ficou, meu velho. Foi traído.

Aquilo foi um baque moral para o estudante, presidente eleito da UNE, com representatividade política efetiva, que via seus camaradas sendo libertados e seu nome, esquecido.

René Louis de Carvalho, seu companheiro de voo, conta que a maioria dos libertados eram totalmente desconhecidos.

— Éramos a raspa do tacho, o segundo time — diz modestamente Carvalho, referindo-se aos setenta.

Os outros dois sequestros de embaixadores haviam permitido a libertação de praticamente todos os nomes de peso que se encontravam na prisão, inclusive de Apolônio de Carvalho, pai de René, comunista histórico, herói da Resistência francesa e da Guerra da Espanha. Apolônio de Carvalho fora libertado no sequestro do embaixador alemão em junho de 1970.

Militante do PCBR, como seu irmão Raoul, que permaneceu preso no Brasil, René lembra que prisioneiros de diversas cidades foram reunidos no Rio. Ele ficou num camburão fechado naquele dia quente de janeiro, esperando três ou quatro horas sob um sol escaldante, antes de ser levado para o Galeão para tomar o "voo da liberdade". Havia um clima de hostilidade, de desrespeito aos presos por parte dos militares, obrigados a ceder diante das condições impostas pelos guerrilheiros urbanos que detinham o embaixador suíço.

— A gente não tinha certeza de que ia sair com vida até entrar no avião — conta René.

Durante o voo, os guerrilheiros viajavam algemados de dois em dois. Ele foi algemado a Lúcio Flávio Uchoa Regueira, um desconhecido para ele. Do PCBR, além dele, fizeram parte da lista os presos políticos Bruno Dauster Magalhães e Silva, Elinor Mendes Brito, Nancy Mangabeira Unger e Vera Maria Rocha Pereira.

Desde 1969, René via que a luta armada ia sendo encurralada. Sua mãe, Renée France de Carvalho, que trabalhava na embaixada da Hungria, chegou a lhe propor ir para Budapeste. Ela via que a luta armada estava condenada ao fracasso e queria salvar o filho da prisão e da tortura.

— Eu achava que ela tinha razão de pensar que íamos para o brejo. Mesmo assim, resolvi continuar. Fiquei por moral. Mas nunca xinguei ninguém de desbundado. Sempre achei que o militante tinha o direito de sair se achasse que não ia segurar a barra.

No grupo dos setenta presos, apenas os dois, René e Jean-Marc, não foram banidos, por terem dupla nacionalidade. O primeiro, a francesa, pela mãe; o segundo, a suíça, pelo pai. Considerados estrangeiros, saíram expulsos do Brasil.

Como Tito, Jean-Marc, aos 25 anos, conheceu momentos de angústia antes de saber que sairia trocado pelo diplomata suíço. Ele se encontrava preso no Galeão, depois de transferido da Ilha das Flores, por suspeita de ter sido o iniciador de uma greve de fome no fim de 1970. O presídio era da Aeronáutica, para onde o processo do grupo da AP tinha sido distribuído pela Justiça Militar.

— Quem comandava a Base Aérea do Galeão era um facínora, o brigadeiro Burnier. Foi ele quem matou o Stuart Angel ali mesmo — conta o ex-líder estudantil.

Logo que seu nome apareceu na lista, Jean-Marc foi retirado da cela que dividia com outros companheiros da Ação Popular e posto numa cela separada. Quem estava na lista tinha que dizer por escrito se queria sair. Quando soube do sequestro, o embaixador já estava nas mãos dos revolucionários havia 15 dias. O agente da Polícia Federal perguntou-lhe:

— Você quer sair ou ficar? O presidente Médici não quer que ninguém saia obrigado.

O preso achou a pergunta insólita e quis saber quando tinha sido o sequestro.

— Faz duas semanas — disse o agente, explicando que estava havendo negociações.

— Não vou dar a resposta agora — respondeu, prudente.

Pouco tempo depois, o brigadeiro Burnier apareceu em sua cela e perguntou:

— Você é suíço, não? Se não houver troca, reza para não matarem esse embaixador, porque, se o matarem, você está morto. Fica um suíço pelo outro.

Como Jean-Marc não quis dar sua resposta imediatamente, os militares ficaram tentando convencê-lo a ficar para fazer propaganda. Seria um troféu e tanto: o presidente da UNE renegando os companheiros. Ele calculou: se o embaixador for morto, é melhor não ter deixado clara minha vontade de sair, posso ter uma chance de ficar vivo.

As pressões eram diversas: um oficial fardado veio lhe dizer que representava o chefe da Casa Militar, general João Baptista de Oliveira Figueiredo. E lhe propunha um acordo. Se não saísse, reduziriam sua pena de prisão ao mínimo. O processo da UNE, em que era réu confesso, representava cinco anos, pois a instituição estava na ilegalidade. O resto, eles aliviavam.

Jean-Marc prometeu pensar.

As pressões duraram da véspera do Natal até o dia 13 de janeiro, quando finalmente os presos tomaram o avião para Santiago.

Um agente à paisana lhe disse que precisava de um papel assinado explicando por que aceitara estar na lista do resgate. Jean-Marc escreveu: "Escolhi sair porque a liberdade é a coisa mais importante que um indivíduo ou uma sociedade possam escolher."

Assinou e entregou a folha. O agente lhe disse:

— Acabo de ganhar uma aposta.

Por um segundo, o preso pensou que tinha dado a resposta errada.

O agente abriu uma pasta e tirou uma pistola automática. Botou o papel dentro da pasta, guardou a pistola e fechou. Depois, disse:

— Apostei com outro agente da Polícia Federal uma caixa de uísque que você iria sair. Ele achava que você ficaria.

No ônibus que os levava à pista, os revolucionários iam algemados aos pares. Separados para entrar no avião da Varig, fretado pelo governo militar, trocaram de parceiro.

Foi assim que ele viu seu novo companheiro de voo. Perguntou quem era:

— Tito de Alencar — respondeu o ex-prisioneiro. Jean-Marc o conhecia apenas de nome, apesar de terem estado bem próximos no Congresso da UNE.

— Parecia uma pessoa muito assustada — lembra o ex-presidente da UNE. — Não nos falamos muito porque havia agentes de segurança em todo o avião.

Antes de entrarem no avião, os agentes da Polícia Federal haviam organizado os prisioneiros em duas filas, uma agachada e outra em pé, para a foto diante do avião. Os fotógrafos ficavam distantes. Em determinado momento, alguém que estava em pé decidiu levantar os braços algemados e fazer o V da vitória. Jean-Marc disse a seu companheiro:

— Tito, vamos levantar o braço para o V da vitória.

Levantaram as mãos e por trás deles veio um oficial da Aeronáutica com uma pistola na mão.

— Ele dava porrada dizendo: "Baixem as mãos, baixem as mãos, comunistas de merda." O preso à minha direita estava algemado com outro cara. Um malucão lá de Minas, o Wellington Moreira de Lima, virou-se para trás e deu um chute no oficial. Este caiu no chão. Logo se levantou possesso, querendo atirar. Nós seguramos o Wellington e os outros policiais seguraram o cara. Podia ter acabado ali a troca, um oficial matando um de nós e tudo acabava ali.

Mas não acabou. Incidente superado, o voo pôde partir.

Dentro do avião, Jean-Marc sentou-se perto da janela, Tito ficou no meio e o agente da Polícia Federal, no corredor. Durante o voo, agentes da PF passeavam pelo avião. As algemas que ligavam Tito a Jean-Marc só foram retiradas na saída, para descerem.

Samuel Aarão Reis, um dos presos resgatados, ouviu os agentes conversarem entre si sobre as compras que iriam fazer em Santiago. Na época, viajar para o exterior ainda era um acontecimento. Mas uma medida das autoridades chilenas acabou com a festa. Nenhum agente da ditadura pôde sequer sair do avião.

O voo chegou a Santiago na madrugada de 14 de janeiro. Apesar da hora, muitos chilenos e brasileiros vieram recepcioná-los e comemorar. Tito foi levado juntamente com os outros 69 brasileiros para o Hogar (Lar) Pedro Aguirre Cerda, instalado no Parque Cousiño, hoje Parque O'Higgins. O lugar é uma enorme área verde situada próxima do centro da capital. Nesse Hogar, que pertencia ao governo do Chile, os setenta poderiam ficar instalados nos primeiros dias.

A excitação era tão grande que muitos passaram três dias sem dormir, conversando e contando aos brasileiros, já exilados em Santiago, o que se passava no Brasil, nas prisões, na resistência, e como a repressão apertava o cerco aos guerrilheiros.

Entre os brasileiros do Chile estava o estudante de economia Helvécio Ratton, primo do frade dominicano Luiz Felipe Ratton Mascarenhas, exilado em Paris. Apenas esse laço unia Tito e Helvécio, que chegara em junho de 1970, em plena campanha eleitoral de Allende à presidência. Anos depois, Helvécio Ratton dirigiria o filme *Batismo de sangue* para contar a história de frei Tito, baseada no livro homônimo de Frei Betto.

No mesmo dia da chegada, Helvécio encontrou Tito e os revolucionários libertados. Conversou com ele junto com outros do grupo, mas não chegou a estreitar o contato. Só conhecia Tito por seu texto publicado nos Estados Unidos e premiado.

Os setenta banidos estavam enfim livres. Mas muitos só pensavam em preparar a volta na clandestinidade. Para esses, o que contava era continuar a luta.

A primeira impressão que os recém-chegados tiveram do Hogar foi muito agradável. Mas, para quem acabava de deixar a prisão, que lugar não seria? O prédio era preparado para abrigar crianças órfãs e tinha vários dormitórios coletivos, pelos quais os setenta ex-presos foram distribuídos. O Hogar dispunha de uma grande cozinha, refeitório e locais para escritórios.

Os representantes do governo chileno também vieram ver os setenta brasileiros para tratar da documentação, uma vez que haviam partido do Brasil privados de qualquer documento.

As condições de saúde dos presos foram avaliadas, além de suas expectativas de inserção no Chile. Antes do fim da primeira semana, quase todos já tinham se transferido para casas de amigos ou simpatizantes dos movimentos resistentes brasileiros. A maioria foi procurar abrigo na rede de sua organização já instalada em Santiago ou em cidades próximas da capital, até por questão de segurança. Se os serviços de informação brasileiros resolvessem fazer um atentado ou simular um incêndio, a ditadura se desembaraçaria de setenta indesejáveis. Assim, os que podiam logo partiam.

Entre os prudentes recém-chegados que deixaram logo o Hogar estavam Samuel Aarão Reis, do MR-8, e Jean-Marc von der Weid, da AP, que se juntou aos companheiros com os quais esteve preso na Ilha das Flores, entre os quais havia militantes da VAR-Palmares, da ALN, do MR-8.

— Do ponto de vista político, o ambiente em Santiago era interessantíssimo. Eles nos carregavam no colo.

SANTIAGO

Tudo era feito para agradar os recém-chegados.

— *Brasileños? De los setenta?* Tudo era de graça, comíamos de graça, circulávamos de graça — conta Jean-Marc.

Dora, ex-guerrilheira da VAR-Palmares, saudou o país que os acolhia, segundo o livro *Memórias do exílio*:

> Meu Chile lindo, o reencontro da esperança, do amor, da liberdade embriagadora. Chile-cometa, há mil anos viajando e de repente surgindo no céu azul de janeiro. O reencontro dos tupiniquins com Tupac Amaru e o Atahualpa, irmãos mais velhos e mais sábios, nos emprestaram seus cocares e pintaram nossas caras com as cores da bandeira sul-americana.

Entre os brasileiros que se misturaram aos recém-chegados estava Luiz Rodolfo Viveiros de Castro, que morava no Chile desde agosto de 1970. Ele ajudou a preparar a grande festa que os exilados fizeram para os companheiros libertados. Luiz Rodolfo chegou a ver Tito algumas vezes no Hogar. Entre os revolucionários do MR-8, organização de Luiz Rodolfo, estavam no "voo da liberdade" Samuel Aarão Reis, Carlos Weiner, Sonia Ramos, Pedro Alves Filho e Paulo Roberto Alves.

Naqueles primeiros dias, Luiz Rodolfo encontrou Tito diversas vezes, nas reuniões em que os recém-chegados se inteiravam da vida no país e davam notícias do Brasil. Depois, Tito foi para o convento dos dominicanos e não foi mais visto. Não participou do encontro com Allende, que recebeu os ex-presos políticos em Viña del Mar, num fim de semana, logo depois da chegada.

Santiago, naquele início de 1971, começava a viver o sonho de uma sociedade igualitária. O médico socialista Salvador Allende tomara posse em 4 de novembro de 1970, exatamente um ano depois do fuzilamento de Marighella. A posse de Allende, eleito dia 4 de setembro, foi motivo de grande festa na colônia de exilados. Os brasileiros festejaram com júbilo o início da construção do regime socialista.

O jornalista José Maria Rabêlo, exilado no Chile desde 1964, conta no livro *Memórias do exílio*: "Lá fora o povo estava comemorando a vitória e nós fomos comemorar também, cantando pela noite adentro."

Em 1970, havia entre 2,5 mil e 3 mil brasileiros exilados no Chile.

Logo depois da chegada, José Serra, um dos representantes da AP no Chile, procurou Jean-Marc e, na presença de Luís Travassos, lhe disse que tinha uma mensagem da organização dizendo que ele e Travassos deveriam ir para a China fazer um curso de três anos de Estado-Maior do Exército Popular. A ideia não agradou a Jean-Marc, um indisciplinado. Para desespero de seus camaradas, questionava até Mao e Lênin.

Ele e Travassos se entreolharam e responderam:

— Não, não vamos. Se fossem três meses, iríamos, para conhecer a China.

A alternativa era então ir para a Europa começar uma campanha de denúncias contra a ditadura.

— Fui primeiro para a Suíça, país da família do meu pai, e depois para a França. Começamos a fazer uma série de conferências denunciando a tortura, juntamente com organizações de direitos humanos. Fizemos articulações com a ONU e isso durou até julho de 1973, quando decidi voltar para o Chile, conta Jean-Marc.

Entre os setenta libertados estava Luiz Alberto Sanz, de 27 anos, que no entusiasmo da chegada fez o filme *No es hora de llorar*, com depoimentos de cinco banidos que narram a luta armada e as torturas.

O destino de Sanz, ex-companheiro de Carlos Lamarca na Vanguarda Popular Revolucionária (VPR), já cruzara com o do frade dominicano mesmo antes do voo para o Chile. Em maio de 1970, quando fora detido e levado para o Doi-Codi de São Paulo, ficou na mesma cela em que Tito tentara o suicídio em fevereiro.

— O cabo carcereiro falava de Tito com respeito, mesmo estando do outro lado daquela luta — contou, no Rio de Janeiro, em 2012.

Sanz conheceu Tito no Presídio Tiradentes, depois de deixar o Doi-Codi de São Paulo. Ambos estavam no Tiradentes quando souberam que faziam parte da lista dos presos políticos que iam sair com a captura do embaixador suíço. Outro preso, Maurício Segall, pediu para não ser incluído, alegando que, quando saísse da prisão, seria mais útil se continuasse no Brasil. Segall tinha sido o principal apoio logístico e financeiro de Toledo, Joaquim Câmara Ferreira.

Mais tarde, já na Europa, em fins de 1976, Sanz e Reinaldo Guarany, outro dos setenta, fizeram um filme sobre Maria Auxiliadora Lara Barcellos, a Dora. Guarany foi casado com Dora, que se suicidou.

Em Santiago, ela dera um depoimento aos cineastas americanos Saul Landau e Haskel Wexler, autores do documentário *Brazil: A Report on Torture (Brasil: um relato sobre a tortura),* do qual participou também Tito de Alencar.

Em seu texto para o livro *Memórias do exílio,* Dora descreveu sua experiência num texto poético em que fala, *en passant,* das torturas: "Foram intermináveis dias de Sodoma. Me pisaram, cuspiram, me despedaçaram em mil cacos. Me violentaram nos meus cantos mais íntimos."

Samuel Aarão Reis, de 26 anos, nunca tinha encontrado Tito de Alencar. Conheceu-o no Hogar, durante os almoços e reuniões dos setenta para coordenar as entrevistas e os depoimentos para os dois documentários, o dos americanos e o dos brasileiros.

Nesses encontros, Tito e Samuel conversaram muito sobre marxismo e religião, a Igreja e as comunidades de base. Criticavam o alinhamento da Igreja aos setores conservadores da América Latina. Também falavam de padres ligados à guerrilha, como Camilo Tor-

UM HOMEM TORTURADO — NOS PASSOS DE FREI TITO DE ALENCAR

res, um símbolo forte para Tito e para os guerrilheiros. Tito parecia sempre muito ocupado com encontros com alguém da Igreja ou entrevistas. Era importante para ele dar testemunhos e denunciar a tortura.

Como o MR-8 já tinha militantes no Chile, foi fácil para Samuel achar abrigo. Os contatos com os demais revolucionários passaram a ser esporádicos. Os exilados se viam de vez em quando, mas ninguém sabia o que os outros faziam nem onde moravam. As regras de segurança eram respeitadas. Mas, quando alguém encontrava um companheiro do voo, era sempre uma grande alegria. Entre eles surgiu uma fraternidade que os une até hoje.

Com o fim da ditadura, os setenta de Santiago passaram a festejar no Rio o "voo da liberdade". Em 2011, 35 dos que saíram do Brasil comemoraram os 40 anos do voo na Cantina Fiorentina, no Leme.

Antes da eleição de Allende, a democracia chilena já parecia um oásis para os exilados, que podiam se inserir na vida política e social do país. Durante o governo Allende, era "o" lugar para onde se devia ir quando se deixava o Brasil.

— O Chile virara a Meca. Não somente o Chile de Allende, mesmo antes, com Eduardo Frei, o país representava a democracia e a segurança para os exilados. A vida da colônia brasileira era muito rica. Na verdade, só conheci o verdadeiro exílio quando fui morar na França. Lá, havia o problema da língua e era mais difícil se inserir profissionalmente — conta Luiz Rodolfo Viveiros de Castro, que morou três anos em Los Andes, entre Santiago e Valparaíso.

Em Los Andes, Luiz Rodolfo trabalhou numa fábrica de peças para exportação das marcas Citroën e Renault. Fazia um trabalho de militância na classe operária. O carioca, que estudara comunicação na UFRJ, foi trabalhador manual durante três anos.

No Chile, os brasileiros formavam uma diáspora que incluía os refugiados de 1964, como Almino Afonso, Paulo de Tarso, José

Maria Rabêlo, José Serra e Plínio de Arruda Sampaio. Depois vieram os exilados de 1968, 1969, 1970 e 1971. Até 1972, ainda chegavam brasileiros para se exilar. Depois do 11 de setembro de 1973, ser exilado brasileiro passou a ser uma situação de alto risco.

Muitos dos revolucionários nem tentavam se inserir profissionalmente. Não abandonavam a ideia de voltar ao Brasil. Para um banido ou mesmo refugiado político, a clandestinidade era a única forma de retornar ao país. Nesse sentido, mantinham certa clandestinidade, mesmo com a abertura do governo Allende. Mas quase todos os que retornaram ao Brasil, seja de Cuba, Argel ou Santiago, foram executados.

Estar livre era, para a maioria, como nascer de novo. Mas, estranhamente, Tito não sentia vontade de festejar. Vivia a sensação de ter embarcado numa nave sem bússola. Não tinha nenhuma ideia do que poderia ser seu futuro longe do Brasil, da família, dos confrades das Perdizes. Além de tudo, a nova condição de banido lhe trazia muitas preocupações. Tornara-se um apátrida, haviam roubado seu país, sua língua.

Em Santiago, alguém perguntou a Tito como era estar livre. Respondeu que aquilo não era a liberdade. Estava muito apreensivo com o que lhe reservava o exílio. Quem vivera a experiência de exilar-se de sua terra natal dentro do próprio país — como Tito, que trocara Fortaleza por Recife, Belo Horizonte e, depois, São Paulo — tinha apenas uma pálida ideia do que representa o exílio em terra estrangeira.

Quem expressou magnificamente a idealização do país distante, paraíso perdido, foi o poeta e psicanalista Hélio Pellegrino, numa carta ao amigo Otto Lara Resende, em 1945. Hélio falava da idealização do "lá", o lugar que deixou aquele que se exila: "Lá, maravilhoso país, Pasárgada numa sílaba, lá, o mundo de lá, o reino de lá, a amada de lá."

O "lá" como utopia pode levar a um estado melancólico, como na "Canção do exílio", de Gonçalves Dias:

> Minha terra tem palmeiras,
> Onde canta o Sabiá;
> As aves que aqui gorjeiam,
> não gorjeiam como lá
> [...]
> Não permita Deus que eu morra,
> Sem que eu volte para lá.

Depois de passado o primeiro momento de espanto com a liberdade reencontrada, ele iria mergulhar na melancolia e na idealização do "lá", ao mesmo tempo sua Fortaleza natal, o Convento das Perdizes, o Brasil.

Já em 1968, Tito deve ter compreendido a mensagem da letra de Chico Buarque para a música "Sabiá", de Tom Jobim, vencedora do III Festival Internacional da Canção Popular, vaiada por um público que preferiu "Pra não dizer que não falei de flores", de Geraldo Vandré. A canção de Vandré, que ficou conhecida como "Caminhando", tinha versos que empolgavam os jovens. Eles cantavam em coro: "quem sabe faz a hora, não espera acontecer." Acabou proibida pelos militares.

O público do festival não percebera que é um exilado da ditadura quem canta a canção Sabiá:

> Vou voltar
> Sei que ainda vou voltar
> Para o meu lugar
> Foi lá e é ainda lá
> Que eu hei de ouvir cantar
> Uma sabiá.

No Chile, Tito, o cearense que amava a poesia, a música popular brasileira, e na prisão brincava com a ideia de se tornar um dia eremita, começava a viver sua situação de banido como uma condenação ao isolamento e à solidão. Sua liberdade não era opção, era condenação.

Em Santiago, ao receber o documento carimbado "Asilado político", o dominicano teve plena consciência de que estava longe da pátria, longe da luta pelo socialismo no Brasil.

Ao mesmo tempo, a utopia do Brasil socialista nunca lhe parecera tão difícil de alcançar.

Tito não se envolveu muito com os outros revolucionários recém-chegados. Dedicou seu tempo a falar, denunciar.

— Ele tinha uma enorme preocupação de testemunhar a brutalidade do regime, as torturas que eram a rotina dos presos políticos. Sentia-se imbuído de uma missão: ser útil no combate à ditadura — atesta Samuel Aarão Reis.

Todo o tempo de Tito era dedicado às denúncias. Para isso, foi escolhido pelos exilados para fazer parte da comissão de imprensa e dar declarações a jornais europeus e latino-americanos. Além disso, participou ativamente da coordenação do II Encontro Latino-Americano em memória de Camilo Torres, o padre-guerrilheiro colombiano, morto em 1966.

Foi com o propósito de denunciar as torturas que Tito participou do documentário *Brazil: A Report on Torture* (*Brasil: um relato sobre a tortura*). No filme, um Tito contido, vestido sobriamente, conta ao entrevistador em uma mistura de português com espanhol:

> Meu nome é frei Tito de Alencar Lima. Tenho 25 anos de idade. Sou religioso, estudante de Teologia na Ordem dos padres dominicanos de São Paulo. Esperava fazer a minha confirmação solene e receber a

ordem sacerdotal quando fui preso pelo Esquadrão da Morte de São Paulo dia 4 de novembro de 1969, no meu convento. Minha prisão aconteceu durante uma batida policial no convento. O Esquadrão da Morte me prendeu e me conduziu para o Deops de São Paulo.

Ali me torturaram três dias consecutivos, mas no terceiro dia, sob o comando do capitão Benone Albernaz, fui torturado vinte horas consecutivas. Começou às sete da manhã até às duas da tarde com choques elétricos nas orelhas. Tive, então, forte descarga neurovegetativa a ponto de fazer as necessidades fisiológicas nas roupas. Não me deixaram fazer nenhuma limpeza física nem higiênica. Às sete da noite, me reconduziram às torturas até meia-noite, com fortes pancadas e sobretudo com choques elétricos em todo o corpo, na boca, nas orelhas. Além disso, queimavam meu corpo com cigarro aceso.

No quarto dia, sabendo que voltaria a ser torturado, tentei me suicidar cortando a veia do braço esquerdo, na altura da dobra, para pôr fim às torturas e denunciar assim que o Brasil não é mais somente o país do samba, do futebol e de Pelé mas é também um grande campeão da tortura. Que o país nega na prática todas as liberdades, inclusive a de religião.

O próprio diretor da Operação Bandeirantes, o capitão Dalmo, e também o major Voldi me disseram que a Igreja é uma força muito grande e que precisa ser combatida. Precisam torturar os sacerdotes para que aprendam. A única coisa democrática no Brasil é a tortura porque existe indiscriminadamente para os operários, os sacerdotes, para os advogados e, enfim, para todas as categorias de pessoas.

Em janeiro de 1971, quando Tito relatava ao mundo, através desse depoimento, os horrores da tortura, a propaganda oficial vendia um país conquistador, vitorioso em tudo. A ditadura continuava a martelar um ufanismo sem limites em slogans que garantiam que "ninguém segura esse país". O "Brasil grande", o país do "milagre brasileiro" torturava e matava, mas apresentava um crescimento econômico de fazer inveja. Graças ao arrocho salarial e ao capitalismo selvagem que se instalara com o regime militar.

SANTIAGO

Um dos slogans da propaganda do governo não deixava opção para nenhuma contestação do *status quo*. Era categórico: "Brasil, ame-o ou deixe-o." Os revolucionários respondiam com cartazes, como o da ALN, em que se via um mapa do Brasil desenhado como a mão que agarra um fuzil. O slogan era: "Trabalhador, arme-se e liberte-se."

Apenas uma semana depois de chegar ao Chile, Tito e os outros exilados souberam da prisão do ex-deputado Rubens Paiva. E tomaram conhecimento da farsa montada pela ditadura para justificar sua morte sob tortura. Preso dia 20 de janeiro, Paiva nunca mais foi visto. Morreu no dia seguinte à prisão, sob tortura. Antes de morrer, fora examinado pelo tenente-médico Amilcar Lobo, o "Dr. Carneiro", que anos depois narrou o que se passou naquele dia.[1]

Antes da prisão do ex-deputado, a mãe de Luiz Rodolfo, Cecilia Viveiros de Castro, fora presa ainda dentro do avião que a levara de Santiago ao Rio. Ela fora visitar o filho e trazia consigo uma matéria para o jornal *O Resistente*, sobre a chegada dos setenta ao Chile. O material deveria ser entregue a Carlos Alberto Muniz, o Adriano, do MR-8, como Luiz Rodolfo. Além disso, tinha cartas, uma das quais endereçada ao deputado Rubens Paiva.

Apesar de parecer um oásis para os brasileiros que haviam deixado as prisões da ditadura brasileira, o Chile do início de 1971 provavelmente não era tão seguro quanto parecia. Os exilados começaram a ouvir notícias de que o delegado Fleury estava no país.

Quase todos os que passaram pelo Chile antes do golpe de Pinochet ouviram rumores da presença de Sérgio Fleury em Santiago. Mas, se a informação é incerta, a colaboração dos órgãos de informação da ditadura brasileira no golpe militar chileno já foi atestada.

— Certamente Fleury não foi a Santiago antes do golpe — diz Jean-Marc von der Weid. — Rolou uma conversa na coordenação

---

1. No dia 4 de fevereiro de 2013, a Comissão da Verdade enterrou definitivamente a farsa montada pela ditadura para justificar o desaparecimento de Rubens Paiva.

dos setenta. Eu não acreditava. O nível de risco para ele era absurdo. Não havia a menor possibilidade de ser ele a pessoa que muitos exilados diziam ter visto. Se fosse descoberto, morreria na hora, todo mundo estaria pronto a fazer isso. Agentes desconhecidos, sim, com certeza havia.

René de Carvalho conta que os brasileiros descobriram que havia um infiltrado no Hogar. Houve quem quisesse torturá-lo. Sua presença desencadeou um debate acalorado. Venceu o bom senso. Ele foi entregue à direção do Hogar, que o encaminhou à polícia chilena.

— Deve ter havido mais de um infiltrado lá no Hogar, já que era um lugar aberto, onde muitas pessoas entravam e saíam — diz René. — Sentíamo-nos psicologicamente livres, e com a infiltração nos víamos vulneráveis, invadidos.

Helvécio Ratton conta:

— Havia agentes da repressão infiltrados entre nós e muitos boatos sobre a circulação de militares e policiais brasileiros no Chile. A colaboração entre a ditadura brasileira e militares golpistas chilenos começou cedo, e isso sem dúvida facilitava a circulação dos agentes brasileiros.

Com o Golpe militar contra Allende, os brasileiros que estavam no Chile perderam totalmente a perspectiva de retornar ao Brasil. As bases de apoio montadas durante anos foram desbaratadas e os exilados passaram a viver um salve-se quem puder.

Magno Vilela, que já estava em Paris havia dois anos, escreveu:

> O golpe de Estado no Chile me doeu tanto quanto teria me doído outro golpe de Estado no Brasil. Senti profundamente. A sensação era que a esperança de uma geração inteira, de um país inteiro, da América Latina, tinha morrido.

SANTIAGO

Depois do 11 de setembro, Helvécio teve que se esconder no interior do Chile, na casa dos pais de sua mulher, que era chilena. Como fora condenado antes de completar 21 anos, seu pai, juiz de direito, aconselhou-o a voltar para o Brasil, pois sua pena estava prescrita. Retornou ao Brasil em dezembro de 1973. Mas, ao chegar, foi sequestrado na pista do Galeão por agentes do Doi-Codi, que o mantiveram preso até fevereiro de 1974.

Em setembro de 1973, Luiz Rodolfo teve sua casa invadida e viu-se obrigado a partir. Foi para a Argentina. De lá, rumou para Portugal e, depois, Paris.

Luiz Alberto Sanz saiu do Chile através da embaixada argentina.

Depois do 11 de setembro, Jean-Marc foi preso duas vezes, e nas duas conseguiu ser libertado. Graças ao passaporte suíço. Naquele mesmo mês da queda de Allende, caiu no Brasil a direção da Ação Popular, o que praticamente dizimou a organização. Da Argentina, onde tinha encontrado refúgio, Jean-Marc retornou à Europa.

Dora anotou em espanhol, sua língua de janeiro de 1971 até o fatídico 11 de setembro de 1973:

> Y afinal chegaram. Y passaram. Un tractor mui, mui, pesado, viejo, las cabezas rolaron y insepultas claman por venganza, su veneno se infiltró de Arica a Punta de Arenas del Fuego.

Do Chile, ela correu para a Alemanha, onde desistiu de correr mundo.

Samuel Aarão Reis exilou-se na embaixada do Panamá somente três semanas depois do Golpe, porque pensava que haveria resistência. Antes de pedir asilo na embaixada, ficou em total clandestinidade, escondido em favelas da capital chilena. Depois de uma semana, encontrou o irmão Daniel e sua mulher, Sônia Regina Yessin Ramos, que também tinha sido banida do Brasil com os setenta. Ela lhe disse que encontrara Jean-Marc e este os aconselhara a ir embora o mais rápido possível.

243

— Jean-Marc ajudou muitas pessoas a entrarem em embaixadas, graças ao seu passaporte — atesta Samuel. — Foi ele quem nos mandou para a embaixada do Panamá, que tinha melhores condições. Entrei com minha mulher e uma filha. O Daniel já estava lá desde a véspera com a Sônia.

Quem também estava lá era José Maria Rabêlo. Ele conta que, no pequeno apartamento de sessenta metros quadrados, no andar térreo, onde funcionava a Embaixada do Panamá, o embaixador chegou a acolher 264 pessoas, depois de declarar que havia lugar para receber "cerca de 15". Num depoimento ao livro *Memórias do exílio, Brasil 1964-19??*, Rabêlo narrou as condições dantescas do cotidiano dos exilados de várias nacionalidades naquele apartamento.

Depois de muitos dias de negociação com os militares, com a intervenção da Nunciatura, das Nações Unidas e da Cruz Vermelha, o embaixador conseguiu fincar a bandeira do Panamá na casa do brasileiro Theotonio dos Santos, que tinha um quintal enorme. Examinados pelo Serviço Nacional de Saúde, que previra o risco de uma catástrofe sanitária, os refugiados puderam ser transferidos do apartamento para a casa de Theotonio, transformada em embaixada.

— O Theotonio foi, assim, pelo menos na história que eu conheço, a única pessoa que se asilou na sua própria casa — escreveu Rabêlo.

As adversidades dos setenta banidos se sucederam. Um deles, ex-major da PM, morreu no Estádio Nacional de uma apendicite supurada por falta de tratamento. Já Antônio Expedito Carvalho Pereira conseguiu deixar o país, foi para Paris e passou a integrar a VPR no exílio. Mais tarde, aliou-se à organização palestina Setembro Negro. Em determinado momento, foi confundido com Carlos, o Chacal. Depois, não se ouviu mais falar dele.

René de Carvalho escapou por pouco do Estádio Nacional:

— Estava com uns franceses no Estádio Nacional, lotado de presos. Conseguimos sair com uma pessoa da embaixada que veio buscá-los. Por um triz não fui impedido de sair. Fomos para a embaixada francesa, onde ficamos umas três semanas até chegar o salvo-conduto. Ao sairmos para o aeroporto, o Exército estava em toda parte. No caminho pudemos ver alguns cadáveres boiando no rio. Me sentia como se deixasse um deserto.

Para René, ao chegar à França, começou uma nova luta, dessa vez para não servir o Exército. Um médico da Liga Comunista Revolucionária (LCR) aceitou interná-lo num manicômio, atestando uma doença mental, enquanto o Exército francês examinava os papéis. Liberado do serviço militar, o jovem deixou o manicômio e continuou a militância. René pôde viajar pela Europa fazendo divulgação da resistência, tendo como base Argel, graças ao passaporte francês.

Viajar para contatos políticos também não era problema para Jean-Marc, com seu passaporte suíço. Os deslocamentos dos outros exilados na Europa eram limitados pelo fato de serem refugiados políticos e não poderem deixar o país que dava asilo, a não ser clandestinamente, com documentos falsos.

Com base em Argel, tanto Miguel Arraes como Apolônio de Carvalho, dois grandes nomes da resistência à ditadura, tiveram durante muito tempo dificuldades em entrar em território francês.

Quanto a Tito, por que não ficou em Santiago naquele início de 1971, quando Allende era a grande esperança da esquerda latino-americana?

Talvez porque os dominicanos que tinham escapado à prisão, Oswaldo, Ratton e Magno, estivessem na França. Ou por ter acreditado na possibilidade de se ver de novo face a face com seu torturador que, segundo os boatos, visitava o país clandestinamente, para controlar os brasileiros.

Em Paris, Tito reencontrou Samuel Aarão Reis no metrô, por acaso. Marcaram um reencontro. Também reviu Jean-Marc von der Weid em duas ou três oportunidades. Uma delas marcou o ex-líder estudantil, que descobriu um Tito transtornado pelo terror.

No exílio, Tito de Alencar Lima começava outra luta: contra as sequelas das salas de tortura.

Roma

Os dialéticos por excelência são os exilados, porque foram as mudanças que os levaram a exilar-se. É por isso que eles só se preocupam com as mudanças.

BERTOLD BRECHT

Cerca de duas semanas depois de ter chegado a Santiago, frei Tito embarcou para Roma. O jovem exilado, que na lembrança de seu confrade Oswaldo Rezende podia ser ao mesmo tempo reservado e alegre, estava mais reservado que alegre.

Roma foi para Tito apenas uma rápida passagem para contatos, antes de se instalar em Paris, ou teria ele tentado se fixar na capital italiana?

Seus confrades não têm uma informação precisa. Nem mesmo a data de sua partida de Santiago. Sabe-se apenas que deve ter chegado a Paris ainda em fevereiro, poucas semanas depois de deixar a prisão de São Paulo. Em Roma ficou apenas alguns dias.

Na capital italiana, fica a Cúria Geral dos dominicanos. Lá, frei Vincent de Couesnongle, àquela altura assistente do Mestre da Ordem, dava aos brasileiros desterrados um grande apoio. De Couesnongle já tinha demonstrado sua solidariedade sem limites ao embarcar num avião em Roma para visitar os dominicanos na prisão em São Paulo, logo que soube dos acontecimentos de novembro de

1969. O dominicano, que conhecia bem o Brasil, pois dera aula no Convento das Perdizes, fora presente e compassivo.

Quando passaram por Roma um ano antes de Tito, Magno e Ratton também vinham de Santiago e receberam o mesmo apoio da parte de Vincent de Couesnongle. Ao receber os perseguidos em Roma, ele dava uma espécie de aval aos jovens dominicanos. Magno rememora:

— Era uma forma de nos "carimbar" simbolicamente no plano da Ordem e da Igreja, uma forma de dizer: o Mestre da Ordem os acolheu, quem são vocês para não acolher? Era um tipo de cobertura moral que ele dava, mas também espiritual, canônica, material. Ele se virava para arrumar dinheiro para as passagens. Deve ter ajudado a pagar a passagem de Tito.

Há quem atribua ao frade uma tentativa de se instalar no Colégio Pio Brasileiro, em Roma, administrado pelos jesuítas.

— Frei Tito queria estudar naquele estabelecimento. Não sei dizer de que forma teria sido feita a tentativa. Nem posso dizer por que ele não teria procurado os dominicanos — diz frei Fernando de Brito em 2012.

Mas essa hipótese de Tito ter ido procurar o Pio Brasileiro é pouco plausível na opinião de Magno Vilela, pois não era a destinação de dominicanos brasileiros que fossem estudar fora. O costume era hospedar os dominicanos perseguidos na Cúria, no Convento de Santa Sabina, "e providenciar algum convento de estudos para os frades". Em Roma, a Ordem dominicana tinha seu próprio convento de estudos, o Angelicum.

No livro *Batismo de sangue,* Frei Betto escreve que Tito tentou se instalar no Colégio Pio Brasileiro, definido por ele como "o seminário destinado a formar a elite de nosso clero". Tito teria sido recusado por sua fama de "terrorista".

Outras fontes têm outra versão: os estudantes do Pio Brasileiro teriam feito um convite a Tito para que ele falasse sobre sua experiência de preso político.

ROMA

— Segundo depoimentos que ouvi, já instalado em Paris, ele teria ido a Roma, a convite dos seminaristas brasileiros que moravam no Pio Brasileiro e estudavam na Universidade Gregoriana, ambos sob a direção dos jesuítas. Ele deveria falar de sua experiência. Ora, a situação do Pio Brasileiro, onde na época residia o cardeal Rossi, de triste memória, e que tinha relações estreitas com a nossa embaixada em Roma, era diplomaticamente complicada. Todos se pelavam de medo de setores retrógrados com poder no Vaticano. Proibiram, pois, que os estudantes recebessem Tito para uma palestra. Ele não era o primeiro a ser barrado lá, nem foi o último — diz frei Oswaldo.

Afinal de contas, era na embaixada do Brasil em Roma que o Serviço Nacional de Informações (SNI) tinha sua base europeia. De lá, eram monitorados os agentes infiltrados no meio dos exilados e nas outras representações diplomáticas.

Frei Oswaldo explica:

— Havia em Roma duas correntes em tensão: uma para fazer avançar o Concílio, outra para frear. Esta fazia tudo para que as denúncias sobre o que acontecia com os frades dominicanos e com outros padres no Brasil não tivessem repercussão. Isso explica, em parte, o fato de Tito ser indesejável em Roma.

Para ele, seria incongruente que frei Tito, dominicano, buscasse hospedagem no Pio Brasileiro, dos jesuítas.

De qualquer forma, Roma não o acolheu. Restava-lhe o convento de Paris.

Paris, 1971-1973

Faltou o povo nessa história.

Frei Oswaldo Rezende

É muito duro viver fora de seu próprio país e sobretudo fora de todo um contexto de luta revolucionária. Mas o exílio é um risco para qualquer militante, tanto quanto a prisão ou a tortura. É preciso suportar o exílio como se suporta a tortura. Continuo vivendo com as mesmas ideias, as mesmas posições de quando estava na prisão. Mas estou esperando com impaciência a oportunidade de oferecer minha humilde contribuição ao meu povo.

Frei Tito em entrevista a Claudio Zanchetti, revista *Gallo*, 1972

Paris era uma festa nos anos 1920, quando intelectuais americanos como Hemingway e F. Scott Fitzgerald bebiam, muito, e se inspiravam na vida boêmia e artística dos bares e cafés da cidade-luz, como La Closerie des Lilas, para escrever artigos e romances.

Mas, para a grande maioria dos exilados brasileiros nos anos 1960 e 70, Paris não tinha nada do glamour recriado em romances pelos escritores americanos dos anos loucos. Era sobretudo um desafio: adaptação à língua, ao clima e, mais que tudo, uma difícil luta pela sobrevivência.

UM HOMEM TORTURADO — NOS PASSOS DE FREI TITO DE ALENCAR

A diáspora brasileira em Paris era composta principalmente por políticos e intelectuais que se exilaram logo depois do Golpe de 1964, e de exilados chegados depois do AI-5, de dezembro de 1968. Com as novas cassações e a repressão violenta da luta armada, a comunidade brasileira na capital francesa aumentou sensivelmente.

Ao chegar a Paris, em fevereiro de 1971, Tito estava disposto a prosseguir sua formação cultural e religiosa. Dirigiu-se ao Convento do Saulchoir, em Étiolles, a trinta quilômetros de Paris, onde os dominicanos faziam formação em teologia. Lá, foi recebido por *frère* Jean-Pierre Jossua, um brilhante teólogo de 40 anos, reitor da Faculdade de Teologia, médico de formação, homem com grande senso de humor e excelente jogador de xadrez, que vive atualmente em Paris, no Convento Saint-Jacques.

Tito de Alencar Lima começava a viver em Paris a dura realidade do exílio. Santiago e Roma haviam sido apenas pontos de passagem. Paris era a retomada da vida real, com todas as dificuldades para quem fora desenraizado. Suas raízes estavam noutro continente, noutra história, noutra língua.

Frei Tito chegou a Paris em pleno inverno. Na fria Europa, distante do país tropical, os exilados corriam o risco de deslizar perigosamente numa ladeira que levava ao banzo, essa saudade que impede de avançar. A legislação dos diferentes países também podia ser um entrave para empregos mais qualificados. Muitos não conseguiam senão ocupações muito aquém de sua formação.

Um jornalista contou que, quando correspondente na Alemanha Ocidental no fim da década de 1970, procurou Luís Travassos para uma entrevista. Achou-o muito deprimido. Travassos não era uma exceção. Os exilados tinham tendência a crises de desânimo e abatimento. Como Maria Auxiliadora Lara Barcellos, a Dora. Apesar de um percurso brilhante no curso de alemão e a retomada com sucesso de seu curso de medicina, Dora não reencontrou a serenidade. Destruída nas salas de tortura, desistiu da vida jogando-se embaixo de um trem de metrô em Berlim Ocidental, em junho de 1976.

Tito era uma exceção naquele universo de pessoas que desembarcavam sem emprego, sem perspectivas. Tinha uma sólida rede de proteção: a Igreja Católica Apostólica Romana, da qual faz parte a Ordem Dominicana. A segurança psicológica e material de que precisava vinha de seus confrades e da Ordem dos Pregadores.

Em Paris, reencontrou Magno Vilela, que já estava no Saulchoir desde o ano anterior, prosseguindo os estudos de Teologia, interrompidos em São Paulo. Na capital francesa, estavam ainda os dominicanos Ratton Mascarenhas, Oswaldo Rezende e Giorgio Callegari. No dia em que chegou, Tito reencontrou frei Oswaldo Rezende.

— Ele me pareceu muito expansivo, falou do Chile, da prisão — relembrou frei Oswaldo Rezende em 2012.

Oswaldo, que chegara à Europa dois anos antes, recomeçara imediatamente uma ativa militância política.

— Em agosto de 1969, Aloysio Nunes Ferreira e eu tivemos um encontro com Jean-Paul Sartre em Roma. Levamos para ele uma série de textos traduzidos para o francês. Depois de uma rápida olhada, ele nos disse que os publicaria na revista *Les Temps Modernes* em novembro. Promessa cumprida, os textos saíram na data da morte do Marighella — conta frei Oswaldo.

Les Temps Modernes fora criada por Sartre e Simone de Beauvoir em 1945, e ter um texto publicado na revista era sinal de que os dois filósofos respeitavam seu autor. Dois meses depois da publicação, Sartre fez na Mutualité, famoso auditório de manifestações políticas na Rive Gauche, um inflamado discurso defendendo a luta armada no Brasil.

Oswaldo ficou contente de reencontrar Tito, que não via desde junho de 1969:

— Ele estava alegre, não me pareceu diferente no início. Tínhamos longas conversas de avaliação de nossa atividade política, dos rumos que a luta contra a ditadura deveria tomar. Jamais toquei no assunto de torturas, nem ele. Falamos da tortura como método empregado. Nunca tomei a iniciativa de conversar sobre os sofrimentos com aqueles que tinham sido torturados.

Tito sabia que a companhia dos confrades era fundamental para ajudá-lo a suportar o exílio. Nas fotos feitas com Magno Vilela e Giorgio Callegari, logo depois de sua chegada, ele parece descontraído e alegre.

Na cidade-luz, em pleno inverno, Tito se dá conta de que não tem roupas adequadas para o frio europeu. Magno e ele arranjam uma ajuda financeira e vão comprar um casaco longo para enfrentar as temperaturas negativas.

Ao rever uma foto em que está com Tito, Magno conta que brincava porque seu casaco tinha sido comprado no Paraguai, quando passou por lá com Ratton, antes de irem para Santiago. Era de pele de cordeiro, mas tinha custado barato e não resistiu muito tempo. O de Tito, elegante e de corte mais moderno, foi comprado com a ajuda de amigos. Os dominicanos viviam de fato o voto de pobreza que tinham feito ao entrar para a Ordem dos Pregadores.

Nesse primeiro momento de seu exílio na França, Tito foi morar no seminário do Saulchoir, em Étiolles, transferido para Paris um mês depois, para o Convento Saint-Jacques, inaugurado em 1958. Apesar de parecer sereno, tinha sido profundamente abalado, não só pelas duas etapas de torturas, como pelo tempo da prisão.

Magno Vilela vivia em Paris como refugiado político sob a proteção do Ofício Francês de Proteção aos Refugiados e Apátridas. Tinha o passaporte adequado para deixar o solo francês com autorização das autoridades francesas. Tinha, ainda, uma carteira de residente permanente e podia trabalhar dando conferências.

Nas conversas com Magno, Oswaldo, Ratton e Giorgio, Tito analisava a ação que tinham desenvolvido no Brasil e os erros cometidos.

PARIS, 1971-1973

— Faltou o povo nessa história — avaliava frei Oswaldo.

Apesar dessa crítica, nem ele nem Tito duvidavam de que, do ponto de vista ético, estavam certos. Frei Oswaldo conta:

— Discutíamos e criticávamos a tática e a estratégia. Como dizia Mounier: "Quando o cristão perde a possibilidade da ação e da eficácia, ainda sobram a possibilidade e o dever do testemunho."

Ele descreve um Tito comunicativo e pronto a recomeçar a batalha dos estudos:

— Era simpático por natureza e, quando chegava ao convento, nos dizia com quem tinha estado. Fazia muitos contatos nesse momento de chegada a Paris.

Naquele tempo de adaptação, Tito resolveu procurar o ex-ministro do Planejamento de João Goulart, Celso Furtado, cassado e exilado em Paris. Furtado, que tinha feito seu doutorado na Sorbonne nos anos 1950, era professor da Universidade de Paris e morava no Quartier Latin.

Tito saiu decepcionado do encontro. Celso Furtado, visto por muitos como incapaz de ver algo além do próprio ego, parecera frio e distante.

O dominicano participava de iniciativas de brasileiros para denunciar a ditadura, como a publicação de artigos e entrevistas. Os refugiados e banidos sentiam-se no dever de fazer uma topologia do terror para mostrar ao mundo o que se passava no Brasil, uma vez que a imprensa brasileira estava submetida à censura.

Os jornalistas brasileiros foram obrigados a assimilar a língua moldada pelo regime, na qual os revolucionários eram "terroristas". Quando um revolucionário morria fuzilado ou sob tortura, os jornais anunciavam a "morte de terrorista em troca de tiros com a polícia ao reagir à prisão". Mesmo que conhecesse a informação verdadeira, era a versão policial que a mídia publicava.

Assim como os nazistas e com os mesmos fins de propaganda, a ditadura brasileira também tentou reconstruir a língua. Nesse projeto de tortura semântica, o Golpe de Estado vira "revolução", os verdadeiros revolucionários se tornam "terroristas", os golpistas são chamados "revolucionários" e os que fazem passeatas e manifestações, "baderneiros". Na Alemanha, a novilíngua, criada pelo nazismo e utilizada como meio de propaganda, foi brilhantemente decriptada na obra do filólogo Victor Klemperer, *Lingua Tertii Imperii*.

O vento da contestação passou pelos conventos

O espírito de Maio de 68 havia se espalhado por todas as instituições universitárias francesas. Os estudantes tinham conseguido espalhar as ideias libertárias, proclamando que era "proibido proibir". Queriam a revolução, e para isso enfrentaram a polícia e as instituições francesas durante várias semanas. Fizeram greve para reivindicar desde aumento de verbas para a educação e mais autonomia para os estudantes até o direito de quartos mistos para rapazes e moças, como na Universidade de Paris-Nanterre.

Esse clima de revolta incendiou literalmente as ruas de Paris. O Quartier Latin virou um campo de batalha onde se enfrentaram as duas forças, que se opunham num primeiro momento: os estudantes e a polícia. Os paralelepípedos eram arrancados para serem lançados como armas nos policiais. Depois dos acontecimentos de Maio de 68, Paris foi quase inteiramente asfaltada.

Nos conventos também chegou o vento da contestação.

— O Convento Saint-Jacques era uma bagunça, cada um fazia o que queria. Depois de Maio de 68, três quartos dos frades não iam mais à missa ou então se reuniam em pequenos grupos por afinidade. Jean-Pierre Jossua, Bernard Quelquejeu, Patrick Jacquemont e Paul Blanquart formavam um desses grupos. Eram de esquerda, muito engajados. Aqui em La Tourette também chegou o vento de contestação, mas em Paris foi mais complicado — contou *frère* Paul Coutagne, do alto dos seus 86 anos, em junho de 2012, no Convento Sainte-Marie de La Tourette.

O convento de estudos era na época o Saulchoir, e foi lá que houve a "revolução" dentro da Ordem dominicana. Os estudantes faziam assembleias gerais, destituíam as autoridades dizendo "não há mais autoridade, vamos fazer assembleias e repensar a Ordem dominicana de amanhã".

A cada ano havia três ou quatro frades que deixavam a vida religiosa. Depois de 1968, as desistências aumentaram.

Os frades diziam: "Não podemos ser dominicanos vivendo num grande convento, no qual não somos livres."

E começaram a reivindicar a criação de pequenas comunidades extraconvento de quatro ou cinco frades. Essas pequenas comunidades duraram poucos anos, alguns se retiraram da Ordem. Mais tarde, a maioria voltou ao convento clássico.

Quando Tito chegou a Paris, no Convento Saint-Jacques ainda existia um clima de contestação e de liberdade, pouco propício a ajudar o jovem dominicano a se estruturar, na visão de *frère* Coutagne.

Segundo *frère* Paul Blanquart, o mais engajado e revolucionário de todos os dominicanos de Paris, ao chegar ao convento Tito era menos silencioso, mas foi ficando cada vez mais ausente, afastando-se do convívio.

— Fleury o havia destruído interiormente — diz.

Como Tito chegou no meio do ano letivo, *frère* Jossua informou-lhe que só deveria começar seus estudos no curso de Teologia em setembro, início do novo ano letivo europeu. Restava-lhe, pois, tempo livre, que aproveitou para aclimatar-se à nova realidade cultural e linguística. Não perdeu tempo. Escreveu, encontrou pessoas, viajou.

— Jossua é um homem de grande e discreta solidariedade e, sobretudo por isso, deve ter-se ocupado de Tito bem mais do que sei. Ele passou alguns anos de sua juventude na Argentina e conhece bem o jeito de ser latino-americano — atesta Magno.

Frère Patrick Jacquemont, um dos responsáveis pela formação dos estudantes na década de 1970, percebeu que Tito parecia ter medo do contato, tentava se isolar. Em 2012, aos 81 anos, ele contou que foi ao cinema com o jovem aluno várias vezes, na tentativa de distraí-lo. Mas faltava motivação ao brasileiro.

— Ele estava deprimido demais, depois de algum tempo. A imagem que tenho dele é sentado na cama, um pouco perdido.

Sartre: "A esquerda brasileira não tem outra escolha senão a luta armada"

Tito encontrou a diáspora brasileira estruturada em torno da resistência à ditadura. Oswaldo, na Europa desde 1969, estivera presente à histórica reunião de 15 de janeiro de 1970, organizada por Violeta Arraes e pelo dominicano Paul Blanquart.

Naquele dia, mais de dois mil brasileiros exilados se reuniram na Mutualité. O nome do encontro era Meeting de solidarité avec le peuple brésilien en lutte (Encontro de Solidariedade com a luta do povo brasileiro) e na tribuna se encontravam os filósofos Jean-Paul Sartre e Michel de Certeau. Arraes e o iconoclasta *frère* Paul Blanquart, um dos mais ardentes defensores da revolução brasileira, também estavam na tribuna. Foi o dominicano quem escreveu o discurso de Arraes. Além deles, falaram Georges Casalis, Jan Talpe, Pierre Jalée, Jean-Jacques de Félice e Luigi Maccario, representando o Comitê Italiano Europa-América Latina.

No comício, foi feito o lançamento oficial da Frente Brasileira de Informação (FBI). A Frente fora criada em outubro de 1969, pelo ex-governador pernambucano Miguel Arraes e pelo ex-deputado Márcio Moreira Alves, e tinha duas sedes: Argel, onde Arraes morava; e Paris, onde moravam Moreira Alves e Violeta Arraes, irmã do ex-governador. A sigla FBI para um órgão que tinha como objetivo denunciar ao mundo as arbitrariedades do regime militar soava como uma perfeita ironia.

Violeta Arraes foi a "senhora embaixadora do Brasil" em Paris durante todo o exílio. Era assim que a chamavam os brasileiros que viam nela a força motriz da resistência à ditadura.

— Violeta mobilizava todos os círculos, não para todos os Brasis, mas para o seu Brasil, aquele que a ditadura esmagava, e particularmente para o povo pobre. Atrás de seu largo sorriso, era uma ativista poderosa. Foi fundamental para montar o encontro da Mutualité — que contou muito para relançar as energias num contexto difícil da morte de Marighella e da prisão dos dominicanos. Éramos um punhado de indivíduos sem tropas, mas treinados por uma Violeta determinada, assistida pelo marido Pierre Gervaiseau noite e dia — atesta *frère* Paul Blanquart.

Moreira Alves encabeçara a primeira lista de cassações após o AI-5, em dezembro de 1968, que teve como pretexto a recusa do Congresso de dar licença ao governo para processar o então deputado, cujo discurso desagradara à ditadura.

Naquele início de 1970, os exilados ainda estavam sob o choque do fuzilamento recente de Carlos Marighella. O encontro acontecia apenas setenta dias depois da morte do líder da ALN: por isso, a foto de Marighella, eleito "inimigo público número 1" pela ditadura, ocupava grande parte do palco. Duas frases se destacavam em grandes faixas. Uma de Camilo Torres: "O dever de todo cristão é ser revolucionário." Outra de Che Guevara: "O dever de todo revolucionário é fazer a revolução."

Quando Jean-Paul Sartre fazia seu discurso na Mutualité, defendendo a revolução brasileira, frei Tito de Alencar Lima e seus confrades encontravam-se no Presídio Tiradentes, em São Paulo. Ao local não paravam de chegar novos presos políticos, resultado da repressão contra os grupos de resistência à ditadura, intensificada depois do sequestro do embaixador americano, em setembro do ano anterior. Sartre começou seu discurso dizendo:

> Não vamos lamentar os presos que são barbaramente torturados no Brasil: são combatentes e o que devemos fazer é nos associar ao combate deles.[2]

O filósofo lança a pergunta provocativa:

> Contra quem treinam os soldados brasileiros no Panamá ou nos Estados Unidos? Contra os soviéticos? Contra os chineses? Ninguém pode pensar numa invasão do Brasil por soviéticos ou chineses. Na verdade, os brasileiros estão confiando seus soldados aos americanos para que estes lhes ensinem a atirar no povo brasileiro. O Exército serve cada vez menos para preparar a defesa contra um eventual agressor externo. Ele se prepara para reforçar a repressão interna.

Depois de fazer a análise da aliança do nacionalismo burguês com as forças populares para combater o imperialismo, numa alusão ao governo João Goulart e seus aliados, Sartre diz que a esquerda descobriu que essa opção fora um equívoco. O que se segue é uma clara declaração de apoio à luta armada:

> Depois de 1964, a esquerda compreendeu que o único meio de combater o imperialismo e seus aliados internos estava na luta armada. E essa luta é uma escolha inelutável. De fato, em qualquer manifestação, os soldados tiram os sabres ou atiram; logo, a luta de massa através das grandes manifestações, como se fazia ainda alguns anos

---

2. Front Brésilien d'Information nº 1.

antes no Brasil, tornou-se impossível e ineficaz. Chegou-se agora a um momento em que a esquerda está acuada e não tem escolha senão a luta armada: resistência, grupos de ação clandestina, guerrilha urbana e guerrilha rural.

O filósofo diz que o inimigo, estando unido, a resposta da resistência deve ser una. Era preciso unificar a luta.

> Um certo Monroe pregou um dia: "A América para os americanos", mas agora esta doutrina é interpretada como "A América do Sul para os americanos do norte". É preciso, pois, realizar a unidade da luta de uma América oprimida, a do Sul, contra a outra América, opressora, a do Norte.

Se estivesse vivo, Marighella teria exultado com o discurso revolucionário de Sartre, que falava tendo ao fundo a enorme foto do criador da ALN, do alto do palco até o chão.

Quem não gostou nada do resultado do encontro foi Miguel Arraes. Por ser um dos organizadores da manifestação, recebeu o castigo: ficou proibido de entrar em território francês por ordem do ministro do Interior, Raymond Marcellin, que depois também censurou o livro de Marighella.

Arraes voltou para Argel e continuou a militar junto a numerosos exilados. Em junho daquele ano, chegaram à capital argelina quarenta banidos, trocados pelo embaixador alemão. Mas vinham de grupos diferentes e nem sempre se tinham em alta estima. E muitos partiram logo de Argel para Cuba ou Santiago.

Para Tito, Paris era um exílio rico em oportunidades de estudo. Pouco tempo depois de sua chegada, ele escreve a sua irmã Nildes pedindo seu histórico escolar para providenciar a matrícula na Sorbonne. Em outra carta, mostra-se decepcionado com o comportamento de certos exilados, que "desperdiçam o tempo na vida noturna francesa".

UM HOMEM TORTURADO — NOS PASSOS DE FREI TITO DE ALENCAR

Para ele, devia ser difícil entender por que não aproveitavam a chance de frequentar seminários dos mais reputados intelectuais. Era a época de ouro do pensamento francês. Nomes como Jacques Lacan, Louis Althusser, Roland Barthes, Claude Lévi-Strauss e Michel Foucault brilhavam na École Normale Supérieure e no Collège de France, e formavam a elite da *intelligentsia* francesa.

Um dia, Tito estava no metrô quando deparou com Samuel Aarão Reis, companheiro do voo Rio–Santiago, com quem conversara diversas vezes no Hogar da capital chilena. Samuel estava de passagem por Paris, voltando de uma viagem à China. Mas Tito não ficou sabendo. Havia um código, as famosas regras de segurança, que determinavam que cada revolucionário, mesmo no seio de sua organização, devia realizar suas atividades com o maior sigilo possível.

— Todos os grupos funcionavam com regras de seguranças estritas, principalmente para aqueles que pensavam em voltar ao Brasil — frisa Samuel.

Por isso, não disse que estava vindo da China e indo para Cuba. Nem mesmo dentro do próprio MR-8, organização de Aarão Reis, se deveria saber quem estava voltando clandestino para o Brasil ou indo para Cuba fazer treinamento de guerrilha.

No dia seguinte, encontraram-se para almoçar num bistrô. Conversaram sobre o Brasil. Tito pareceu sereno e até mesmo alegre. Falou de seus estudos e das questões teóricas entre o marxismo e o cristianismo, estimulantes para um revolucionário ateu como Samuel.

— Pareceu-me mais tranquilo que no Chile, sem a ansiedade de dar seu testemunho, como se já tivesse cumprido uma obrigação em relação aos meios de comunicação — diz Aarão Reis.

Depois desse almoço, não mais se viram. Samuel soube mais tarde do suicídio do frade. A notícia foi uma grande surpresa, pois não acompanhara sua descida ao inferno.

Ao voltar da China, Samuel ficou em Paris, num apartamento emprestado por Lúcio Flávio Uchoa Regueira, outro companheiro do voo dos setenta, aguardando novas diretrizes do MR-8. Depois de um mês, mesmo sem a concordância de sua organização, que não queria concentrar todos os militantes no Chile, resolveu voltar para Santiago, de onde partiu definitivamente para a Europa, depois do golpe de 1973.

Taulignan e Walberberg

Surgiram, então, possibilidades de viagens para Tito.

A primeira, para o convento de monjas de Taulignan, na região chamada Drôme Provençale. Nesse convento, La Clarté Notre-Dame, Tito foi muito bem recebido e passou um longo período, entre maio e junho de 1971. As freiras destinaram ao jovem uma bolsa de estudos, que lhe garantiu o mínimo para sobreviver praticamente todo o tempo em que viveu em Paris.

Ao nos conceder uma longa entrevista no Convento Saint-Jacques, *frère* Jossua nos presenteou com uma fita cassete contendo entrevistas de frades e do psicanalista Jean-Claude Rolland. Elas foram gravadas logo depois da morte de Tito, para um dossiê organizado pelos dominicanos. Uma freira conta:

— O convento de Taulignan foi um dos lugares em que ele se sentiu mais à vontade, foi de fato acolhido fraternalmente. Era como uma criança que se sentia em família. Seu estado era de alguém profundamente desenraizado, deslocado, que se afoga em águas profundas. Fechava sua porta à chave, como se estivesse sendo vigiado. Quando andava, se virava para olhar para trás. Tínhamos a impressão, em certos momentos, de que ele vivia num mundo à parte, só dele.

Mas sua fragilidade não o impedia de fazer projetos. Em carta a Magno, de 19 de maio de 1971, escrita de Taulignan, Tito fala de seu desejo de viver na Suécia ou na Holanda. Este último projeto foi barrado pelo Mestre-geral, Aniceto Fernández, sem que se saiba o motivo.

Tito termina outra carta, escrita em Taulignan em 4 de junho, dizendo:

> Como disse para o Ratton, escrevi ao DeCou (*sic*) pedindo para ir
> à Suécia. Acho que, dentro do quadro real da minha situação como
> banido etc., a decisão foi razoável. É, meu caro, o futuro a Deus
> pertence.

DeCou era a forma abreviada e familiar que os frades usavam para o nome do assistente do Mestre da Ordem, Vincent De Couesnongle.

Em carta de 7 de junho, Tito falava em fazer um "curso de férias de língua francesa". "A minha experiência no Chile disse-me que ficar coçando o saco em terras alheias não vale a pena."

Logo depois, no verão do mesmo ano, Tito foi a Walberberg. Os dominicanos alemães mostravam-se solidários com os confrades exilados, convidando-os e acolhendo-os por curtos períodos. Como dispunha de poucos recursos, o jovem frade precisava hospedar-se em conventos onde era recebido gratuitamente.

Ao chegar à Alemanha, o dominicano foi entrevistado pela televisão. Por coincidência, dom Lucas Moreira Neves, bispo auxiliar de São Paulo, se encontrava de passagem pelo país. Na entrevista, Tito denunciou o fato de dom Lucas ter-se negado a testemunhar o que vira, depois de visitá-lo no Hospital Militar. Na visita, dom Lucas pudera ver as chagas quando ele se recuperava da tentativa de suicídio, após a tortura realizada pela equipe do capitão Albernaz, na Operação Bandeirantes.

— Nós não tínhamos pedido a dom Lucas para defender a posição de Tito no seu engajamento político. Pedíramos a ele para dizer o que tinha visto, o estado físico do prisioneiro. O lema da nossa Ordem, ele era dominicano como nós, é *Veritas*, verdade. Dom Lucas se negou, justificando que não queria atrapalhar o trabalho pastoral dele — conta frei Fernando.

Magno Vilela vê dom Lucas como um conservador, mas tem um julgamento menos severo sobre ele.

— Dom Lucas foi muito mais solidário comigo e com Tito do que muitos outros lá fora. Ele levou correspondência para o Brasil a meu pedido, enquanto outros rasgavam as cartas dentro do avião.

Em carta enviada a Magno de Walberberg, Tito pede que o amigo escreva ao padre Camilo, das Edições Mondadori, que havia pedido uma entrevista para o jornal italiano *Il Giorno:* "Estou fora de Paris, não quero assumir compromissos sem estudos prévios."

Na mesma carta, pede que Magno se informe sobre os cursos no Instituto Goethe.

Ainda da Alemanha, em carta do verão de 1971, não datada, Tito diz a Magno que recebera "a carta do Miguel, vinda de Argel". O Miguel a que ele se refere é o ex-governador Miguel Arraes: "Falava-me que foi um imenso prazer ter-me conhecido. No fim tratou-me de companheiro e amigo."

Mais adiante, Tito conta a Magno que lera na Alemanha um panfleto do movimento estudantil de São Paulo. A carta mostra como, a dez mil quilômetros de distância, Tito acompanhava de perto e com grande interesse o que se passava no Presídio Tiradentes onde haviam ficado seus companheiros de militância.

> O panfleto falava da greve de fome e da represália por parte da Oban aos companheiros grevistas. Trazia uma solidariedade aberta a Paulo de Tarso Venceslau e a frei Ivo Lesbaupin. Fiquei muito feliz com a notícia. Enfim, acabou-se a velha imagem de considerá-lo como traidor da RB (Revolução Brasileira). Para mim, o que houve foi um erro e que já foi superado através de uma digna autocrítica na prática. A atitude heroica que eles têm levado na cadeia cobre qualquer versão falsa ou tendenciosa da imprensa sobre o 4 de novembro de 1969. É pena que certos franceses, e do Saint-Jacques, deixem-se levar por antigos comentários do jornal *O Estado de S. Paulo.*

Volta ao assunto de estudos de alemão:

> Sobre o Goethe Institute (*sic*), gostaria que me mandasse o preço dos cursos. Um alemão, por aqui, vai financiar meus estudos em Paris. Pelo visto, o bicho gostou da minha cara.

Sua intenção de estudar alemão não foi concretizada.

Ao voltar da Alemanha, Tito se inscreveu em um curso de Sociologia na Sorbonne, que interrompeu por causa de seu estado psicológico instável. Comentava com os amigos mais próximos que pensava em deixar a Ordem. Conhecedores de sua história de prisão e tortura, seus superiores não consideravam essas oscilações como uma decisão definitiva. Davam tempo ao jovem para se adaptar ao ritmo da nova vida.

Aos poucos, Tito foi se sentindo desencorajado. Não tinha concentração suficiente para os estudos. Confidenciou a Magno Vilela as dificuldades por que passava. Oscilava entre um estado de desânimo e uma disposição para lutar e superar as dificuldades de adaptação. Queria se dedicar aos estudos.

Patrick Jacquemont e Jean-Pierre Jossua, responsáveis pelos estudos dos frades no Convento Saint-Jacques, pensavam que Tito precisava de tempo para se integrar. Esses dois eruditos lançaram, em 1972, o livro *Une foi exposée* [Uma fé exposta], em coautoria com um terceiro teólogo dominicano, Bernard Quelquejeu. Tito fazia um grande esforço para ler os livros de teologia que seus mestres do convento escreviam, além dos clássicos de filosofia e teologia. Mas tinha dificuldades de se concentrar, de acompanhar os cursos.

Um dia, disse a Patrick Jacquemont:

— O senhor vê minha agonia. Estou agonizando. Há agonias que servem para algo. A de Cristo, por exemplo. A minha não serve para nada.

Nesse período, oscilou entre um certo materialismo marxista e sua fé. Estava lendo o filósofo Spinoza em francês e manifestava aos irmãos seus questionamentos. Depois, profundamente angustiado e sem grande capacidade de concentração, parou também o curso de Filosofia.

Apesar das dificuldades, Tito prosseguia as denúncias contra a ditadura e as torturas. Nesse dever de testemunhar investia toda sua energia. Em agosto de 1971, seu texto "A situação da Igreja no Brasil" foi publicado no *Boletim da Frente Brasileira de Informação*. O texto é uma profissão de fé no Evangelho e na Revolução.

Nele, Tito revela a mesma visão do Evangelho que impulsionou o padre guerrilheiro Camilo Torres:

> A Igreja do Brasil mostra sinais de uma profunda transformação, que nasce de uma consciência evangélica que se desenvolveu nos homens em coerência com sua missão terrena. Nós não existimos para salvar as almas, mas para salvar as criaturas, os seres humanos vivos, concretos, no tempo e no espaço bem definidos. Temos uma compreensão histórica profunda de Jesus. [...] Para nós quem é o povo de Deus, concretamente? São os trabalhadores, os operários, os explorados, os oprimidos, enfim, toda a massa imensa que tem uma condição de vida desumana. Entre tais, Jesus toma o nome de Zeferino ou Antônio, um qualquer.

Na prisão, ele havia visto Zeferinos e Antônios sendo torturados porque queriam mudar a sociedade. Seu texto continua falando da perseguição dos religiosos pelo engajamento na busca "de um mundo mais justo e mais humano":

> O cristianismo não pode se calar diante das injustiças, pois calar é trair. Seu dever é tornar-se sal da terra, luz do mundo. [...] Hoje, um terço da Igreja do Brasil se compromete: nós renunciamos a uma revolução cristã e estamos decididos a participar na luta do povo por seus direitos fundamentais. Para essa luta estão convidados todos os que desejam um mundo mais justo e mais humano. O atual regime brasileiro persegue a Igreja em razão de sua consideração

pelo Concílio. As decisões da Encíclica "Gaudium et Spes", e da reunião dos bispos da América Latina em Medellín, Colômbia, são reprimidas de modo violento pelo regime do general Médici, através dos órgãos repressivos, tais como Cenimar (Centro de Informações da Marinha) e Codi (Centro de Operações da Defesa Interna). Os militares brasileiros, isto é, os oficiais mais graduados, se encarregam de aplicar os choques elétricos e a tortura aos sacerdotes de muitas paróquias do Brasil.

No fim de 1971, Tito escreve uma carta a frei Daniel Ulloa dizendo que se acostumava aos poucos "à solidão europeia". As relações formais e distantes dos franceses deviam lhe parecer frias. Mas, no final, ele assume um tom enfático e otimista: "Ainda verei a chama do espírito latino-americano brilhar bem alto, para dar ao novo mundo que nasce o testemunho vivo do verdadeiro humanismo."

Certo dia, Magno e Tito foram convidados por um frade francês, Jacques Laval, que conhecia bem o Brasil, a visitar um amigo. Escritor e romancista, Laval frequentava um círculo de intelectuais. Saíram juntos do convento e foram a um bairro da alta burguesia parisiense. O apartamento refletia o status do dono: o embaixador da Ordem de Malta no Brasil, Jean-Louis de Faucigny-Lucinge, um aristocrata, muito amigo de Laval.

Depois das apresentações, o embaixador disse aos frades que tinha ouvido falar de torturas no Brasil, mas as autoridades desmentiam sempre.

— Tenho um papel simbólico como embaixador de Malta, mas sou acreditado junto ao Governo brasileiro. Num encontro com o presidente Médici, toquei discretamente no assunto, mas ele me deu a entender que não era para continuar a conversa. Gostaria de ouvir o que vocês têm a dizer.

Magno contou como escapara à prisão, fugindo do Brasil via Assunção e Santiago. Disse a de Faucigny-Lucinge que Tito fora preso e torturado. O embaixador quis saber se Tito aceitava falar.

Tito contou sua tortura e, depois de terminar, um silêncio pesado se abateu sobre a sala.

Magno chorou. Era a primeira vez que ouvia do próprio Tito o relato das torturas que sofrera. O amigo contara os detalhes do suplício, como durante os choques elétricos o prisioneiro defeca, urina, espera e deseja a morte. Parecia em transe, como se voltasse à sala de tortura.

Quando acabou de falar, ninguém tinha nada a dizer. O embaixador se disse convencido de que no Brasil se torturava. Até mesmo frades.

FBI contra a ditadura

No cenário das organizações de resistência à ditadura brasileira presentes na França e na Europa, o Front Brésilien d'Information (Frente Brasileira de Informação — FBI) tinha um papel fundamental. Arraes, Moreira Alves e Violeta Arraes eram a força propulsora da Frente, mas muitos exilados participavam redigindo e distribuindo o *Boletim*, que divulgava textos de intelectuais, de ex-presos políticos e de jornalistas. Havia uma rede de informantes que mandava denúncias sobre as torturas, mortes e desaparecimentos para serem publicadas no exterior, já que a censura e a autocensura eram onipresentes no Brasil.

Para a elaboração, os contatos e a distribuição do *Boletim da Frente*, Arraes contratou Sonia, codinome da exilada Yara Gouvêa, que passou a viver entre Argel, Genebra e Paris.

Proibido de entrar na França, uma única vez Arraes cruzou clandestinamente a fronteira. Foi em fins de 1971, quando viajou com Yara Gouvêa até a Suíça e penetrou de carro na França, para estabelecer uma série de contatos e articular as sucursais na Europa da FBI.

— Mas Arraes não era homem a quem essas atividades clandestinas apraziam e não voltamos a repetir esse tipo de viagem. Ele aguardou pacientemente poder entrar novamente na França, quando Michel Rocard obteve a suspensão da medida proibitiva — conta Yara Gouvêa.

No primeiro *Boletim da Frente,* que se define como um "órgão autônomo sustentado pelas organizações de resistência brasileiras com sede em Argel", foram publicados os textos das conferências de Jean-Paul Sartre, de Michel de Certeau e de Arraes, feitas no *meeting* da Mutualité.

Orelhão grampeado

Em Paris, naquele início de 1971, Tito só recebia notícias do Brasil quando algum revolucionário chegava clandestino ou um familiar dos exilados trazia novidades. Ele sabia que as cartas eram censuradas e as comunicações por telefone, perigosas.

Um risco que os exilados nem sempre percebiam. Durante o exílio, os brasileiros de vez em quando ouviam falar de uma cabine telefônica de Paris ou das cidades periféricas de onde se podia falar de graça para o Brasil. Atribuíam a um problema do aparelho. E aproveitavam para ligar sem pensar no bolso. Era uma excitação quando se descobria a tal cabine mágica. O boca a boca funcionava rapidamente e logo surgiam filas discretas perto dos orelhões, em qualquer estação do ano.

— Um dia, soubemos que um telefone dos Champs-Elysées, perto da agência da Varig, estava falando de graça para o Brasil. A notícia circulou entre os exilados. Claro que, como sempre, muitos foram lá. Depois eu soube pelo Márcio Moreira Alves que o telefone estava funcionando de graça porque era grampeado — conta José Bessa, que morou em Paris de dezembro de 1970 a agosto de 1973, onde trabalhou como "correspondente e pau para toda obra" do jornal *Opinião.*

Em abril, Tito soube que mais um preso político morrera sob torturas no Doi-Codi: Joaquim Alencar de Seixas, que havia sido preso com a mulher, Fanny Akxelrud Seixas e os filhos Iara, Ieda e Ivan. Como de hábito, os militares divulgaram a notícia da "morte em tiroteio ao tentar fugir" de um "ponto". Ivan, então com 16 anos, também torturado, viu o pai ser assassinado.

Ainda em abril, a rotina dos frades na prisão foi quebrada com a visita de frei Edson Braga, do dominicano francês Vincent de Couesnongle e do Mestre da Ordem, frei Aniceto Fernández Alonso. Foram rezar a missa na qual frei Ivo Lesbaupin professou os votos solenes de pobreza, castidade e obediência.

Tito foi informado sobre o encontro do arcebispo de São Paulo, dom Paulo Evaristo Arns, com o general-presidente Médici, no Palácio do Planalto, em Brasília. Naquele 5 de maio de 1971, o cardeal relatou casos de tortura, provavelmente o do próprio Tito. O ditador foi seco e ameaçador, como relata Frei Betto no livro *Diário de Fernando*: "Elas existem e vão continuar, porque são necessárias. E a Igreja que não se meta, porque o próximo passo pode ser a prisão de bispos..."

O ditador entrava em contradição com a reportagem de capa da *Veja,* de dezembro de 1969, quando negara as torturas. Em 1971, o general admitiu-as a dom Paulo como "necessárias".

Poucos dias depois, Médici recebeu o Mestre da Ordem dos Dominicanos, frei Aniceto Fernández Alonso, no Palácio do Planalto. Diálogo difícil, no qual condenou duramente o apoio dos dominicanos à resistência à ditadura. Na sua visão, os frades eram "subversivos e terroristas". Mesmo sem a menor chance de ser levado em consideração, frei Aniceto argumentou com o princípio evangélico de solidariedade aos perseguidos.

Em São Paulo, as visitas aos padres presos foram proibidas como represália à repercussão no exterior das denúncias de torturas. O governo as atribuía aos frades encarcerados.

— Seria uma injustiça se não fosse verdade — comentou frei Fernando.

Para compensar as notícias difíceis, Tito soube que seu relato de torturas publicado na revista *Look* tinha recebido o prêmio de reportagem do ano de 1970. Não sentiu vontade de comemorar. Festejar um prêmio simbólico por ter sido torturado e ter conseguido narrar com sobriedade e estilo seu calvário?

Em São Paulo, os frades remanescentes no Tiradentes souberam que Fleury estava levantando a vida de quem os visitava, à procura de contatos entre Ivo, Fernando, Betto e os revolucionários que prosseguiam o combate fora da prisão e no exterior.

O relato premiado de Tito lhe dera notoriedade no meio intelectual. No verão europeu, de passagem por Paris, o intelectual católico Alceu Amoroso Lima (Tristão de Athayde) foi conhecer o frade brasileiro no Convento Saint-Jacques. O padre Pierre Chenu, teólogo dominicano, foi quem fez a apresentação do escritor ao jovem frade, de apenas 25 anos.

Naquele ambiente de articulações políticas e debates, mas também de muita frustração gerada pelo exílio, a fragmentação da resistência espantava os franceses solidários com os revolucionários que, no Brasil e no exterior, participavam da resistência à ditadura. *Frère* Paul Blanquart conta que havia mais de vinte organizações de resistência, das mais diferentes tendências.

Blanquart é um personagem romanesco. Alto, forte, expansivo e caloroso, esteve sempre à esquerda de Cristo, como poderiam defini-lo os que o admiram. Para seus detratores, que tudo fizeram para afastá-lo quando foi nomeado diretor de estudos da Província Dominicana de Paris, Blanquart era "um apóstolo da revolução" que "pregava mais a revolução que o Evangelho". Eles conseguiram convencer a alta hierarquia dominicana: o frade ocupou o posto por apenas 48 horas.

Subversivo demais na opinião de alguns de seus pares, foi próximo de Fidel Castro até a invasão da Tchecoslováquia pela União Soviética, em 1968, quando marcou suas divergências. A partir daí, Blanquart foi se afastando pouco a pouco do líder cubano, sem, contudo, se afastar de suas convicções cristãs-marxistas.

— Sempre fui antissoviético e contra o totalitarismo — diz, do alto de seus 82 anos, em entrevista, em 2013, no confortável apartamento que ocupa perto do Convento Saint-Jacques. Nele, guarda arquivados todos os documentos e livros de uma vida de estudos e militância pela revolução e pelo Evangelho.

Blanquart é tão iconoclasta, rebelde e radical que, apesar de dominicano, jurou nunca pôr os pés em três lugares: nos Estados Unidos, em Jerusalém e... no Vaticano!

Ele lembra que, para vencer o nazismo, os resistentes franceses, espalhados entre seis ou sete grupos, se unificaram sob a direção de Jean Moulin. Para isso, criaram o Conseil National de la Résistance (Conselho Nacional da Resistência).

— Entre os brasileiros, tínhamos a impressão de que cada grupo privilegiava a afirmação de sua particularidade em detrimento da unidade necessária — avalia Blanquart.

Em meio à cacofonia de grupos e tendências, a Frente Brasileira de Informação tentava uma união de forças, pelo menos na produção e circulação da informação.

Franceses flertavam com a ditadura

Dia 6 de março de 1970, apenas dois meses depois do encontro na Mutualité, o ministro do Interior francês, Raymond Marcellin, proibiu a venda do livro de Carlos Marighella *Pour la libération du Brésil* (*Minimanual do guerrilheiro urbano*), depois de vendidos quatro mil exemplares. O livro, publicado pelas Éditions du Seuil, era apresentado como uma reunião de textos teóricos e manuais de guerrilha de Marighella.

Os exilados estavam começando a incomodar as autoridades francesas, perfeitamente alinhadas com os militares brasileiros. As razões invocadas para a censura do livro eram de segurança interna. Marcellin argumentara que as lições de guerrilha urbana poderiam dar ideias novas aos rebeldes estudantes franceses que haviam posto o país de cabeça para baixo, em maio de 1968. Naquele ano, a contestação estudantil se alastrou, o país viveu uma greve geral e a crise política quase desestabiliza seriamente a République e o governo do general De Gaulle.

No entanto, a causa real da interdição do livro de Marighella era econômica. Uma missão industrial francesa detectara grande interesse na volta do capital francês ao Brasil, após 30 anos de ausência. O relatório da missão garantia: o Brasil oferecia grande proteção aos investimentos estrangeiros. Era importante, pois, para a França estar em bons termos com a ditadura brasileira.

A missão francesa ficara de olho grande no que viu: entre 1950 e 1967, os Estados Unidos investiram na América Latina quatro bilhões de dólares, reinvestiram 3,5 bilhões e repatriaram 13 bilhões de dólares. Os franceses queriam uma parte do bolo e decidiram que era hora de voltar a investir maciçamente no Brasil.

Para isso, Delfim Netto, o ministro brasileiro da Economia, visitou a França, e seu colega francês, Valéry Giscard d'Estaing, viajou ao Brasil. Em 1971, a França organizou em São Paulo a exposição *France 71* e Giscard viajou ao Brasil de Concorde. Declarou-se maravilhado com o "milagre econômico": "No Brasil, não é só o ritmo de desenvolvimento, mas sobretudo a estabilidade que são surpreendentes nestes últimos anos. Por essa razão, creio no milagre brasileiro", reproduziu o jornal *Témoignage Chrétien*.

O jornal relatou a visita de Giscard ao Brasil com o título: "A obra do século é a tortura... e não a Transamazônica."

As visitas selaram um estreitamento das relações. Com uma condição do lado brasileiro: a França deveria limitar ou sufocar as atividades dos brasileiros exilados, pois se originavam de Paris as denúncias de torturas. Era também em Paris que se realizavam os encontros e conferências sobre o Brasil e onde se publicavam textos de apoio à resistência interna.

Em meio à repercussão da censura do livro do revolucionário brasileiro, morto no ano anterior, os refugiados ouviram boatos de que o governo brasileiro enviaria à França o delegado Fleury, criador do Esquadrão da Morte e um dos mais cruéis e eficazes torturadores.

Para contrabalançar essas notícias sinistras, uma boa-nova para os exilados: depois da proibição da edição feita pelas Éditions du Seuil, financiada por intelectuais franceses, 24 editoras se uniram para o relançamento do livro de Marighella.

Em 13 de setembro de 1971, teve início o julgamento dos dominicanos. O promotor falou duas horas, os advogados, três horas e meia. No dia seguinte, o advogado Mário Simas encerrou sua defesa com a leitura de uns versos do poema de Drummond "A noite dissolve os homens", dedicado a Portinari:

> A noite anoiteceu tudo...
> O mundo não tem remédio...
> Os suicidas tinham razão.

Nesse dia, Tito, um dos acusados, já não era julgado, pois, tendo sido banido, teve seu processo sustado.

O Conselho Militar proclamou o resultado: Ivo, Betto e Fernando condenados a 4 anos de reclusão. João Caldas Valença, a 6 meses, já cumpridos.

Tito foi informado de que a esposa de seu amigo, o general Zerbini, julgada em junho de 1971, fora libertada com *habeas corpus*, e depois voltou a ser presa. Os militares sabiam que Therezinha Zerbini recebia em sua casa os frades e pessoas que combatiam o regime. Mas não puderam provar que pertencia a alguma organização. Em agosto veio a sentença, e ela deixou a prisão às vésperas do Natal de 1971.

Em setembro de 1971 chegaram a Paris notícias trágicas: o Exército fuzilara Carlos Lamarca dia 17, em Brotas, na Bahia. Entre os exilados, a notícia teve o efeito de um terremoto.

Graças ao capitão Lamarca, que comandara a captura do embaixador suíço, à frente de um grupo guerrilheiro da VPR, Tito e mais 69 presos políticos haviam deixado a prisão em janeiro de 1971.

Ao ser fuzilado, Lamarca tinha 33 anos e estava ligado ao MR-8, depois de deixar a VPR. Iara Iavelberg, sua companheira, morreu dois dias depois, em Salvador, em confronto com a polícia.

No Presídio Tiradentes, os presos políticos, um total de 140 homens e mulheres naquele mês, fizeram uma serenata em homenagem ao casal de revolucionários assassinados.

De Paris, os pensamentos de Tito passeavam constantemente pelo Presídio Tiradentes, onde deixara três dos seus mais próximos confrades. Dia 8 de outubro, ele sabia que a serenata no Tiradentes iria lembrar o quarto aniversário da morte do Che. E logo depois, 4 de novembro, os presos iriam cantar a *Internacional* e canções de Caymmi para celebrar os dois anos da morte de Marighella.

Tito soube pelo circuito de exilados que a caçada feroz a Lamarca, o último grande guerrilheiro vivo, levara à prisão e à morte de dezenas de militantes. Stuart Angel Jones foi um dos que pagaram com a vida a violência da repressão para encontrar Lamarca a qualquer preço.

Stuart era militante do MR-8. Cid Benjamin, seu antigo companheiro de organização, conta por que o jovem foi torturado até a morte:

— Lamarca era da VPR e, em dado momento, passou para o MR-8. Quem foi recebê-lo num ponto de rua foi o Stuart, que o passou a alguém em outro ponto. Pouco tempo depois, foi preso o cara da VPR que tinha passado o Lamarca a ele. E o cara abriu: en-

PARIS, 1971-1973

treguei o Lamarca ao Stuart. Os militares acharam que Stuart tinha o paradeiro do Lamarca.

Stuart, que usava os codinomes Paulo ou Henrique, foi preso por membros do Cisa (Centro de Informações e Segurança da Aeronáutica) dia 14 de junho de 1971, aos 25 anos. O Doi-Codi havia sido desativado por corrupção e a Aeronáutica assumira a linha de frente da repressão.

— Eles foram absolutamente brutais e incompetentes. No Doi-Codi, os caras do Exército diziam: aqui não morre ninguém. Só quando a gente quer. No Cisa, eles eram brutais. Puseram a boca do Stuart no cano de descarga e aceleraram. O monóxido de carbono matou-o no mesmo dia — conta Cid.

Quando César Benjamin, irmão caçula de Cid, foi preso, sua mãe, Iramaya Benjamin, foi tentar vê-lo. Queria ter certeza de que estava vivo. Os policiais do Doi-Codi confirmaram que ele se encontrava lá. Ela se mostrava apreensiva, pois Stuart também estivera com eles e, no entanto, tinha morrido. O responsável respondeu: "Não, estava com a Aeronáutica. Lá eles não sabem trabalhar."

Cid Benjamin observa:

— O torturador não pode matar o torturado por acidente de trabalho. É incompetência. Houve outros casos, mas em geral os mortos e desaparecidos foram mortos por uma decisão prévia. Tanto que os médicos vinham nos examinar para atestar se podiam continuar torturando.

Controle dos exilados — Polícias unidas

A proibição do livro de Marighella fora um sinal de boa vontade enviado pelos franceses à ditadura brasileira.

A viagem de Fleury a Paris, dizia-se no meio dos exilados, seria uma cordial colaboração que deveria permanecer *top secret*. Em Paris, segundo os boatos, o delegado Fleury teria a tarefa de apresentar às autoridades francesas a lista dos opositores refugiados na França, pedir sua expulsão ou preparar seu sequestro. Sua presença em solo francês, embora provável, nunca foi confirmada.

É sabido, porém, que durante toda a ditadura as embaixadas brasileiras acolhiam agentes secretos do regime nas diferentes capitais do mundo. Elas utilizavam pressões diplomáticas e econômicas para proibir a entrada de ex-presos políticos brasileiros e controlar o deslocamento dos exilados. Apesar de condecorado com a Legião de Honra francesa como herói da Segunda Guerra, Apolônio de Carvalho teve que esperar muito tempo em Argel até que o governo francês permitisse sua entrada legal na França. Tudo porque o Serviço Nacional de Informação exercia pressões.

A colaboração com o SNI não era um fato isolado do governo francês. A Suíça, a Alemanha e outros países europeus trabalhavam estreitamente com a ditadura, facilitando o controle dos exilados.

Em junho de 1970, na chegada dos quarenta presos políticos a Argel, libertados em troca do embaixador alemão Von Holleben, Apolônio de Carvalho fora designado porta-voz do grupo. E passou a denunciar os horrores da tortura e a violação dos direitos humanos sob a ditadura brasileira. Em entrevista à televisão suíça, Apolônio, que além de herói da Resistência Francesa era também herói da Guerra Civil Espanhola, mostrou em seus punhos as marcas das diferentes formas de tortura e as cicatrizes do pau de arara.

Como na mesma ocasião um avião suíço havia sido sequestrado por um grupo palestino e Apolônio declarara que "o sequestro é um ato que se justifica no âmbito de uma luta de libertação nacional", passou a ser *persona non grata* para os suíços. Pressionadas pelo governo militar brasileiro, as autoridades suíças decidiram expulsar os brasileiros que haviam participado do programa, inclusive Apolônio de Carvalho.

PARIS, 1971-1973

Coincidentemente, o próximo embaixador sequestrado pelos revolucionários brasileiros, em dezembro de 1970, foi justamente o suíço.

Durante todo o exílio, a presença de agentes brasileiros em solo francês assombrava os refugiados, que se sentiam vigiados e controlados. Tito não ficou imune aos boatos da chegada iminente de Fleury. A notícia despertou nele todo o horror de sua tortura.

Passou a se sentir seguido. Temia ser assassinado.

Como Tito, Yara Gouvêa também tinha a impressão de ser seguida em Genebra, sobretudo depois do sequestro do embaixador suíço, realizado no Rio em dezembro de 1970. Mais tarde, ela comprovou que essa impressão não fora mera impressão.

Num café de Paris, Tito teria sido reconhecido e injuriado por um homem identificado como informante da polícia. Seguramente, o ambiente parisiense não era favorável à superação do medo e dos traumas da tortura.

Aos poucos, Magno via uma mudança no comportamento do amigo.

Jean-Marc von der Weid foi um dos que comprovaram a presença dos serviços secretos brasileiros no exterior. Ao voltar de Paris, onde se encontrara com ele, sua irmã foi interrogada pelo Dops, no Rio, e viu nas mãos dos policiais fotos suas com Jean-Marc em um restaurante parisiense. Queriam que ela identificasse outras pessoas que apareciam na foto e explicasse os motivos de sua viagem.

Luiz Eduardo Prado de Oliveira também teve provas da estreita colaboração entre as polícias brasileira e francesa. Numa tarde do verão de 2012, ele conta, próximo de seu consultório de psicanalista, na Rue Mouffetard: num interrogatório na polícia francesa, para obtenção de um documento, ele percebeu que os policiais estavam perfeitamente informados do que fazia.

— A gente era seguido, mas ignorava. A polícia francesa me perguntou se já tinha contado tudo. Reagindo à resposta afirmativa, os policiais perguntaram: E Michel Kantor? Kantor era um amigo que recebia gente do Sendero Luminoso. Disse que não o conhecia, e os policiais disseram que sabiam que o conhecia, que inclusive fora encontrá-lo no sábado anterior.

Numa coincidência surrealista, Michel Kantor passa na rua de bicicleta no exato momento em que Luiz Eduardo pronuncia o nome do amigo.

Para Luiz Eduardo, suas relações com a polícia francesa não tinham terminado ali. Em 1978, quando pediu sua naturalização, os policiais franceses lhe propuseram colaborar para acompanhar membros do Sendero Luminoso em Paris, com quem Kantor teria contatos. O brasileiro se esquivou dizendo que não falava espanhol e não conhecia ninguém do Sendero. A resposta foi categórica: jamais teria a nacionalidade francesa.

Em um jantar, no qual estava Régis Debray, de passagem por Argel, Yara Gouvêa pôde conversar com o intelectual. Ele lutara nas selvas bolivianas com Guevara e influenciara muitos grupos de guerrilheiros brasileiros com a "teoria do foco", do seu livro *Revolução na revolução*. O francês lhe disse que não tivesse ilusões quanto aos serviços de segurança da França e de outros países europeus. Podia ter certeza de que suas idas e vindas entre Argel, Paris e Genebra a serviço da Frente Brasileira de Informação não eram desconhecidas.

Magno Vilela também comprovou o quanto o SNI monitorava os exilados brasileiros. Já de volta do exílio, constatou que seus passos eram seguidos. Um encontro seu com Brizola, em Paris, estava resumido na sua ficha do SNI. No documento se lia: "Foi almoçar num restaurante com o líder comunista Leonel Brizola."

O almoço de fato aconteceu. Leonel Brizola, que nunca foi comunista, estava acompanhado do jornalista mineiro, também exilado, José Maria Rabêlo, ex-diretor do jornal *Binômio*. Rabêlo se exilara logo depois do Golpe militar que fechou seu jornal, o único de esquerda de Minas. Depois de alguns anos no Chile, o golpe de Pinochet o levou ao exílio na França.

Samuel Aarão Reis constatou a estreita colaboração franco-brasileira quando passou por Paris a caminho da China, em 1971. Na volta, passou um mês na capital francesa. Quando teve acesso aos arquivos da polícia brasileira, depois da anistia, viu que todas essas informações estavam em sua ficha.

— Os serviços secretos brasileiros tinham a preocupação de identificar e monitorar os exilados ou banidos que pretendiam voltar ao Brasil. Também controlavam as pessoas que estavam fazendo o movimento de denúncia de torturas — diz.

Os exilados sabiam que havia policiais brasileiros dentro da embaixada, mas Samuel nunca se preocupou em confirmar se era vigiado ou seguido. Contudo, ouviu da amiga Vera Sílvia Magalhães a informação de que se sentia seguida.

— O que eu tinha que fazer escondido, fazia. O que não era escondido, fazia na minha vida legal, aberta. Nunca usei passaporte falso, o meu era de refugiado, dado pela ONU. Mas no meu *habeas data* dizem que fui à Bélgica e a Buenos Aires preparar ações terroristas. Naquela época, não fui a Buenos Aires. Eles tinham também informações falsas — conta Samuel.

Já na Alemanha, onde se instalou depois, constatou que o governo alemão também controlava os exilados. Na Copa do Mundo de 1974, a cada jogo do Brasil, ele e os outros exilados que estavam em Bochum tinham que ir "assinar ponto" na polícia para provar que não haviam se deslocado para a cidade onde a seleção brasileira jogaria. Isso fora uma solicitação do governo brasileiro.

Em 1976, Luiz Rodolfo Viveiros de Castro foi preso na véspera da chegada do presidente Geisel a Paris para uma visita oficial. Foi solto no dia em que Geisel foi embora. A história de um suposto assalto perto de sua casa foi o pretexto para a polícia francesa mantê-lo afastado de qualquer manifestação de protesto contra o general-presidente.

Outros brasileiros também foram neutralizados pelos policiais franceses durante a visita de Geisel. O general-presidente pôde, assim, percorrer Paris em paz. Não foi aclamado pelo povo francês, mas também não viu manifestantes gritando "Fora Geisel, carrasco do povo brasileiro", a frase dos cartazes colados em diversos locais, como na universidade de Paris-Jussieu.

O outro lado da moeda era a solidariedade entre cidadãos franceses de esquerda e exilados políticos. Yara Gouvêa e alguns companheiros da resistência brasileira no exílio aprenderam a fazer fundos falsos de malas com resistentes franceses da Segunda Guerra Mundial. Aprendiam a codificar e decodificar mensagens e a falsificar documentos.

Quando a zeladora do prédio em que treinavam começou a fazer perguntas sobre os que entravam e saíam no apartamento da francesa que os recebia, os brasileiros viram que era hora de dar por encerrado o curso de "perfeito resistente".

A solidariedade francesa também foi comprovada por Luiz Eduardo Prado de Oliveira. Ele fez parte de um Comitê Revolucionário Internacional para prestar diversos tipos de ajuda a exilados e banidos. A ajuda podia ser acesso a documentos falsos ou assistência médica a quem chegava precisando de cuidados de saúde. E não eram poucos, visto que a tortura deixava sequelas físicas e psicológicas.

Médicos comunistas chegaram a operar clandestinamente brasileiros na rede pública, sem deixar nenhum vestígio da passagem deles pelo hospital. Um desses médicos foi o pai de Alain Krivine, o fundador da Liga Comunista Revolucionária.

A embaixada brasileira era o centro de espionagem dos exilados, como também da divulgação da propaganda do governo militar. Em telegrama a Brasília, de 2 de março de 1971, o embaixador do Brasil na França, general Aurélio de Lyra Tavares — um dos três membros da Junta Militar que governara o país em 1969, após o anúncio da doença de Costa e Silva — pede apoio do governo para uma exposição sobre futebol que representaria "uma excepcional publicidade para a imagem do Brasil".

Semanas antes, no dia 18 de fevereiro, a embaixada havia promovido um encontro da imprensa local com Garrincha e Elza Soares. A cantora fez um show para animar a entrevista que anunciava as negociações do craque com um clube francês.

Em maio ou junho do mesmo ano, numa reunião de exilados, Jean-Marc e Tito combinam um encontro no Café Sarah Bernhardt, na Place du Châtelet. Na hora acertada, Jean-Marc senta-se à espera do amigo. Toma um café para fazer hora. Olha o relógio e estranha o atraso de Tito. Depois de longo tempo de espera, resolve ir embora. Atravessa a ponte, sobe o Boulevard Saint-Michel e, ao passar num bar do Quartier Latin, vê Tito, sentado, sozinho. Este não vê o amigo se aproximar. Ao chegar perto, Jean-Marc bate no ombro de Tito, que se levanta num sobressalto.

— Ele tremia. Os olhos pareciam que iam sair das órbitas. Ficou pálido e bebeu água. Perguntei o que houvera, disse-lhe que esperei muito. Ele disse que estava sendo seguido, que vira Fleury, não podia ir ao meu encontro, me entregar. Contou que disfarçou, driblou Fleury e se refugiou no bar onde estava. Pensei com os meus botões que ele não estava legal. Mas lá no Chile várias pessoas também garantiram ter visto o Fleury.

Jean-Marc tenta acalmar Tito dizendo que não corriam risco em Paris. Pergunta se ele quer ser acompanhado até o Convento Saint-Jacques. Ele agradece e se despedem.

Foi a última vez que viu o frade.

O ano de 1971 terminou com uma notícia trágica. Tito soube em Paris da morte, pela repressão, de Carlos Eduardo Pires Fleury, revolucionário que tinha convivido com os dominicanos na mesma cela do Presídio Tiradentes, entre dezembro de 1969 e junho de 1970, quando foi libertado em troca do embaixador alemão. Após treinamento de guerrilha em Cuba, Carlos Eduardo retornara ao Brasil em 1971 como dirigente do Molipo. Em 10 de dezembro, foi assassinado pela repressão no Rio de Janeiro.

1972 — Inquietante Brasil

Em abril de 1972, Tito dá uma entrevista à revista italiana *Gallo*. O título era sugestivo: "Inquietante Brasil."

O jornalista Claudio Zanchetti apresenta seu entrevistado na abertura da entrevista pingue-pongue como um "verdadeiro revolucionário", distinguindo-o dos "revolucionários de salão". Zanchetti escreve:

> Tito não tem nada de um exibicionista vaidoso. Para ele, a revolução é uma coisa terrivelmente séria. Mas seus sofrimentos mais recentes o marcaram profundamente. Quando fala, dificilmente esconde a emoção. Sua vida jovem é absorvida por duas paixões: a revolução e o Evangelho.

Tito se apresenta como produto de uma família progressista e informa que tinha irmãos que haviam militado no Partido Comunista. Sobre sua tentativa de suicídio na prisão em São Paulo, conta:

> Queria denunciar a tortura. Os bispos escondiam a tortura. Diziam confiar no governo que afirmava que no Brasil não existia tortura. E os bispos iam repetindo a mesma coisa.

O frade explica quem era o delegado Fleury e como funcionava o Esquadrão da Morte:

> O Esquadrão da Morte já existia no Brasil antes de 1964. Mas foi a partir de 1964 que aumentou de forma incrível sua atuação homicida. Em manifesto publicado depois do AI-5, Marighella havia feito

PARIS, 1971-1973

uma previsão: as vítimas do Esquadrão da Morte já não seriam mais marginais, mas militantes da esquerda revolucionária. Marighella foi profeta, pois ele mesmo acabou sendo assassinado pelo Fleury, o chefe do Esquadrão da Morte. Fleury é um autêntico bárbaro. Mais de 1.200 pessoas foram assassinadas por seu bando. Sem falar nas torturadas. Fleury sempre teve o apoio dos militares e do governo, que lhe agradecem a eficácia repressiva. O Esquadrão da Morte, que aterroriza o povo pobre e a esquerda, não é um fenômeno isolado. É o produto da classe atualmente dominante e das forças armadas que a respaldam.

O jornalista cita uma pesquisa feita em julho de 1970, publicada na revista *Veja,* em que 60% da população de São Paulo se dizia favorável ao Esquadrão da Morte. Ao que Tito responde:

Provavelmente é uma pesquisa realizada na classe média, que por sinal representa o público da *Veja.* Ora, é na classe média que o regime encontra seu maior apoio. É normal que essa classe seja pela ordem a qualquer custo. Portanto a favor do Esquadrão da Morte.

O jornalista quer saber por que fora preso.

Como os demais dominicanos, por causa da nossa participação na revolução. No meu caso pessoal, porque, na qualidade de líder da faculdade de filosofia e teologia, eu apoiava abertamente a luta armada e não escondia minhas opções revolucionárias.

A pedido de Zanchetti, Tito resume as formas de tortura a que foram submetidos, além da tortura psicológica. Depois, critica o cardeal de São Paulo, Agnelo Rossi, omisso e conivente com os militares:

Durante uns 40 dias fiquei totalmente isolado. Em seguida, o cardeal Rossi veio nos visitar na cadeia. Mostrou-se indiferente, nos tratou muito mal. Mais parecia um delegado de polícia do que um pastor.

O cardeal Rossi é um homem que sempre deu apoio à polícia e ao governo de São Paulo. Tem sempre escondido as torturas. Acreditava em tudo o que a polícia lhe dizia. Bem sabia que existia um órgão religioso de informação, controlado pela polícia, mas nunca teve a coragem de enfrentá-lo. Durante o processo, fomos interrogados principalmente sobre questões de caráter eclesial ou teológico. Falamos ao cardeal, mas ele permaneceu indiferente. Três meses depois, começou o processo relativo à minha participação no Congresso de Ibiúna. Na sequência, fui torturado mais uma vez por causa da minha participação num encontro da Ação Libertadora Nacional.

Quando Zanchetti lhe pergunta se é marxista, Tito responde com clareza:

De um certo ponto de vista, sim. Aceito a análise marxista da luta de classes. Para mim a doutrina de Marx é de um rigor teórico exemplar. Para quem pretende mudar as estruturas da sociedade, Marx é indispensável. A sociedade é formada por classes e uma delas está dominando a outra. No Brasil, temos a ditadura da burguesia ligada ao capital estrangeiro, ao monopólio, ao imperialismo. Nosso objetivo é fazer com que a classe operária tenha acesso ao poder. Dito isto, é óbvio que a visão do mundo que eu tenho enquanto cristão é diferente da visão marxista.

Tito resume então sua visão da ditadura brasileira: trata-se de um Estado policial, fascista, sobretudo depois do AI-5.

A única coisa que lhes interessa é a ordem, típico de todas as mentalidades fascistoides. Para eles, o progresso passa pela ordem, garantida pela repressão; e a ordem é o poder estabelecido.(...) Existe um clima de medo no povo. O Brasil é um país angustiado.

Num relatório da Anistia Internacional intitulado "Report on Allegations of Torture in Brazil", publicado em outubro de 1972, o delegado Fleury é citado 86 vezes como responsável direto por torturas.

Nesse relatório, os ex-presos políticos forneceram uma extensa lista de torturas praticadas pela ditadura brasileira: choques elétricos nos olhos, na boca, nas partes genitais; introdução de um bastão no ânus; afogamento; injeção do soro da verdade; telefone (tapas nas orelhas); pau de arara (nu, suspenso, com a cabeça pendendo para baixo, braços e calcanhares atados numa barra de ferro, o preso é espancado e submetido a choques elétricos durante horas); o preso é despertado de hora em hora durante a noite; cobre-se a cabeça do preso com um capuz para levá-lo a um local onde simulam-se execuções; mulheres são espancadas e chicoteadas em todo o corpo, inclusive nas partes genitais; privação de luz natural durante o dia, iluminação artificial durante a noite.

Segundo uma vítima, a assistência médica "tinha como objetivo tornar as torturas mais dolorosas e evitar a morte do prisioneiro".

1973 — Rue des Pyrénées

Veio então o desejo de morar fora do convento. O curso de teologia do seminário foi interrompido.

Tito queria ver mais claro dentro de si mesmo. Precisava afastar-se para refletir. Teve a devida autorização de seus superiores. Isso não é um fato incomum, tanto mais que as Constituições da Ordem dominicana preveem um dispositivo canônico que é a exclaustração temporária.

Através dos freis Jossua e Jacquemont, a Ordem dominicana em Paris demonstrou compreensão e o apoiou. Com a decisão tomada, foi ver um quarto para alugar na Rue des Pyrénées. Magno Vilela lembra que o apartamento pertencia a uma viúva amargurada, que precisava alugar um dos quartos para completar seu orçamento.

Tito achou que o quarto lhe convinha. O apartamento era simpático, confortável, e a velha senhora o acolheu do melhor modo.

Demonstrava atenção e discrição, pois deve ter se dado conta da situação peculiar do inquilino: estrangeiro, refugiado político e bastante ensimesmado.

Durante os meses em que viveu naquele endereço, Magno o visitava fazendo a longa viagem do 13º *arrondissement*, no sul de Paris, até o 20º, no nordeste. Tito também visitava o amigo no Convento Saint-Jacques. Em outras ocasiões, marcavam encontro num bistrô.

Nesse período, Tito vinha mostrando sinais de instabilidade e profunda insegurança. Um dia telefonou para Magno e pediu que viesse encontrá-lo num bar, no Quartier Latin. Mas recomendou:

— Chegue com cuidado.

Quando o amigo o encontrou, ele estava sentado no fundo do bar, com ar sombrio. Dois rapazes de origem magrebina estavam sentados perto. Tito sussurrou ao amigo:

— Cuidado, esses dois estão me seguindo. Estão a mando do Fleury.

Magno tentou conversar, perguntou como ele sabia. Tito relatou uma cena do filme *Ludwig*, de Visconti, que tinha visto pouco tempo antes. No filme sobre o imperador Ludwig, da Baviera, havia identificado diálogos dirigidos a ele.

Magno percebe que o confrade está precisando de ajuda. Decide acompanhá-lo até o apartamento no norte de Paris.

A fase vivida fora do convento é a mais obscura da vida de Tito. Não se sabe com clareza o que ele fazia. Deve ter vivido momentos de muita solidão. Nos arquivos do Convento Saint-Jacques está anotado no nome de Tito de Alencar Lima: 1971: nada; 1972: estudante no primeiro ano de teologia do Convento Saint-Jacques; 1973: fora do convento (306, Rue des Pyrénées-75020-Paris); 1974: Convento Sainte-Marie de La Tourette.

O frade não deixou muitos registros de suas viagens e encontros, a não ser em comentários com os poucos amigos, como Magno, a quem escreveu algumas cartas. Por isso, não é fácil reconstituir seus passos nesses meses de isolamento na Rue des Pyrénées.

Alguns meses depois desse exílio no norte de Paris, ele volta ao Convento Saint-Jacques. Sentia-se instável e inseguro e precisava da companhia dos confrades.

Crítica e autocrítica

Em 1973, Lamarca, Marighella e Câmara Ferreira estavam mortos. A luta armada tinha sido praticamente derrotada pela ditadura.

A posição de Tito sobre a luta desenvolvida pela resistência foi sempre lúcida. Desde o início, vira os limites e as contradições dessa forma de engajamento. Ao lado de Marighella, ele e seus confrades haviam participado como apoio e retaguarda dos revolucionários, mas Tito exercera, desde cedo, uma lucidez crítica.

No início do exílio, ainda se apresentava como um revolucionário. Via na Igreja do Brasil uma aliada necessária aos que preparavam a revolução para introduzir transformações sociais.

Mas em 1972, respondendo ao jornalista Claudio Zanchetti, Tito começa a fazer observações bastante críticas quanto à atomização dos grupos de resistência à ditadura e à eficácia da luta armada:

> As concepções sobre a evolução do capitalismo e os métodos de luta a serem adotados são diferentes. Por sinal, era assim também no Vietnã. Mas essas divisões acabaram depois que Ho-Chi-Minh impôs uma prática correta. Por enquanto, estamos num "impasse". O fato mais grave é talvez que somos isolados do povo. A imprensa burguesa conseguiu isolar os grupos revolucionários, que, por sua vez, não se preocuparam em garantir suficiente participação do povo. Não se pode cair de repente na luta armada. É preciso primeiro preparar, organizar o povo. Precisaria maior coesão na classe operária. Mais força. O valor de líderes como Marighella ou Lamarca é indiscutível,

mas não basta. Outros países têm vanguarda revolucionária mais sólida, como o Uruguai, com os Tupamaros. De qualquer maneira, minha convicção é que, no longo prazo, sairemos do impasse atual.

Mais adiante, diz:

Estamos num processo de amadurecimento da luta de classes. O povo quer se libertar. Vivemos horas muito importantes. A via revolucionária é a única disponível para vencer o subdesenvolvimento.

Um ano depois, em 1973, enquanto alguns ainda faziam treinamento em Cuba ou organizavam esquemas para voltar ao Brasil clandestinamente, Tito escreve o artigo "Não se faz de noite uma revolução que é para o dia", mostrando os limites da opção armada, na qual ele, como Sartre, havia apostado.

É necessário e urgente responder politicamente à ditadura. Nessa perspectiva, penso que a luta armada, como forma de luta principal, é um erro. Ela não chega a ser um instrumento político hoje, nem pode gerar o processo político de consciência e organização do povo.[...] Entre nós, pesa muito a ausência de uma visão política que seja capaz de conduzir os trabalhadores a uma guerra direta contra a ditadura. Perpetuar a luta — como forma principal — será prosseguir na política do esvaziamento dos quadros e aumentar sempre mais o nosso isolamento. Se hoje estamos facilmente dominados e minados pelo aparelho repressivo é porque ele consegue, de maneira inteligente, isolar-nos do povo. Foi no contexto desse "vazio político" que o governo Médici firmou-se e edificou as bases econômicas e políticas do fascismo hoje vigente no país.

Para ele, o vazio político era fruto direto de uma concepção de luta que já manifestava, na prática, um equívoco. A uma eventual acusação de derrotismo, Tito responde em seu texto fazendo, ao mesmo tempo, uma crítica à concepção tática-estratégica da luta revolucionária de Marighella:

PARIS, 1971-1973

Não sou derrotista, mas realista. Eu seria derrotista se achasse que a ditadura militar conseguiu eliminar a luta de classes no Brasil e levar o povo a assimilar o sistema vigente. Meu esforço é bem mais otimista do que os que me criticam imaginam. Agora só sairemos do buraco se soubermos explorar e aprofundar nossa experiência. Ao tentar pensar o futuro, não quero negar o passado, negar a missão de Marighella na luta revolucionária no Brasil. Mas acredito que Marighella fazia profundos erros na concepção tática-estratégica da luta revolucionária! Para mim, o Marighella fica no limite de alguém que conseguiu entender a crise brasileira. Conseguiu perceber que um novo período se abria na luta de classes. Mas não ficou claro em suas propostas no que diz respeito ao quando, como e onde de nossa luta. É assim que vejo a digna e heroica contribuição de Marighella no marxismo brasileiro. Ele enxergou muito bem a falha que o golpe de 1964 havia cavado no capitalismo brasileiro mas não soube ir além. Era marcado pelo modelo urbano e a estratégia da OLAS. Viu a crise mas logo a esqueceu (quando recorreu a Cuba). Não viu a crítica, embora já antiga, do "debrayismo".

As "vanguardas revolucionárias" que teriam como missão desencadear a revolução estavam isoladas do povo, segundo Tito. Essa era a mesma crítica que fazia quando ainda estava no Brasil, mesmo antes de sua prisão.

A violência revolucionária é necessariamente a violência de uma classe e não a de uma vanguarda. A vanguarda se limita a orientar politicamente essa violência. No Brasil, foi a vanguarda que decretou a violência revolucionária, sem orientar politicamente a classe operária. O que aconteceu então? A guerra passou a ser uma guerra de vanguardas confusas e desorientadas. Não foi a guerra do povo, mas uma guerra para o povo. Neste sentido, assumiu um papel eminentemente ético (a guerra é justa). Mas não assumiu papel político (a guerra é correta).

Ele finaliza seu texto lembrando que o fascismo no Brasil assumia uma política de extermínio de toda uma geração de revolucionários, reduzindo ao silêncio o movimento operário oriundo do período populista. E termina: "Estou disposto a prosseguir na luta dos trabalhadores até a vitória final."

Na mesma linha crítica, Magno Vilela escreveu em Paris, num depoimento para o livro *Memórias do exílio*, publicado em 1976:

> Progressivamente vi que a forma de luta da guerrilha urbana, no contexto e nas condições em que foram feitas, era um erro político. Uma das provas seria a sua derrota militar, mas sobretudo sua derrota política. Porque o objetivo dessa forma de luta era justamente oferecer às massas populares uma alternativa política. O que não houve, e isso foi um erro fundamental. Se nós estamos lutando sozinhos não é porque o povo está errado e nós certos, antes pelo contrário [...] A estratégia da luta armada era incorreta.

João Caldas Valença fez em 2012 uma crítica semelhante:

— É preciso ter a coragem de dizer que nossas ideias e ações na época, como um corpo trabalhando na logística da ALN, foram um erro político. Gravíssimo. O que salva é a coragem de termos nos jogado nessa luta.

De Saint-Jacques a Sainte-Marie de la Tourette

No Convento Saint-Jacques, o quarto de Magno dava para o jardim interno, uma grande área com várias árvores, ideal para o lazer e a conversa de pequenos grupos nos dias de primavera e verão. O de Tito, o H-301, dava para a rua. De seu quarto, podia ver os vizinhos dos prédios em frente.

Um dia, Magno — que ganhava a vida fazendo conferências para grupos religiosos sobre o Brasil e a Igreja no Brasil — retorna a Paris depois de uma breve viagem. O frade Michel Lachenaud vem lhe dizer:

PARIS, 1971-1973

— Tito não está bem. Está trancado no quarto e falou de você.

Magno bate à porta do quarto H-301. Tito responde que não pode abrir porque Fleury está no prédio em frente, com um fuzil apontado para matá-lo. Magno lhe diz que é o momento de aplicar as regras de segurança. E recomenda:

— Você vai agachado até a porta e eu entro agachado. E não acenda a luz.

Tito aceita, Magno entra e ficam conversando sentados no chão. O amigo explica que ali não há perigo, que a parede é de cimento, o tiro não a atravessará.

A partir de então, os frades se unem para ajudar o jovem. O teólogo e psicanalista Jacques Pohier tinha uma amiga que, como ele, frequentava os meios lacanianos parisienses. Indicam um profissional para tratar de Tito.

Levado ao psicanalista-psiquiatra por Magno, Tito se manteve pouco loquaz. O psiquiatra achou seu estado inquietante e receitou remédios, que deveriam ser controlados por Magno. Era preciso que se sentisse protegido, que Magno se mantivesse perto por ser, naquele momento, o único laço de Tito com a realidade. No final, o médico não cobrou a consulta.

A partir desse episódio, a Ordem dominicana, de comum acordo com Tito, decide que ele precisava viver num ambiente mais acolhedor, um convento situado no campo, que lhe desse sensação de segurança. Depois de longa conversa com frei Vincent de Couesnongle, ele parte para o Convento Sainte-Marie de la Tourette, em Eveux-sur-l'Arbresle.

L'Arbresle é um pequeno vilarejo, perto do qual foi construído, na década de 1950, o Convento Sainte-Marie de la Tourette, que se destaca no alto de uma colina. Os dominicanos esperavam que a beleza e o silêncio do lugar ajudassem Tito a encontrar a serenidade.

O magnífico prédio é um projeto de Le Corbusier, rodeado pela natureza, construído numa pequena clareira da floresta. De lá se descortinam os vinhedos do Beaujolais. Projetado pelo grande arquiteto suíço para abrigar cem quartos de professores e alunos, salas de estudos, sala de trabalho e uma sala de lazer, além de uma biblioteca e de um refeitório, o grande edifício foi construído em concreto aparente, com portas pintadas em cores primárias. Os quatro volumes da construção são suportados por pilotis. O refeitório e o claustro, em forma de cruz, conduzem à igreja.

A comunidade de La Tourette, de cerca de 15 frades, era dirigida pelo *père* Pierre Belaud, que sucedera ao *père* Grandin. Ela também tinha vivido a agitação de Maio de 68. Mas, passado o vento da contestação, foi encontrado um equilíbrio entre modernidade e tradição, visto como um modelo para a Ordem dominicana no mundo inteiro.

Em 20 de junho de 1973, Vincent de Couesnongle escreve a Magno:

— Ele não vai nada bem.

Tito já se encontrava no Convento de La Tourette.

Mais tarde, quando os brasileiros organizaram em Paris, em 31 de março de 1974, um encontro para marcar os primeiros dez anos da ditadura, o secretário-geral do PCF, Georges Marchais, e o dirigente do Partido Socialista, François Mitterrand, compareceram.

Tito não veio de L'Arbresle. Pouco a pouco, se afastava das reuniões e da luta política.

O último refúgio

Qual é a palavra do teu silêncio?
Frei Tito, L'Arbresle, 1973 ou 1974

Quem provocou a morte de Tito foi aquele que morava nele, no seu íntimo, e que representa, na pessoa de Fleury, um sistema que desde o Brasil se expande para toda a América Latina, fazendo-nos lembrar o que conhecemos na Europa durante o nazismo. As torturas não nascem casualmente, são produto de um sistema e se desenvolvem dentro da lógica desse sistema.

Frei Paul Blanquart, 22 de outubro de 1974,
Sala Borromini (Roma)

Em 1968, Carlos Marighella inspirava jovens com sede de justiça social, e não apenas no Brasil. Em Paris, o líder revolucionário brasileiro era um pôster na parede do então estudante e futuro frade dominicano Xavier Plassat. O mulato baiano fazia parte do panteão daquele que se tornaria o amigo mais próximo no último ano de vida de Tito. O encontro com Tito marcaria para sempre a vida de Plassat, a ponto de se instalar no Brasil, onde desde 1989 desenvolve seu trabalho pastoral no interior de Tocantins. Atualmente é o coordenador da campanha da Pastoral da Terra contra o trabalho escravo.

Em longa conversa numa barulhenta praça de alimentação do Aeroporto Tom Jobim, em junho de 2012, Xavier relembra, bem-humorado, que "dormiu com Marighella" durante três dos quatro anos em que estudou ciências políticas e economia na respeitada Sciences Po (Institut d'Études Politiques), em Paris, entre outubro de 1967 e junho de 1970.

O interesse pela América Latina foi cultivado por Plassat desde a adolescência. Acompanhava com grande entusiasmo o surgimento e crescimento das Comunidades Eclesiais de Base e da Teologia da Libertação, experiências muito afinadas com sua militância na ação católica estudantil, JEC e ACU. E procurava aprofundar o conhecimento a partir de leituras.

Na mesma Rue Saint-Guillaume, onde estudava na Sciences Po, frequentou, durante um ou dois anos, cursos de língua espanhola e portuguesa oferecidos gratuitamente pelo Institut des Hautes Études d'Amérique Latine. Sempre se interessou pelo estudo de línguas. Nessa época, participava de um grupo de alfabetização de trabalhadores imigrantes, sobretudo árabes e africanos, mas também espanhóis e portugueses, e fazia questão de entender minimamente suas línguas.

Mesmo sexagenário, Xavier guarda a jovialidade aparentemente intacta, até na maneira de se vestir. Como quase todos os dominicanos de sua geração, acredita que não é o hábito que faz o monge. Naquela tarde de 2012, vestia jeans, blusa de malha vermelha e sandália de couro. Provavelmente, nada muito longe do que usava o jovem universitário que foi quando participou ativamente das manifestações que incendiaram a França, no Quartier Latin, em Maio de 68.

Do outro lado do Atlântico, Xavier acompanhava pelos jornais franceses as histórias da luta armada comandada por Marighella até seu assassinato e o processo contra os dominicanos que integravam a base da ALN. Plural, a imprensa francesa era atenta aos movimentos de esquerda na América Latina, com destaque para o jornal católico semanal *Témoignage Chrétien*, engajado e de esquerda, que cobria com entusiasmo e independência os movimentos revolucionários nos quatro cantos do mundo.

Xavier e Tito nunca moraram em Paris no mesmo período. Quando Tito chega, em fevereiro de 1971, e se instala no Convento Saint-Jacques, Plassat já está vivendo no norte da França, depois de concluir seus estudos. Muda-se para o Convento Sainte-Marie de La Tourette, em L'Arbresle, na região de Lyon, em outubro de 1972. Os dois frades se conhecem quando Tito também vai para L'Arbresle, em junho de 1973, em busca da tranquilidade que não encontrava em Paris.

Era primavera. Tito tinha 27 anos ao se mudar para o convento de arquitetura modernista em plena zona rural, a trinta quilômetros de Lyon. Na definição de Plassat, a comunidade tinha então "um clima muito familiar, um ambiente aberto", e era composta por cerca de 15 pessoas.

Paris tornara-se agitada demais para Tito. O Saint-Jacques era um grande convento, com cerca de cinquenta frades. Naquele início dos anos 1970, a comunidade e a cidade ainda viviam o rescaldo do pós-Maio de 68. Além disso, muita gente passava pelo convento, um espaço de grande atividade intelectual.

Em 20 de junho de 1973, Vincent de Couesnongle, então assistente do Mestre da Ordem, escreve a Magno Vilela:

> Meu caro Magno,
>
> Lamentei não ter-te encontrado da última vez em Saint Jacques. Quis dar todo o meu tempo ao Tito. No dia seguinte, nos desencontramos, infelizmente, por cerca de 10 a 15 minutos.
>
> Ele não vai nada bem. Fiquei com imensa pena.
>
> *Père* Rettenbach me ligou outro dia e disse que ele já está em La Tourette. Espero que se aclimate e que a mudança lhe seja benéfica.
>
> Você deve saber que consideramos que ele fosse por volta da Páscoa mas, no último momento, desistiu. Desde então conversei bastante sobre ele com frei Belaud, o antigo provincial, homem

muito evangélico que sempre se ocupou dos jovens, sobre os quais tem grande influência, e que tem tudo para compreendê-lo. Espero que funcione, e que aos poucos ele se "reencontre".

"Eles" realmente o destruíram...

Quando Tito chega a L'Arbresle, só o prior do convento, Pierre Belaud, conhece bem a sua história. Os frades residentes são informados de que se trata de alguém que precisa de repouso, assistência, amizade, suporte.

Plassat tinha então 22 anos, vivia em La Tourette havia pouco mais de seis meses, na qualidade de estudante, e trabalhava em Lyon. Lembra-se muito bem do ambiente que Tito encontra ao chegar. Naquele mês de junho, tinha início a temporada de encontros de verão sobre fé e política, que aconteciam todo ano no convento, propostos pelo Centro Alberto Magno. Os encontros duravam três ou quatro dias, eram abertos ao público e reuniam entre trinta e quarenta pessoas para discutir temas ligados à fé a partir de um engajamento social, político e ético.

Esse ciclo de debates criava no convento uma circulação de pessoas e terminava em clima festivo e descontraído. De vez em quando, formavam-se rodas de violão, havia confraternização. Tito se deu muito bem em um primeiro momento.

Naquele ano, houve um ou dois encontros de verão e Tito participou deles com alegria, tocando violão. Quarenta anos depois, a memória de Xavier não consegue precisar se alguma vez Tito chegou a contar sua história de militância, prisão e torturas no Brasil.

— Talvez uma vez, numa noite, num desses grupos que se entrosavam por ocasião desses encontros, ele tenha contado um pouco da sua existência no Brasil. Eu não falava português, mas tinha uma queda pelo Brasil e logo tentei me aproximar de Tito — lembra Plassat. — Havia um grupo já de certa idade, de mais de 50 anos, e um grupo de quatro ou cinco jovens de 24 a 30 anos, da geração dele, o que facilitava. Eu me dirigi a ele, sabia que estava em dificuldade, tentei entrosá-lo na minha rede de amigos, família. Como era o início das férias, levei-o para onde eu ia. Não foi difícil.

Pouco tempo depois da chegada de Tito a L'Arbresle, Plassat tinha uma viagem marcada para a Bretanha, no noroeste da França. Passaria uma temporada em Boquen, uma comunidade alternativa nascida num antigo priorado beneditino. Boquen era famosa, pois tinha à frente dois homens muito carismáticos, Guy Lusensky e Bernard Besret, que tentavam inventar uma nova forma de vida religiosa e comunitária, totalmente engajada.

Era a época dos "cristãos críticos", chamados carinhosamente de *"chré-cri"* — do francês *chrétiens-critiques* — grupo de cristãos com forte crítica institucional e busca de uma Igreja de base, uma alternativa revolucionária em termos de visão de Igreja. Dispondo de uma semana livre, Xavier organizou a viagem e convidou Tito, recém-chegado a L'Arbresle. A convivência naquele ambiente intelectual e espiritualmente estimulante, além do percurso em si — cruzaram de carro os cerca de oitocentos quilômetros entre Eveux e Boquen, ida e volta — foi o que, segundo Plassat, selou a amizade.

— Nessa longa viagem, conversamos bastante. Antes, ele nunca conversava, e eu também evitava perguntar sobre o que tinha sofrido. Comentávamos a nossa situação, o meu trabalho com movimentos sindicais, pelo qual ele se interessava bastante. Sentia que relutava em se abrir.

Além das feridas emocionais, Tito talvez não se sentisse, mesmo dois anos depois de chegar ao país, à vontade com a língua. Plassat define o francês do amigo como "torturado".

— Dava para ver que ele aprendera na marra. Percebi mais tarde que havia palavras que ele entendia de forma completamente atravessada.

Nesse primeiro período, a comunidade vê Tito relativamente tranquilo, tentando retomar as leituras, os estudos, e interessado na

UM HOMEM TORTURADO — NOS PASSOS DE FREI TITO DE ALENCAR

vida cotidiana. Numa carta a Magno, sem data precisa, do ano de 1973, Tito pede que o confrade brasileiro envie de Paris, através de um portador, os discos que ficaram na última gaveta do armário, no quarto H-301 do Convento Saint-Jacques. "São, ao todo, uns vinte discos, alguns pertencentes a nossa canção popular brasileira", escreve, pedindo que mande notícias e esperando revê-lo em breve. Não transparece nenhuma inquietação ou medo do futuro, como viria a expressar em breve.

Nos três primeiros meses, de junho a setembro, Tito se tornou de novo uma pessoa entusiasmada, dinâmica, que participava da vida do convento. Sem a barreira ou o mutismo que demonstraria depois.

Nessa fase, Plassat avalia que Tito aparentava certa "normalidade" — ele mesmo enfatiza as aspas porque, como o psiquiatra Jean-Claude Rolland, se recusa a classificar as manifestações de angústia e mesmo os fantasmas de Tito como loucura. Nesse período de calmaria, Tito dialogava, envolvia-se nas conversas, aproximava-se dos grupos, mesmo que um tanto tenso, contido, reservado.

Mas dava a impressão de que estava fechado em seu universo. Era preciso arrancar informações e opiniões dele. Por isso Xavier sempre teve dificuldade de ver em Tito algum traço da liderança que exerceu na JEC, em Fortaleza e Recife.

Ainda nesse primeiro verão, entre julho e agosto de 1973, Xavier levou Tito para alguns fins de semana com sua família. Na época, seus pais tinham uma casa de campo na região de Auvergne, a cerca de 120 quilômetros de Lyon. Foram passar um ou dois fins de semana. Tito adorou.

— Meus sobrinhos eram pequenos e Tito demonstrou muita alegria por estar com crianças, nesse clima familiar. Ficou muito à vontade.

Numa reportagem para a TV italiana sobre Tito realizada em setembro de 1974, o prior Pierre Belaud concorda que, logo após a chegada a La Tourette, o frade brasileiro parecia feliz de estar naquela pequena comunidade. Na mesma reportagem, Belaud aponta uma espécie de transição clara no comportamento de Tito, que pouco a pouco passou a duvidar da aceitação dos outros membros, como se não fosse digno de estar ali.

Para Plassat, há um claro marco que encerra esse primeiro período de tranquilidade em La Tourette. O frade francês identifica o golpe do Chile, em 11 de setembro de 1973, como um momento crucial, uma espécie de queda brutal de Tito, que o leva à internação.

Os registros médicos, que poderiam precisar a data da primeira internação de Tito no Hospital Édouard Herriot, em Lyon, não existem mais. O dr. Rolland tentou confirmar, mas os arquivos ainda não informatizados haviam sido destruídos. Numa carta de Tito, recebida por um portador, Magno Vilela, com cacoete de historiador, anotou que a internação fora dia 3 de outubro. À mão, Magno escreveu o dia em que a carta foi redigida, tomando como base a data que o próprio Tito cita no texto:

Arbresle, 18 de set. 1973 (anotado com a caligrafia de Magno Vilela)

Carta de Tito de A. Lima, encontrada em sua mesa a Lyon (Arbresle) no dia em que foi internado (3.10.73) numa clínica psiquiátrica. (nota de Magno) Carta entregue por Christian Dufour no dia 4 de outubro, a Paris (nota de Magno)

Caro Magno,
Terminei meu retiro na *"clarté"*. Foi muito bom para mim. Sempre que vou para lá, volto mais cheio de vida e mais convicto da minha vocação cristã em todos os sentidos. A oração tem, certamente, um grande lugar nessas horas, sobretudo o silêncio e a paisagem da Provence que você conhece tão bem quanto eu.

Por sorte minha, passei meu aniversário entre elas e foi uma excelente ocasião para rever minha vida em todos os pontos.

Falei hoje (18 de setembro) com o P. Belaud. Atendeu muito bem meu pedido definitivo de ficar em seu convento e na sua província temporariamente. Tenho a intenção de continuar a Teologia da maneira mais antiuniversitária possível, isto é, farei estudos dirigidos com alguns teólogos e exegetas do convento ou mesmo da província. Espero que tudo isso num prazo de dois anos no máximo.

Escrevi ao Edson Braga em resposta à sua carta de junho deste ano. Já estava bem atrasado na resposta. Nela, pedi para fazer a profissão solene para o próximo ano, pois o mesmo pediu que lhe comunicasse quando gostaria de fazer os votos.

Escrevi também uma cartinha ao Minga (Domingos Zamagna).

Por favor, envie-me a outra cantina que ficou no meu antigo quarto (H-301).

Quando puder, apareça sempre por estas bandas.

Sua presença será benéfica para mim.

Lembre-se do velho amigo nas tuas orações, sobretudo para que suporte o barco da vida que às vezes quer virar em horas de tempestade.

Até breve, Tito

Cantina, na carta de Tito, é a palavra francesa *cantine*, devidamente aportuguesada. Em francês, designa uma espécie de maleta de metal, usada sobretudo por militares para guardar roupas e objetos, no deslocamento de tropas.

Na reportagem para a TV, Belaud cita a primeira internação como tendo ocorrido ainda no mês de setembro. Para Plassat, sem poder afirmar a data exata, ela se deu nos dias subsequentes a 11 de setembro, quando, após tomar conhecimento do golpe que depôs Allende, Tito voltou a se sentir acuado pela repressão brasileira. Magno Vilela, no entanto, anotara na época, na carta de Tito, a data da primeira internação: 3 de outubro.

Xavier Plassat havia tirado alguns dias de férias em setembro. De volta ao convento num início de tarde, encontra poucas pessoas. *Frère*

Roland Ducret, também muito próximo de Tito, lhe conta que o frade brasileiro está sentado debaixo de uma árvore, no estacionamento, desde cedo. Imóvel como uma pedra, choraminga, não se entende o que diz. Os frades se sentem totalmente impotentes e Ducret pede para Plassat tentar se comunicar com Tito.

Xavier senta-se ao lado dele, simplesmente. Tito continua prostrado, dizendo coisas sem muito sentido.

— Acabou tudo, Allende foi derrubado — dizia chorando.

Para o frade francês, a queda de Allende disparou o gatilho do pavor que Tito conseguira conter nos últimos meses.

Depois de horas sentados lado a lado, Tito começou a mostrar o vilarejo do outro lado de um vale. Dizia que sua mãe e irmãos estavam lá, que o delegado Sérgio Fleury lhe gritava ameaças.

O vilarejo em frente a Eveux se chama Saint-Pierre-la-Palud, e fica a cerca de seis quilômetros de distância. Tito dizia que conseguia ver a outra cidadezinha, seus parentes estavam lá e de lá escutava a voz de Fleury, como se este o chamasse por um alto-falante. E se referia ao povoado como Saint-Pierre-la-Police.

— Parece um equívoco mais psicanalítico do que linguístico — diz Plassat.

Fleury dizia:

— A fuga acabou para você. Não vai escapar de mim.

O primeiro algoz de Tito no Deops continuava a torturá-lo e a convencê-lo de seu desvalor, de sua inadaptação. Da cidade vizinha, Fleury acuava e chantageava Tito.

— Ninguém mais quer saber de você, um terrorista, comunista. Você não tem direito de pisar no chão do convento e da Igreja. Seus irmãos não aceitam mais te ver aqui. Você não pode comer, não pode beber, não pode pisar nem dormir lá. Tem que se entregar. Estou esperando. Enquanto você não se entregar, fico com seus irmãos e seus pais.

Só Tito ouvia. Ele escutava a tortura sucessiva de cada um dos membros da família. A promessa do Fleury era terminar pela sua mãe.

Tito parecia aterrorizado. Apesar de muito jovem, apenas 23 anos, Plassat teve sensibilidade para suportar ver o amigo tendo visões, transmutado em sofrimento e medo. E presença de espírito para tentar dialogar.

— Não sei descrever como cheguei a uma compreensão, foi quase uma experiência de fusão, de comunhão. Sentei ao lado dele às quatro da tarde e tive a ideia perto de nove da noite. Chuviscava. De forma bem cândida, reagi tentando trazê-lo para o lado da razão. Ele queria ir ao vilarejo se entregar. Eu disse: "Não, Tito, a gente não vai se entregar. Mas a gente pode ir lá ver o que há."

No povoado em frente, havia uma pequena fraternidade de dominicanos, e Xavier propôs que fossem lá conversar e tentar localizar algum alto-falante, e indagar se algum desses amigos havia ouvido falar da presença de Fleury na cidadezinha. Tito concordou e foram de carro até Saint-Pierre-la-Palud. Deram uma volta no povoado, tranquilo e silencioso. Pararam na casa da fraternidade, sem entrar no assunto, só para Tito ver que estava tudo em paz. E voltaram para o convento.

Mas nada mudou. Xavier, desolado, em seu primeiro contato com "uma situação delirante de Tito", percebeu que não adiantava apelar para a razão.

— Realmente era profundo o distúrbio dele. E impressionante para mim. Eu era muito jovem, e depois me achei muito burro de tê-lo levado ao vilarejo para ver se havia um alto-falante. Claro que eu sabia que não tinha, mas pensava que isso ia ter algum efeito. Não teve efeito nenhum.

Com a perspectiva de Tito passar a noite toda lá fora, obedecendo a Fleury e não se sentindo mais digno de entrar no convento, Plassat mudou de estratégia. Decidiu "entrar no jogo dele". Se ele estava mesmo convencido de que Fleury estava ali perto, seguindo seu rastro, não tinha como convencê-lo do contrário. Para Tito, Fleury estava por lá.

O ÚLTIMO REFÚGIO

Propôs intermediar uma negociação com Fleury, para que este pelo menos autorizasse Tito a tomar um café, beber alguma coisa. Garantiu ao amigo que isso não seria proibido por Fleury.

— Vou buscar o café e trago.

A ideia era botar um comprimido de Valium no café para aquietá-lo. Botou dois. Ainda chuviscava. Xavier propôs que entrassem, se não no convento, pelo menos num carro. As coisas pareciam evoluir. Entraram no carro. Xavier voltou ao convento para buscar um cobertor para agasalhar Tito, já que anoitecia e a temperatura havia caído bastante. Ao retornar, Tito estava novamente sentado ao pé da árvore. E foi ali que passou a noite.

Os frades decidiram levá-lo para o Hospital Édouard Herriot, em Lyon. O chefe da emergência era um ex-frade dominicano, que havia se tornado médico psiquiatra, o que facilitou a acolhida. Tito foi encaminhado ao dr. Jean-Claude Rolland, que trabalhava no mesmo serviço e iria acompanhá-lo pelos próximos meses.

O paciente foi instalado num quarto e logo se colocou em cruz, o rosto contra a parede. A uma enfermeira que perguntou o que fazia respondeu:

— Estou pronto, pode me fuzilar. Estou pronto.

O fato de ter sido levado ao hospital foi vivenciado por Tito como se o entregassem finalmente.

Tito ficou três semanas no hospital. Xavier foi visitá-lo quase diariamente. Numa das visitas, coincidiu de chegar quando o capelão do hospital estava no quarto. O capelão sugeriu uma oração. O amigo pediu para Tito escolher um salmo. Leram o salmo 33, cujos versículos 20 a 22 têm uma mensagem de esperança:

> Quanto a nós, nós esperamos por Jahweh:
> ele é nosso auxílio e nosso escudo.
> Nele se alegra nosso coração,
> e no seu nome santo que confiamos
> Jahweh, que teu amor esteja sobre nós,
> assim como está em ti nossa esperança!

UM HOMEM TORTURADO — NOS PASSOS DE FREI TITO DE ALENCAR

Xavier se alegrou, certo de que a escolha era um indício do estado de espírito do amigo.

— Que bom que você está com esperança, Tito, vamos sair dessa.

— Estou com esperança, mas só depois da morte.

O dr. Rolland avaliou que o testemunho de Tito não deveria ser apagado ou atenuado por um remédio brutal, uma terapia química que o dopasse. Se era a única coisa que Tito conseguia comunicar, sua forma de falar da intensidade do seu sofrimento, deveria ser respeitado, escutado, se possível interpretado.

Em um dos textos que escreveu sobre a experiência terapêutica com Tito, Jean-Claude Rolland conta que teve embates duros com muitos colegas, que defendiam um tratamento-padrão, baseado em remédios. O psiquiatra afirma que medicar Tito teria sido equivalente a calar sua mensagem e, em última instância, a matá-lo. A Xavier, o médico explicava que procurava dar a Tito um mínimo de medicamentos, "para atenuar seu sofrimento, mas permitindo que pudesse reencontrar algum chão onde pisar".

Em vez de um tratamento baseado apenas em fármacos, propôs psicoterapia duas vezes por semana. Tito concordou. Nos meses seguintes, Jean-Claude Rolland recebeu Tito para as sessões no hospital em Lyon. Ia sempre acompanhado, seja por Ducret, seja por Plassat. Entre o Natal de 1973 e janeiro de 1974, sua irmã Nildes também chegou a acompanhá-lo.

As sessões não eram, de início, muito fluidas. Havia uma dificuldade de interlocução quase técnica, por causa da língua. O francês de Tito era muito "pesado" e o de Rolland, acelerado. Plassat ou Ducret faziam uma espécie de mediação.

Nos meses seguintes a essa primeira hospitalização, Tito passou a alternar fases curtas de calma com episódios de crise. Seu comportamento inquietava. Ficou mais reservado, ensimesmado, o que Xavier atribui à intensidade do pavor que experimentava. Plassat trabalhava em Lyon, mas ficava sabendo pelos companheiros que Tito passava muitos dias prostrado, deitado, com o olhar perdido.

Suas atividades consistiam basicamente em ler e escrever, na tentativa de recuperar a concentração para estudar. Nessa época, escreveu alguns textos livres, poesias que foram encontradas depois de sua morte, em folhas soltas, de valor mais humano que literário.

Também passou a se afastar gradualmente da celebração, da oração diária da comunidade, como se não se sentisse mais parte dela. Oferecia-se apenas para realizar as tarefas mais humildes, como limpar o refeitório, lavar a louça, varrer.

Era como se quisesse se tornar o servidor dos servidores. Como se de certa maneira se autocastigasse.

— A gente respeitou. Nunca o forçamos a nada. Mas tentávamos acolhê-lo — afirmou em entrevista à TV italiana *frère* Pierre Belaud, então prior do Convento Sainte-Marie de La Tourette.

Certa vez, o prior, observando que Tito não tinha descido para almoçar, foi ao quarto dele e disse que o estavam esperando.

Ele respondeu, surpreso:

— Então eu valho alguma coisa pra vocês? Vocês têm afeto por mim? Vocês me querem aqui?

Incerteza

No outono de 1973, Tito escreve uma carta a Magno, expressando incerteza em relação a sua permanência em La Tourette e seu futuro.

> Magno,
>
> Chegou aqui uma cantina. Espero que tenhas recebido um recado que enviei por telefone e que foi transmitido pelo Bussard. Nele, implicitamente, minha situação em La Tourette não está nada definida. Conversei com o Belaud e a coisa ficou no ar. Terei ainda uma outra conversa com ele para definir melhor o problema. Portanto, não envie a outra pelo momento.

Lamentei estar ausente na festa de sua ordenação. De você só espero a *fidelidade* aos apelos do Evangelho na linha da Justiça e da caridade, pois são, para mim, as grandes exigências que o Cristo nos faz no dia a dia de nossa vida.

Fraternalmente,

Tito

A partir desse momento, sua vida passa a ser ritmada por uma sucessão de chamados, pressão e chantagem de Fleury para se entregar. Uma noite, Xavier o viu no corredor do convento, andando de um lado para o outro.

— Estou aguardando Fleury — disse.

Em outra ocasião, após uma fuga, Xavier tentou uma conversa. Disse a Tito que ele podia ir aonde quisesse. Podia sair do convento quando quisesse, mas, como eram amigos, ficava muito preocupado sem saber onde ele estava. Disse para Tito avisar quando fosse embora. Que não se tratava de pedir autorização, mas dar um aviso, para não deixar o amigo inquieto.

Tito respondeu que gostaria de avisar, mas que "tinha tido um descontrole". E contou que às vezes sentia a loucura tomando conta.

— Acho que houve momentos em que ele estava consciente, como se o Tito A olhasse o Tito B. De vez em quando ele estava totalmente submerso, sem capacidade de lutar. E outras vezes parecia que se via de fora.

Plassat define os meses finais da vida do frade como uma espécie de pêndulo: mesmo sentindo a vida "no ar", esforçava-se para lembrar as exigências de Cristo por justiça e caridade.

— Oscilava entre o sim e o não, o afastamento e a reaproximação, a desistência da vida e a vontade de lutar. Entre a resistência e a submissão, para citar o título de um livro do teólogo luterano e resistente antinazista Dietrich Bonhoeffer.

A lucidez alternava-se com episódios de desvario. Houve uma sequência de hospitalizações de curta duração. Numa delas, fugiu do hospital. Outras duas vezes, evadiu-se do próprio convento. E todas as vezes era Plassat quem ia atrás e o encontrava.

A razão da fuga era sempre a mesma: entregar-se a Fleury.

Pouco antes do Natal, como quase quatro anos antes, Tito sucumbiu ao sofrimento. Engoliu todos os comprimidos de uma cartela de Valium. Foi encontrado a tempo e levado ao hospital, onde foi feita a lavagem estomacal.

Curiosamente, nos dias que se seguiram a esse episódio, voltou dinâmico. Foi como se ele tivesse caído no fundo do poço e dado um salto para o alto.

Tito conversava e voltava a se interessar pelas coisas, um tremendo contraste com o período anterior, de mutismo e rejeição a tudo. Participava de debates e se entusiasmava com as aulas do filósofo Jean-Yves Jolif, que fazia um seminário com quatro ou cinco jovens no convento, e era então membro do PCF. Tito não fazia o curso, mas gostava de conversar com Jolif.

Mas a melhora não se dava de forma linear nem contínua. Pouco a pouco, recomeçou o mesmo ciclo "de adesão e rejeição a Fleury", na definição de Plassat.

Uma carta de Tito a frei Daniel Ulloa, com dia e mês mas sem o ano (possivelmente de 1973, por uma menção aos acontecimentos no Chile), mostra o quanto ele oscilava entre a lucidez ("Estou asilado, banido e longe de minha pátria, mas estou firme e disposto a continuar a lutar, embora minha resistência psicológica tenha reduzido bastante após os 14 meses de prisão") e o sonho de voltar "para os seus".

7 de dezembro.

Daniel:

Imagino como o teu tempo deve estar absolutamente tomado. A longa ausência que tiveste da América Latina te trouxe forte acúmulo de trabalhos. Sei também o quanto é difícil pôr a vida em ordem nos primeiros dias.

Aos poucos vou me acostumando à solidão europeia. Da América Latina, só guardo lembrança de algumas belas canções do Altiplano Andino, ou algumas equatorianas (*"Vajira de barro"*).

Alimento continuamente meu espírito terceiro-mundista para não ser tragado pela corrente contagiosa do Velho Mundo. Ainda verei a chama do espírito latino-americano brilhar bem alto, para dar ao Novo Mundo que nasce o testemunho vivo do verdadeiro humanismo. Ainda hei de ver o esplendor de nossa cultura dizer bem forte o quanto tínhamos para dar mas, infelizmente, os donos do mundo impediram-nos.

É assim que sinto minha responsabilidade como cristão e dominicano. Nossa geração terá que ser profundamente criadora.

Gostaria de não repetir o espírito pusilânime de que foram vítimas alguns de minha geração que também tinham os mesmos ideais, mas que muito cedo sucumbiram diante das tentações. Os que combateram a Igreja comprometida com o sistema estão hoje comprometidos com o mesmo sistema que tanto atacaram.

Na medida do possível, procuro estar em dia com as novidades do nosso continente, através de alguns amigos que estão sempre a me enviar notícias. Vivi os últimos acontecimentos do Chile como se fosse meu próprio país.

Apesar de ainda angustiado, estou cheio de esperança. Nem um só momento de minha vida lamentei o que fiz. Estou asilado, banido e longe de minha pátria, mas estou firme e disposto a continuar a lutar, embora minha resistência psicológica tenha reduzido bastante após os 14 meses de prisão. Iniciarei uma psicoterapia para ver se me recupero o mais rápido possível. Meu provincial já respondeu favoravelmente ao meu pedido. Aguardo um lugar, pois, no momento, estão todos lotados (*llenos*).

Estou estudando firme a teologia. Nas horas vagas, aproveito o tempo para ler os clássicos do marxismo. Esta tarefa parece-me de extrema urgência tendo em vista a forte influência que ele exerce nos países subdesenvolvidos particularmente na América Latina.

Após meu longo *"séjour"* na Europa, penso regressar para os meus, com os quais sinto-me virtualmente comprometido. México está nos planos. Tudo irá depender de vocês, ou você. Sei o quanto será difícil esse sonho, pois minha situação pessoal é delicada. São poucos os países que aceitam dar asilo político às pessoas trocadas (*canjeadas*) por embaixadores. Estou na França, graças ao prestígio dos dominicanos da província de Paris.

Zamagna continua em Roma e, como sempre, muito dedicado aos estudos. Espera ficar por mais um bom tempo. Tudo indica que tenha desistido de ir a Jerusalém. Frai (*sic*) Pinto de Oliveira continua no mesmo lugar de sempre. Acho que este vai morrer europeu. Osvaldo (*sic*) é o próprio cidadão Strasbourguense.

Bem, querido hermano, aqui fica meu grande abraço de amizade. Até breve

Frai (sic) Tito de Alencar op.

Para as festas de fim de ano, Tito recebeu a visita da irmã Nildes. O que deveria ser um reencontro afetuoso entre irmãos que não se viam havia mais de dois anos, desde a prisão em São Paulo, acabou se tornando um período de radicalização do distanciamento de Tito. Plassat lembra que a estada de Nildes foi vivida como um período muito duro para ela, porque Tito se recusou, durante boa parte do tempo, a compartilhar qualquer coisa com ela: tempo, conversas, passeios.

O início da visita foi de pouca comunicação, como se Tito desejasse fazer a irmã pensar que estava bastante ocupado, entretido em seus afazeres. Em certo momento, Nildes conseguiu conversar, houve uma discussão, e ele depois acabou baixando a guarda, aceitando a presença da irmã, saindo para passear com ela. Mas Nildes deixou Lyon extremamente angustiada, com a certeza de que ele não ia nada bem.

Durante a estada de Nildes em L'Arbresle, começa a ser tomada uma decisão crucial para o destino do frade. É no início de 1974 que amadurece a ideia de que Tito também deveria conquistar, como a maior parte dos membros da comunidade, sua independência financeira, com a busca de alguma atividade remunerada.

Em conversas com a irmã, ele deixa claro que se sente um fardo no convento, sem oferecer nada em troca. Diz que é o menor de todos e pede para realizar as tarefas mais humildes. Sente-se tolerado, mas não amado.

A Plassat, Rolland explicou que, a partir da mudança para L'Arbresle, Tito sentia que havia perdido a autonomia, o controle sobre a própria vida. Talvez até por não estar numa cidade, onde podia ir ao cinema, pegar o metrô, encontrar um amigo num café.

Os frades pensavam que se sentir um peso para a comunidade o deprimia, que se achava inútil. No plano econômico, era totalmente dependente e, no plano humano, afetivo, não tinha ninguém. Não escolhera, de fato, estar ali, longe do seu país, da sua língua, do sol. Tinha uma saudade imensa da família. Sentia falta de sua terra, do seu povo.

Ao longo de algumas conversas, o dr. Rolland disse:

— Tito, cabe a você se reconstruir, redefinir onde quer viver. Ninguém lhe impõe nada.

Enfatizou que ele não tinha que necessariamente afastar-se dos dominicanos, nenhuma escolha precisava ser definitiva.

— Rolland recomendou que Tito garantisse seu próprio sustento e um local para habitar fora do convento. Boa parte da minha ocupação e preocupação a partir de abril até agosto foi encontrar uma atividade para ele — recorda-se Plassat.

No documentário feito imediatamente depois de sua morte, o prior do convento, *frère* Belaud, diz que "Tito pediu de forma cada vez mais insistente para trabalhar fora do convento, ganhar sua vida de forma independente".

Quando decidiu trabalhar, Tito optou por uma atividade rural, manual. Estava tão perturbado que não teria como assumir um emprego que exigisse concentração.

O ÚLTIMO REFÚGIO

Mas, em 2012, Jean-Claude Rolland apontou a procura de um trabalho para Tito como uma ideia infeliz, à qual teria sido levado por sugestão dos frades. O fato de se ocupar e ficar isolado era um risco que, hoje, o médico reprova, como se não tivesse participado da discussão, ao contrário do que dizem os frades que viveram o episódio. Segundo eles, a decisão de procurar um trabalho para Tito foi unânime e aceita pelo interessado, com a aprovação da irmã. Nildes conta:

— Pedi tanto ao psiquiatra quanto ao prior que lhe dessem um trabalho, que ele se ocupasse com as mãos, que fosse plantar, colher, algo que o fizesse suar, para sair daqueles livros.

O médico diz que a terapia pelo trabalho não era, naquela ocasião, a mais indicada para alguém que estava num estado de fragilidade evidente. Para que uma atividade seja terapêutica, explica, é preciso que o sujeito esteja minimamente estruturado, o que não era o caso de Tito. O dr. Rolland critica a ideia muito difundida de que o trabalho é terapêutico.

— Uma tolice monumental, pois para trabalhar é preciso gozar de saúde. Eu não teria aprovado e menos ainda prescrito. Essa decisão foi tomada durante minhas férias. Refletindo agora, compreendo que os frades eram imensamente generosos, mas que a Ordem dominicana é ascética, impõe uma disciplina dura, e penso que eles não entendiam a passividade doentia do Tito, que podia ser identificada com indolência. A generosidade deles entrava em conflito com as duras regras que se impõem. As sevícias que Tito sofreu levaram-no a uma regressão difícil de viver como dominicano.

Não se sabe se o desejo de trabalhar partiu de Tito, se foi sugestão da irmã Nildes, dos confrades ou do médico, que hoje critica essa iniciativa. Mas Tito em alguma medida aderiu à ideia de ter uma ocupação, de exercer um trabalho manual. Numa carta datada de janeiro-fevereiro de 1974, escreveu a Magno Vilela:

> Aqui, vivo à base da "dinâmica do provisório", que tem sido a inércia mais cara de toda minha vida. Somente a fé me tem feito suportar esta situação. Assim sendo, não tenho a menor ideia do final dessa

situação. Contudo, prevejo que será o pior possível para mim. Falei ontem com o prior Belaud e pedi um emprego à base de biscate para pagar a chepa diária do convento ou de outro lugar para onde for destinado.

As primeiras atividades foram já na primavera, em pequenas plantações da região do Beaujolais, de vinhedos e muita produção de frutas. Em maio, Xavier e Tito compartilharam uma experiência de trabalho na coleta de cereja num sítio de amigos, perto de Eveux, bem próximo ao convento. Tito ficou muito feliz, entrosado com a família e as crianças que frequentavam o sítio.

Em seguida, trabalhou alguns dias numa cooperativa viticultora em Sain-Bel, onde embrulhava caixas de garrafas de vinho para expedição. Depois de uns dez dias, mais uma vez abandonou o trabalho. A próxima tentativa, numa exploração florestal, do Haut-Beaujolais, foi igualmente malsucedida. Ele acabou sendo despedido por passar os dias prostrado, chorando. Outras vezes, fugia sem dar satisfação. Mesmo por curtos períodos, era-lhe impossível assumir uma atividade contínua, com horário e tarefas precisas.

O último verão

Nesse período final de tormenta, entre uma e outra tentativa de trabalhar e retomar uma vida autônoma, Tito teve um breve momento de distração e repouso. No início daquele que seria seu último verão, em 1974, saiu de férias com Daniel Beghin, um dos poucos amigos franceses que fizera em Paris, e do passeio restaram suas últimas fotografias.

Beghin era sobrinho do dominicano Jean Mouton, que foi prior da comunidade dos dominicanos em Lund, na Suécia, e que mais tarde deixaria a Ordem, já idoso, para se casar. Na Suécia, conheceu alguns exilados brasileiros e acompanhava o caso dos dominicanos

O ÚLTIMO REFÚGIO

presos. Mouton havia tomado conhecimento da situação dos frades que apoiavam a ALN no verão anterior, em conversas com o brasileiro Domingos Zamagna, então frade, que estudava Teologia em Friburgo, na Suíça.

Pouco depois da chegada de Magno e Ratton a Paris, em outubro de 1970, Mouton aproveitou uma temporada de repouso em um lar de irmãs dominicanas em Vence, no sul da França, para escrever aos dois frades. Propôs que se encontrassem dali a alguns dias, para prestar solidariedade e dar apoio no que fosse preciso. Propunha que os encontrasse no Saulchoir, onde os dois estudavam, ou em Paris, na casa de sua irmã, Marie-Thérèse Beghin, no 9º *arrondissement* de Paris, onde poderiam almoçar ou jantar dali a uma semana.

Pela troca de correspondência entre Mouton e Magno, guardada por este com método e cuidado de historiador, testemunha-se o surgimento de uma amizade, fortalecida em um ou mais encontros com o frade francês, em cada uma de suas passagens por Paris a partir do inverno de 1971.

Em uma carta sem data, mas certamente ainda no primeiro semestre de 1971, Mouton se dirige a Magno, Luiz Felipe e Tito. E compartilha sua felicidade e de toda a comunidade dominicana de Lund e de Estocolmo pela notícia da libertação de Tito, a quem deseja rápida recuperação. Em seguida, convida-os para um jantar no fim de junho, quando passaria uma noite em Paris, uma oportunidade de se reverem e de conhecer Tito.

Em 16 de junho, escreve de novo para Magno. Volta a convidar os três — Tito, além de Ratton e Magno — para um jantar *chez* Mme. Beghin. O convite é para a quinta-feira, dia 24 de junho, precisamente às 19h30, uma vez que às 22h20 da mesma noite Mouton partiria em viagem.

Na carta, Mouton menciona que na ocasião os frades conheceriam seu sobrinho, Daniel Beghin, "muito interessado nas questões da América Latina, e que gostaria de conversar com vocês".

— Houve um jantar a que fomos os três, e conhecemos a família, inclusive Daniel. Tito ficou muito feliz, eufórico. Na situação dele significava muito estar em família — lembra Magno.

Dias depois, apareceu na casa dos Beghin de surpresa. Chegou e tocou a campainha. Foi recebido, mas sentiu que houve um mal-estar. Magno lhe explicou que na França não se fazia isso.

No verão de 1974, Daniel Beghin convidou Tito para acampar numa região dos Alpes durante uma semana. Ele adorou. Mas, para Plassat, as fotos da viagem revelam a dor por trás da alegria.

— Há fotos terríveis, em que o olhar dele é quase insuportável. Quando vejo as fotos de Paris, percebo que não conheci esse olhar alegre.

Com os sucessivos fracassos em suas tentativas de conseguir independência financeira, Tito alternava fases de tristeza com entusiasmo. Mas, quando Xavier comentava alguma coisa relacionada ao trabalho, uma vitória numa luta sindical, por exemplo, vibrava, mostrava empatia.

O momento em que se mostrou mais autônomo, decidido, como se saísse do torpor, foi quando se instalou num quarto alugado numa residência para trabalhadores estrangeiros.

Xavier foi ajudar o amigo com a pequena mudança e ficou feliz de vê-lo satisfeito no quarto, que dispunha ainda de uma área externa, comum ao prédio. Ficava em Villefranche-sur-Saône, a cerca de trinta quilômetros do convento. Esta seria sua última morada. Com a ajuda dos confrades de La Tourette, a casa ficou minimamente equipada para garantir a autonomia do novo habitante. E Xavier deu-lhe uma mobilete para se locomover à vontade pela região.

Pouco mais de uma semana depois de instalar Tito nessa pensão, Xavier sairia de férias, e passou para se despedir. Tito estava trabalhando em uma horticultura. Não falou muito, disse que o trabalho era interessante, que o proprietário era muito simpático. Xavier estranhou ver uma corda em cima do armário.

— Embora nunca tivesse pensado que ele teria, naquele estado, a energia de uma decisão de suicídio, a ideia passou imediatamente pela minha cabeça. Ao mesmo tempo, pensei que ele estava num caminho de conquista de autonomia. Poderia até tirar a corda, mas, se ele quisesse outra, conseguiria.

Resolve pôr o amigo à prova:

— Para que essa corda?

Um pouco desconcertado, ele responde:

— O patrão pediu para a gente levar para ajudar na horticultura na segunda-feira.

Xavier rebate:

— Você, um especialista em materialismo dialético, vem dizer para mim que o proletário tem que comprar os meios de produção? Desde quando?

Foi a última conversa entre os dois. Pouco mais de uma semana depois, as férias de Plassat foram interrompidas por um telefonema com a notícia da morte de Tito. O amigo havia sido encontrado, enforcado num álamo, num aterro sanitário em Villefranche-sur-Saône. Morreu "entre o céu e a terra, em parte alguma", escreveu Plassat.

Muitas vezes, Xavier se perguntou se devia ter retirado a corda.

— Nao sei se cheguei a dizer: "não faz besteira". Deixei claro que não acreditava na história dele.

Pouco depois da visita de Xavier, Tito recebeu por duas vezes a visita do franciscano Michel Saillard, que havia conhecido no Brasil. Foi a ele que Tito deixou uma espécie de testemunho de despedida, quando descreve seu total desamparo. Nem Marx, nem Freud, nem Jesus representavam mais uma esperança.

Xavier encontrou em seu quarto no convento um marcador de página onde estava escrito:

1947 — Vietnã
1954 — RDV
"É melhor morrer do que perder a vida"
Corda (suicídio) 60" — opção Bejuba
tortura prolongada — opção Bacuri
1918 — 1920 — 1974

As datas e siglas são um mistério. Sessenta segundos é o tempo de sobrevivência numa morte por enforcamento; *Bejuba*, o apelido de um camponês cearense, amigo da família, encontrado enforcado, o que deve ter impressionado o garoto de 14 anos que era Tito.

Bacuri era o codinome de Eduardo Collen Leite, militante da VPR e da ALN, preso e torturado por 109 dias, até a morte, pela equipe do delegado Fleury em dezembro de 1970. Tito e os outros frades receberam na prisão a notícia da tragédia de *Bacuri*.

Xavier vê, na opção pela morte, um ato de bravura de Tito. É o ápice do sofrimento, uma declaração de independência de alguém que se sentia permanentemente cercado, invadido. Como se dissesse: "Não serão vocês que me matarão. Minha morte decido eu. É o que me resta."

— A morte foi sua decisão para escapar à loucura que Fleury inoculava nele. Preferiu se matar num momento de maior consciência, de maior clareza sobre sua própria situação. Não foi um momento de perda de controle, mas um momento de lucidez. Ele não via alternativas: ou se entrega à loucura ou, no momento em que sabe que não é louco, assume sua própria morte. Respeito muito a decisão de Tito.

A visita de Nildes

É muito duro viver fora de seu próprio país e sobretudo fora de todo um contexto de luta revolucionária. Mas o exílio é um risco para qualquer militante, tanto quanto a prisão ou a tortura. É preciso suportar o exílio como se suporta a tortura.

TITO DE ALENCAR em entrevista à revista italiana
Gallo, maio de 1972

Aqui está minha presença: pequena e nebulosa, marcada por um peso que tem sido doloroso suportá-lo e carregá-lo.

Última carta de TITO para NILDES DE ALENCAR LIMA,
L'Arbresle, 21 de maio de 1974

Antes da prisão e das torturas, Tito era estudioso, dedicado, introspectivo, mas também tinha momentos de efusão e alegria. Gostava de escrever poemas. Deixou alguns textos em poesia e prosa, em folhas soltas, escritas em Paris e no Convento Sainte-Marie de la Tourette, perto de Lyon. Nunca escreveu diário.

Instalar-se no exílio foi seu grande desafio. É o desafio de todo exilado. No livro de Jeremias, o profeta alerta os hebreus que partiram cativos para a Babilônia, em 587 a.C., de que o exílio não era um acampamento provisório. Insistia que parassem de se enganar, deixassem de dar ouvidos aos profetas da ilusão e enfrentassem a dura realidade: "Construí casas e instalai-vos; plantai pomares e comei os seus frutos. Casai-vos e gerai filhos e filhas [...] Procurai a paz da cidade, para onde eu vos deportei; rogai por ela a Jahweh, porque a sua paz será a vossa paz." (Jeremias 29, 5-7).

Tito tentou, mas não conseguiu plantar pomares para comer de seus frutos.

No meio da bruma que se instalou dentro de sua cabeça, a transferência para o Convento Sainte-Marie de la Tourette foi como um balão de oxigênio. Mas apenas no início. Pouco tempo depois, começou a se isolar, a se fechar num mutismo preocupante, até a crise que levou à sua primeira internação, no início de outubro de 1973.

O começo de seu retraimento foi atribuído, pelo prior Belaud, a uma conversa com Vincent de Couesnongle. Ele fora ao convento acompanhado de outro dominicano, Jean-Michel Pervis, provincial do Brasil. No documentário para a TV feito logo depois da morte de Tito,[3] o prior dizia que essa conversa fizera o jovem dominicano mudar. A partir de então, ele passou a pedir para trabalhar fora do convento para ganhar seu sustento.

— Não sei por que Tito interpretou como se não houvesse mais futuro para ele na Ordem dominicana. De qualquer forma, não era a intenção deles que pensasse assim — diz Belaud.

Ao voltar do hospital, ele se encontrava num estado psicológico extremamente delicado: faltavam-lhe coragem, energia. Mesmo ler e estudar era penoso. Não tinha concentração.

Magno, a grande referência de Tito no exílio, não podia estar constantemente com ele. Fazia seus estudos em Paris e viajava para dar conferências, como forma de ganhar a vida. Oswaldo vivia distante,

---

3. O documentário fora realizado para a RAI (Rádio e televisão italiana) pelo grande jornalista italiano Raniero La Valle (que foi diretor do jornal *La Republica* e senador). Divulgado em horário nobre pela RAI em outubro de 1974, o documentário foi o mais importante programa a tratar da história de Tito. Raniero La Valle escreveu sobre Tito o livro *Fora do campo*, editado no Brasil pela Civilização Brasileira.

ocupado em denunciar as torturas, fazer articulações políticas, organizar encontros e debates políticos, além de cuidar de seus estudos. Mas foi visitá-lo em L'Arbresle, no Natal de 1973.

— Não queria que tivesse a impressão de estar só, numa data tão carregada de emoção — conta.

Oswaldo ressalta que Tito conservou uma grande lucidez intelectual. No documentário, atesta que Tito lera muito a teoria marxista, mas também Freud e Nietzsche. E interiorizara as grandes tensões entre cristianismo e marxismo:

— Ele viveu de maneira extraordinariamente profunda os conflitos de toda a nossa geração. Viveu intensamente o drama de todos os exilados brasileiros, de todo militante cristão, de todo homem engajado no evangelho e que deseja realmente compreender o mundo.

Frei Xavier Plassat, o novo amigo, trabalhava o dia todo em Lyon e ficava muito tempo ausente do convento. Frei Ducret e o prior Belaud tinham muitas ocupações. Assim, o frade viveu os momentos de maior solidão no frio Convento Sainte-Marie de la Tourette, em L'Arbresle.

Para ver o irmão e filho de criação, Nildes embarcou para Paris em dezembro de 1973. Aos 40 anos, a irmã se sentia responsável pelo rapaz de 28 anos, queria entender o estado emocional dele, transmitir um pouco de calor e amizade.

Ao descer do trem, ela o viu encostado numa janela. Percebeu que já não era o mesmo Tito. Estava diferente. Mas imputou a mudança ao exílio, ao sofrimento, à solidão. Ela estava acompanhada de frei Oswaldo, que encontrara em Paris e aproveitou para ir visitar Tito.

Ao chegar ao convento, Nildes teve a impressão de "um lugar invivível, onde parecia impossível viver ou trabalhar". Percebeu que o isolamento, o frio de dezembro, os dias curtos e a noite que se instala às quatro horas da tarde só podiam acentuar a tristeza do irmão.

A comunicação entre eles não foi imediata. Nem fácil. Um dia, ele se queixou de que os amigos do Brasil, presos com ele, não respondiam às suas cartas. Na conversa, ela tentou abordar seu sofrimento:

— Tito, sei que você deve ter muito conflito.

— Antes de você viajar, vou lhe contar tudo o que se passa comigo. E você vai me entender.

Haviam combinado um passeio para conhecer algumas cidades na região. Iriam com outro dominicano e uma freira, que servia de tradutora para Nildes.

Na véspera do passeio, Tito diz à irmã, ao pé da escada, antes de subir para o quarto:

— Não quero ir com você a esse passeio.

Ela sentiu um tom agressivo na voz. Ele tinha "as narinas dilatadas, um sinal de que estava aperreado, com medo, como quando era criança". A irmã o tranquilizou:

— Não se preocupe, você não vai. Mas não queria ir sozinha. Não vim aqui passear, fazer turismo, vim para ficar com você. Estar junto de você.

— Mas já está na hora de você voltar para casa. Já cumpriu sua obrigação.

— Você está enganado, Tito. Não vim passear, nem cumprir obrigação nenhuma. Vim porque queria ficar com você, estava com saudade, porque te amo e preciso estar com você. Não vou embora, só vou quando completar um mês.

Nildes se lembra da cena e do choque que sentiu ao perceber que ele sentia medo. Tinham saído na véspera, passeado por Lyon, visitado igrejas, jantado fora. De repente, tudo parecia ter mudado.

Quando ela lhe disse que ficaria ao seu lado, Tito respondeu:

— A opção foi minha, não sua. Foi o que eu escolhi.

Até esse dia, a conversa tinha girado em torno da família, dos irmãos, da infância. A partir daquele dia, ele se fechou.

No dia seguinte, foi para outra mesa na hora da refeição.

— Penso que ele quis dizer: "Você não vai embora, eu me distancio de você e assim você vai querer ir." Eu disse de novo que não ia embora.

Sabendo que ele temia ser um peso para a Ordem dominicana, Nildes procura apaziguá-lo dizendo que os dominicanos tinham obrigações morais e religiosas com ele.

— Você não é um peso para a Ordem, foi preso dentro da Ordem, com os outros. Agiu com o conjunto de dominicanos, não é um peso.

Os dominicanos de Lyon o acolheram muito bem, avalia Nildes.

— Mas ninguém teve a dimensão do sofrimento dele.

Para um nordestino acostumado ao céu azul e ao mar de Fortaleza, o Convento de La Tourette parecia frio e triste. Nildes achou o prédio muito bonito, "a coisa mais linda do mundo". Mas o nevoeiro, o frio, a paisagem "bonita, mas tediosa" lhe pareceram extremamente inóspitos.

— O ambiente do convento era rezar, almoçar, repousar. Uma coisa monótona e deprimente. Imagino o que devia ser para ele.

Apesar de saber que ele sempre sentira segurança ao lado dela, Nildes pôde constatar sua impotência diante do irmão que "não reagia, aceitava tudo como um cordeiro imolado".

Foi então que lhe veio a ideia de pedir "ao psiquiatra e ao prior que lhe dessem um trabalho, para se ocupar com as mãos, sair daqueles livros".

Ela o via ocioso, sem ocupação. O prior havia pedido que desse palestras, mas ele não conseguira. Misturava as ideias, falava de forma desconexa. A irmã sugeriu que se engajasse no trabalho com os pobres da região. Ele reagiu:

— Meu povo está lá. Não aguento mais isso aqui. Quero ir embora, quero meu povo.

Nildes lhe disse que devia esperar a anistia, que viria mais cedo ou mais tarde.

Ela soube que ele não frequentava mais as orações.

— Acho que se sentia um intruso ali dentro. Para uma pessoa em depressão, qualquer coisa sensibiliza: um olhar, uma pequena reação. Parecia triste, mesmo que não se lamentasse.

A irmã sempre se disse convicta de que sua tortura foi particularmente violenta pela situação de Tito, "um cão sem dono, sozinho em São Paulo". Por isso, "dele judiaram até a morte".

A convicção de Nildes é partilhada pelo cineasta Helvécio Ratton, para quem Tito foi o mais torturado dos frades "por ser o mais pobre entre os dominicanos e por ser nordestino".

— Além do preconceito contra os nordestinos ser maior naquela época, sua família também estava longe de São Paulo — analisa Ratton.

O convento era uma espécie de centro de estudos. Por ele passava gente do mundo todo. Mas Tito se sentia sozinho. Nildes combinou com o prior que a cada meio e fim de ano um dos irmãos iria ficar com ele.

— Minha preocupação era que a depressão não atingisse o clímax. Porque sabia que ele já tinha tido alucinações. Sentia-se sozinho e vi que só quem respondia às suas cartas era frei Domingos Maia Leite. Um dia em que ele saiu para ir ao psiquiatra, mexi nas coisas dele. É muito invasivo, mas a gente faz isso quando ama. Queria saber o que ele tinha, o que escrevia.

Numa carta, frei Domingos perguntava a Tito o que ele desejava. Aparentemente, Tito havia escrito dizendo que queria ir para Portugal ou para um país latino. Nildes pensa que a França era uma experiência difícil demais.

Na véspera da passagem do ano, os irmãos ligam para o pai em Fortaleza. Tito se surpreende com a facilidade de falar ao telefone. Mas observa que podiam estar com o telefone grampeado.

A análise que Nildes faz de Tito e da fase final de sua vida é subjetiva, mais emocional que racional, como ela mesma observa. Em 2012, ainda estava persuadida de que o frade fora tratado com eletrochoques no hospital psiquiátrico. E mostrava incompreensão.

O dr. Jean-Claude Rolland nega categoricamente:

A VISITA DE NILDES

— Tito nunca recebeu eletrochoques, sempre fui contra esse método terapêutico que considero violento e não deixa de ter uma analogia com a tortura que sofreu. Por isso, fui categoricamente contra sua internação no hospital psiquiátrico, para evitar eletrochoques, ainda que na época se praticasse pouco esse método.

As notícias da presença do delegado Fleury na França perturbaram muito Tito. A suposta condecoração de Fleury pelo governo francês teria sido publicada em um jornal que o prior lera e escondera de Tito, segundo Nildes.

Oswaldo Rezende considera uma condecoração a Fleury inverossímil. Argumenta:

— É possível que um jornal tenha publicado algo sobre a presença de Fleury na França. Havia boatos recorrentes. Mas a outorga de uma condecoração é um ato público na França. A decisão de concedê-la é publicada, sai no *Diário Oficial* e tem como base o mérito da pessoa, os serviços que presta ao país ou, no caso de estrangeiros, os laços que os unem à França. Uma condecoração ao Fleury naquela época teria causado uma onda de protestos, não passaria despercebida. Acho inverossímil e até injurioso com a França, que no momento em que a irmã de Tito passou por lá estava acolhendo generosamente os refugiados brasileiros e latino-americanos.

O pavor de Tito parecia impermeável. E a irmã pensa que tinha motivos para temer o longo braço da repressão.

— Claro que a fantasia com o Fleury entra na depressão dele. Mas sei que era seguido. E muita gente achava que era alucinação — diz Nildes.

Uma história a intrigou. Em Paris, Tito fora procurado para uma entrevista. Contou que dois ingleses queriam que falasse sobre tortura. Ele se esquivou dizendo que não podia dar entrevista, pois estava vivendo como asilado político. Ao ouvir de Nildes essa história, Oswaldo não teria dado maior importância. Mas ela atribui a esse fato a vontade de Tito de deixar Paris. Ele chegou a lhe dizer que pensava que os ingleses eram agentes da CIA e se afastou de Oswaldo por ele não ter acreditado nessa hipótese.

Nildes tenta relacionar essa história com o que chama "as alucinações de Tito", além da suposta ida de Fleury para ser condecorado.

— Ele se sentia encurralado. Foi embora de Paris para ficar mais distante, mais protegido. Em Paris estava solto e vulnerável, andando pelas ruas.

Segundo ela, depois da morte de Tito, um frade franciscano a procurou em Fortaleza para lhe dizer que certa vez, em Paris, dois homens faziam fotos quando ele e Tito atravessavam uma rua.

Por conhecer essas histórias, ela prefere crer que seu irmão foi levado para a morte. Não cometeu suicídio.

Nildes aproveitou sua estada em La Tourette para explicar aos frades quem era Tito. Pediu uma reunião com os dominicanos, pois percebera que somente Xavier Plassat e Alain Ducret tinham maior aproximação com ele. Achava que os outros eram indiferentes, pois não sabiam quem era, por que estava lá.

— A reunião foi às nove da noite, depois que Tito foi dormir. A freira traduzia. Eles só sabiam que era um rapaz mandado do convento de Paris, onde estava tendo crises. Expliquei quem éramos, de onde vínhamos, família nordestina, interiorana, com nossa cultura judia, pois nós temos muito de judeu, de ter muitos filhos, de ter a família muito próxima. Parece que houve mestiçagem lá atrás da nossa família com judeus que fugiam de Portugal para o Nordeste. Os frades foram muito cordiais e passaram a ver o Tito de outra forma.

A preocupação dela era partir deixando o irmão naquele estado de fragilidade.

Resolve acompanhá-lo um dia à psicoterapia com o dr. Rolland. Antes, porém, vai ver o médico sozinha, sem que Tito saiba. Através da tradutora, contou a história dele, das torturas. O médico lhe disse que aquele era o primeiro caso de vítima de tortura de que tratava.

A VISITA DE NILDES

Pediu a ela que voltasse com Tito. Quando ela lhe disse que gostaria de acompanhá-lo, o irmão reagiu:

— Não precisa.

Acabou por convencê-lo. Era preciso falar das torturas, não guardar o sofrimento. Ela não poderia ficar com ele, mas gostaria que prometesse continuar o tratamento.

Nessa consulta, Nildes contou ao dr. Rolland que vira Tito muito mudado. Que ele sempre fora uma pessoa arrojada, que acreditava em um Deus forte, um Deus de luta. Não podia pensar no Deus dele como um fracassado.

Na volta ao convento, percebeu que o irmão suspirava fundo. Interrogado se havia dito algo que o magoara, Tito lhe disse que ela lhe tirara a única coisa que lhe restava. Não se reconheceu na descrição que ela fez de sua relação com Deus.

Nildes se arrepende até hoje de ter falado de forma tão peremptória.

Ao ler um dia o Evangelho de São João, Tito mostrou à irmã a passagem sobre a ressurreição de Lázaro. Ela interpretou como se ele já estivesse esperando uma redenção somente depois da morte.

— Pensei que ele não estava mais querendo lutar. Chorei muito.

Pediu que se cuidasse, disse que representava tudo para ela, que ainda não tinha formado uma família. Disse que tinha orgulho dele, de sua inteligência.

No dia seguinte, ela teve a ideia de lhe sugerir um engajamento com os pobres daquela região. Ele reagiu:

— Quero ir embora daqui.

Nildes temia que ele fugisse. Não pensava que corria risco de atentar contra sua própria vida. Voltaram juntos ao psiquiatra, mas ela não entrou no consultório.

— Depois quis conversar com o psiquiatra. Sei que fui muito invasiva. O médico disse que a consulta havia sido ótima e que estava otimista com o tratamento que se delineava. Tito havia falado pela primeira vez.

Quando começou a preparar as malas, o irmão estava mais aberto. Conversaram bastante.

— Cheguei a pensar que ele estava contente porque eu ia embora.

Quando chegaram à estação de trem, acompanhados de frei Ducret, teve o pressentimento de que não o veria mais. Ao entrar no trem, pediu a Tito que não descuidasse do tratamento.

Na viagem, veio-lhe à lembrança o dia em que passearam juntos no bosque que cerca o convento. Ao passar pelo cemitério, viu as cruzes espalhadas entre as árvores e desviou o olhar que, de repente, se encheu de tristeza.

De volta a Fortaleza, o clã dos Alencar Lima a esperava. Todos ansiosos por notícias de Tito. E ela não tinha boas-novas.

— A qualquer momento vamos receber uma notícia ruim.

Três cenas ficaram gravadas em sua memória: a chegada à estação de Lyon, quando o viu transfigurado pelo sofrimento; a partida, quando o deixou sozinho com sua dor; e quando chegou a Fortaleza, com todos os olhos de interrogação sobre ela, que chegava de longe, onde vira o irmão.

Dia 26 de fevereiro de 1974, pouco mais de um mês depois da partida de Nildes, o prior Pierre Belaud escreveu uma carta a Magno. Contou que, durante a estada de Nildes no convento, ela teve uma conversa sobre o passado político de Tito. Segundo Belaud, o frade teria se mostrado inconformado com o que lhe acontecera no Brasil, que o levou, banido, ao exílio. Perguntava à irmã:

> Por que eu? Tinha feito pouca coisa do ponto de vista político, por que fui preso? Entre os prisioneiros, eu era o que tinha o menor engajamento político, por que fui torturado? Depois da tortura, quando me puseram na lista para ser libertado, aceitei quase por obediência. Os que ficaram na prisão estão no Brasil, eu estou banido. Por quê? Não sei qual será meu futuro.

A VISITA DE NILDES

Na carta, Belaud diz a Magno que Tito não aceitava o que lhe acontecera. E, segundo ele, Nildes temia que o contato com brasileiros o levasse sempre de volta a esse passado doloroso.

Para Belaud, o silêncio dele sobre seu passado político, mesmo nos primeiros meses de euforia, mostra que ele preferia não falar daqueles fatos.

Na mesma carta, ele menciona uma psiquiatra italiana que queria ver Tito. Diz que era preciso ouvir a opinião do dr. Rolland, que tratava do brasileiro.

O primeiro semestre de 1974 desenrolou-se penosamente. Tito sobreviveu num estado de tristeza e desânimo superado por raros momentos de descontração.

— A própria forma de sua morte mostra que ele estava numa condição de profunda solidão, havia sofrido profundamente — diz Magno.

Quem se alojou dentro de Tito não foi o capitão Albernaz, nem o capitão Maurício, que o torturaram violentamente no Doi-Codi. Quem passou a habitar sua mente foi o grande símbolo da tortura, o delegado Fleury, que o havia torturado logo após sua prisão no convento.

— Fleury era frio e calculista. Para arrancar nomes e informações, se servia de tudo. O que ele fez com Bacuri mais tarde foi realmente inimaginável. Arrancou-lhe os olhos, espancou-o até quebrar os ossos. Para ele era simplesmente um modo de obter informações. Era Fleury quem dizia a Tito: "Vamos trazer sua irmã, ela vai ficar nua aqui e vamos torturá-la. Vamos trazer seu pai, ele vai morrer porque está muito velho, vamos torturá-lo aqui." O torturado jamais esquece. A tortura física acaba um dia, mas a psicológica, não. Essa não acaba — diz frei Fernando de Brito, que também passou pelas mãos do torturador.

Numa conversa sobre Tito com frades do convento, gravada logo depois de sua morte em fita cassete guardada durante quarenta anos por *frère* Jean-Pierre Jossua, Jean-Claude Rolland diz:

— Durante os meses que viveu no exílio, Tito apenas deu testemunho de que já estava morto. Acusado de trair Jesus e depois de trair Marighella, viveu como se sua vida valesse muito pouco, como um detrito. E foi perto de um depósito de lixo, de detritos, que foi encontrar a morte.

Amarrando-se numa corda a um álamo, Tito repetiu o gesto de Judas, a quem seus carrascos o comparavam.

Agosto de 1974-março de 1983

Ele agora descansa em paz: não sonhará mais com sua vida na prisão nem com os rostos infames de seus torturadores. Sua morte foi seu último gesto de resistência à opressão que pesou sobre ele: morreu no exílio, banido pela ditadura que ele sempre combateu.

Diário de MAGNO VILELA, setembro de 1974

Encontrei nos seus papéis textos que demonstram uma lucidez muito grande diante da vida, do sentido de sua vida, das contradições e impossibilidades de sua existência. Nunca pensei que fosse loucura.

FRÈRE XAVIER PLASSAT, a respeito de Tito

Em 1º de setembro de 1974, o então frei Magno Vilela anotou em seu diário:

Depois de um mês ausente, eis-me de volta a Paris. Como sempre, por aqui, chuva, vento e frio. O contrário do Midi,[4] de onde estou vindo...

Fato mais importante: a morte do Tito, em Villefranche-sur-Saône, nos subúrbios de Lyon; foi encontrado por um camponês local,

---

4. Sul da França.

UM HOMEM TORTURADO — NOS PASSOS DE FREI TITO DE ALENCAR

dependurado numa árvore. Enforcara-se. Quando encontrado, já estava morto há pelo menos dois dias. Assim, a data presumível de sua morte é 8 de agosto de 1974.

Magno registrava os principais fatos de sua vida no exílio num diário. E, com letra miúda e bem desenhada, analisou a morte do amigo:

> Ele morreu como "sobreviveu" em França durante 3 anos e meio: numa solidão cada vez mais atroz, atormentado pela lembrança das torturas selvagens de que fora vítima, incapaz — visto o que fizeram dele — de saber o que queria e o que poderia fazer. Ele tentou tudo, e é provável que, lúcido quanto às dimensões de seu estado pessoal, tenha se decidido pela morte.

Os dominicanos rezaram uma missa na igreja do Convento Sainte-Marie de la Tourette, na segunda-feira, 12 de agosto, às 15 horas. A missa, presidida pelo provincial do Brasil, Jean-Michel Pervis, foi assistida por Oswaldo e Magno. Todos os frades do convento de L'Arbresle mais o provincial de Lyon, Luc Moreau, estiveram presentes.

Magno anotou:

> Cerimônia simples e comovente, extremamente marcada pela gravidade mesma da vida, dos sofrimentos e da morte do Tito. Ele agora descansa em paz: não sonhará mais com sua vida da prisão nem com os rostos infames de seus torturadores. Sua morte foi seu último gesto de resistência à opressão que pesou sobre ele: morreu no exílio, banido pela ditadura que ele sempre combateu. Uma pequena placa sobre seu caixão menciona: Tito de Alencar, 1945-1974.

No mês de agosto, quando o verão aquece o continente europeu e as pessoas buscam o frescor das montanhas ou do mar, a solidão fica mais difícil de ser suportada para quem não sai de férias.

AGOSTO DE 1974-MARÇO DE 1983

Naquele agosto de 1974, o jovem poeta e místico que pensou um dia se tornar eremita percebeu que não conseguia viver sozinho, em meditação e oração. Trouxera do Brasil seus carrascos, que lhe invadiam os sonhos e lhe infernizavam os momentos de vigília.

O militante político e revolucionário não tinha mais forças para lutar. Comparados a Judas por um jornal aliado dos generais e dos torturadores, os dominicanos sabiam que não haviam traído nem Jesus nem Marighella. Mas, nos pesadelos de frei Tito, seus carrascos teimavam em repetir a mesma mentira.

Ao voltar de férias do sul da França, frei Oswaldo encontrou no Convento Saint-Jacques, onde residia, o provincial do Brasil, Jean-Michel Pervis, e frei Sebastião Neves, que seguiriam para Roma a fim de participar de um congresso da Ordem.

— A alegria do encontro durou pouco. Mal os cumprimentara, chegou a notícia da morte do Tito, comunicada pelo prior do convento de L'Arbresle ao prior do Convento Saint-Jacques — conta Oswaldo, que partiu com seus confrades para o Convento Sainte-Marie de la Tourette, para a missa e o enterro.

No documentário feito logo depois do suicídio, no qual são entrevistados frei Plassat, o prior Belaud, Oswaldo, Magno e o psiquiatra, *frère* Ducret atesta que Tito viveu terrivelmente sozinho seu drama.

— Ele se convenceu de que nós não podíamos ajudá-lo. Somente podíamos ser uma presença. Mas sua morte veio num momento em que fazia um enorme esforço de readaptação para ter um emprego e ser independente.

O Código de Direito Canônico da Igreja católica condenava, então, o suicídio e privava de sepultamento eclesiástico as pessoas "que se matassem deliberada e conscientemente". Mas no caso de Tito seria escandaloso invocar o Direito Canônico, pensaram os dominicanos. O prior do convento de L'Arbresle, *père* Belaud, conta no documentário que eles tinham podido viver durante um ano "o destino de uma pessoa e seu mistério". O Direito Canônico não interessava a eles.

— O que nós vivemos com ele foi o mistério da fé, e, quando lemos na missa o capítulo 53 de Isaías, ouvi esse texto como nunca tinha ouvido até então, e não o esquecerei jamais. Ele era a figura do servo sofredor.

Frère Ducret, um dos mais próximos de Tito, acrescentou que ninguém pensou sequer em debater o fato de ele ter-se suicidado:

— A ideia de enterrar Tito fora da Igreja nos pareceu totalmente impensável. Sua história ultrapassava o Direito Canônico. Sua morte foi uma forma de interpelar a Igreja e o mundo sobre o que se passava nas prisões. Ele mesmo escrevera no seu relato de torturas que a Igreja existe para ser um sinal da Justiça de Deus no mundo.

Depois da missa, o corpo foi enterrado no pequeno cemitério do convento, no meio das árvores, juntamente com os frades que partiram antes dele. A sepultura de Tito recebeu uma pedra na qual se lê, em francês e em português:

> Fr. TITO DE ALENCAR LIMA op. 1945-1974. Frei da Província do Brasil. Encarcerado, torturado, banido do país, atormentado... até a morte por ter proclamado o Evangelho, lutando pela libertação de seus irmãos, Tito descansou nesta terra estrangeira. No dia 25 de março, ele foi trasladado para sua terra de Fortaleza, onde descansa com o seu povo. "Digo-vos que, se os discípulos se calarem, as próprias pedras clamarão." (Lucas, 19; 40)

Em Fortaleza, dia 17 de agosto, a família organizou uma Missa de Sétimo Dia. Foi o primeiro ato político-religioso da capital cearense durante a ditadura. A missa foi rezada na igrejinha da casa dos pobres. Com o boca a boca organizado pela Ação Popular e pelos antigos amigos da Ação Católica, a missa reuniu centenas de pessoas ligadas aos movimentos de defesa da democracia e dos direitos humanos.

*

AGOSTO DE 1974-MARÇO DE 1983

Os frades consultaram seus escritos, cadernos, cartas, poemas. Sua Bíblia era toda anotada, os versículos que mais o sensibilizavam eram sublinhados.

— Folheando sua Bíblia, percebi que era sua vida que ele escrevia ao sublinhar os versículos que falavam ao seu coração — diz *frère* Xavier Plassat, responsável pela organização do livro *Alors les pierres crieront*, publicado pelas edições Cana. O livro fala de Tito e reproduz suas entrevistas, poemas e todos os versículos da Bíblia sublinhados por ele.

Plassat descobriu nos escritos de Tito poemas sentimentais, nos quais ele fala a uma mulher, poemas que são como preces, "uma interiorização incrivelmente bela da palavra de Deus". Outros escritos mostram que ele continuava a trabalhar intelectualmente pela libertação do Brasil, interrogava-se sobre a estratégia a ser adotada, questionava a luta armada e se perguntava como criar um movimento de massas para combater o fascismo civil-militar instalado no Brasil.

— Percebe-se que ele se sentia entre duas paredes: a da esquerda brasileira, da qual estava excluído, e a da fé cristã da qual também começava a se sentir excluído ou passava a se excluir. Oscilava entre essas duas correntes, como se se sentisse ora numa, ora noutra — analisa *frère* Xavier Plassat.

Todos os exilados puderam voltar a partir de 1979. A anistia abriu as portas das prisões. Cada preso libertado, cada exilado que voltava era recebido com festa. Tito, enterrado no convento em L'Arbresle, foi um dos que não puderam fazer festa.

Henfil escreveu numa de suas crônicas a sua mãe, publicadas na revista *IstoÉ*: "Mãe, todos voltaram, mas falta um que não chegou."

Pensava em Tito.

Quase nove anos depois de sua morte, em março de 1983, quando o corpo de Tito deveria voltar ao Brasil para ser enterrado em

UM HOMEM TORTURADO — NOS PASSOS DE FREI TITO DE ALENCAR

Fortaleza, o cardeal de Paris, Jean-Marie Lustiger, não teve a mesma sensibilidade que os dominicanos de L'Arbresle em 1974.

Primeiramente, pensou-se em fazer a missa de corpo presente na catedral Notre-Dame de Paris, antes do traslado para o Brasil. Seria uma forma de reunir, na capital, um grande número de pessoas em homenagem ao frade brasileiro, vítima do regime ditatorial.

Mas o arcebispo de Paris, nomeado cardeal por João Paulo II em fevereiro daquele ano, raciocinou friamente. Talvez pensando na própria carreira, como fizera anos antes dom Lucas Moreira Neves, Lustiger argumentou:

— A gente não pode dar esse tipo de destaque a um suicida. Seria um mau exemplo para nossa juventude.

Visto como um homem extremamente rígido e conservador por *frère* Jean-Pierre Jossua, o cardeal Lustiger era, ao mesmo tempo, "um homem inteligente, dotado de uma palavra forte, profunda".

Dia 17 de março, às 20 horas, a missa foi celebrada na Catedral Saint-Jean, em Lyon, pelo arcebispo Decourtray e por dom Tomás Balduíno, arcebispo de Goiás, dominicano como Tito, que viajou do Brasil especialmente para a ocasião. A catedral estava lotada. O arcebispo de Lyon se solidarizou com a Igreja do Brasil:

— Que nossa acolhida seja um sinal de nossa profunda solidariedade com a Igreja do Brasil, no combate de muitos de seus filhos pelo respeito do homem que faz corpo com a mensagem de Cristo; nas provações que ela atravessa; na sua inabalável esperança; na sua prece.

O caixão de Tito, coberto com uma bandeira com a cruz da Ordem dominicana, repousava no chão da catedral. Diante dele foi depositado um pequeno buquê de flores amarelas.

Dom Tomás Balduíno relembrou todos os mortos que "pagaram o preço da aventura evangélica":

— Esta solidariedade é o fruto da morte de Tito, de todos os mortos que Tito simboliza. Pois ele não foi o único a pagar o preço dessa aventura evangélica. Está acompanhado por milhares de mortos sem nome e sem caixão, que enriqueceram com seu sangue o chão de toda a América Latina.

A multidão que enchia a igreja tinha vindo de toda a França e da Europa. Na liturgia, dois grupos folclóricos sul-americanos cantaram canções das comunidades eclesiais de base da América Latina.

— Cristo aceitou morrer como um maldito. Ele tornou-se solidário com todos os malditos, vítimas de um sistema opressor. Entre eles, Tito elevou-se como uma forma de denúncia de tudo o que mais oprime os pobres no Terceiro Mundo. Cristãos da França, associem-se a essas lutas por pequenas ações concretas, vivas, em torno de vocês. O Evangelho nos ensina a crer na pequena semente — concluiu dom Tomás Balduíno.

O corpo de Tito foi acompanhado ao Brasil por Roland Ducret, Xavier Plassat e dom Tomás Balduíno para uma missa na Catedral da Sé, em São Paulo, antes de ir para Fortaleza, onde outra missa seria rezada.

No dia 25 de março de 1983, o corpo de frei Tito chegou ao Brasil. Uma celebração litúrgica na Catedral da Sé foi feita por dom Paulo Evaristo Arns, lembrando dois mortos sob tortura: frei Tito de Alencar Lima e Alexandre Vannucchi, estudante morto em 1973.

A catedral estava cercada por blindados e a multidão trazia faixas contra a ditadura, que dava seus últimos suspiros. Na catedral havia mais de quatro mil pessoas. Durante a missa, o advogado dos frades, Mário Simas, frisou por que era importante recordar o horror passado, para que não se repetisse.

— Foram tempos de ódio, suplício e torturas que macularam a essência não só das pessoas odiadas e torturadas como também da família humana.

Em Fortaleza, aonde chegou depois de meia-noite, o corpo de Tito foi recepcionado por milhares de pessoas no aeroporto. O bispo de Fortaleza, dom Aloísio Lorscheider, um dos mais ativos na luta pelos direitos humanos durante a ditadura, determinou que as portas da catedral ficassem abertas.

— Foi espetacular, belíssimo, a igreja ficou cheia o dia todo. Vieram estudantes, gente da Ação Católica, políticos, amigos, a gente chorava tudo o que não havia chorado antes. Foi ali que sentimos a perda, o direito de chorar sobre o corpo dele. Todos os irmãos estavam vivos. Mas meu pai já havia falecido — conta Nildes.

Uma empresa funerária estava inaugurando um carro de vidro e ofereceu-se para levar o corpo.

— Mas, na hora de ir para o cemitério, fomos a pé, todos caminhando da catedral até o Cemitério São João Batista. Nunca imaginei que Tito ainda estivesse no coração de tanta gente. Ele foi enterrado às 6 da tarde, quase noite. Ficamos muito gratos à Ordem por ter repatriado os restos mortais dele para a sua terra. Quando eu vinha entrando pela Rua São José, vi uma faixa bem grande na parede do muro que fica ao lado do Palácio do Bispo: "Tito, a luta continua." Foi muita emoção — relembra a irmã.

O túmulo de Tito no cemitério de Fortaleza é muito visitado. A família mandou erguer uma espécie de tenda, em alusão a seu poema "Quando secar o rio de minha infância".

Mesmo tendo acompanhado de longe as cerimônias de Lyon e de São Paulo, a família ouviu rumores de que na exumação fora constatado que o corpo de Tito estava praticamente intacto. Como os restos mortais chegaram ao Brasil em um caixão e não em uma urna, isso gerou um ambiente propício a um misticismo que perdura até hoje.

Um corpo quase intacto depois de nove anos é explicado pela irmã pelo fato de ter sido embalsamado depois de passar pelo Instituto Médico-Legal.

— Mas na nossa visão cristã entendemos que Deus permitiu que o corpo não fosse comido pela terra para que pudesse chegar ao Brasil e aqui fosse enterrado, como ele sonhava. Não cheguei a ver o corpo. Mas frei Domingos e Frei Betto deram testemunho — garante Nildes.

Frei Betto não confirma essa informação.

Ela diz que houve quem quisesse abrir o caixão em Fortaleza, mas nem ela nem os irmãos permitiram que se explorasse Tito.

— Queríamos que descansasse em paz.

Frei Betto confirma que o corpo de Tito foi colocado não em uma urna, como era de se esperar, mas num caixão.

— De qualquer forma, depois de quase 9 anos, espera-se uma urna — diz Frei Betto. — De jeito nenhum atribuo isso a algo sobrenatural. Esse estado de não deterioração do corpo é atribuído aos medicamentos que ele tomava.

Jean-Claude Rolland, que tratou de Tito, diz que os rumores de um corpo intacto são uma lenda ou um mito recorrente no pensamento cristão. Dostoiévski faz alusão a isso no seu romance *Os irmãos Karamázov*, quando fala de um religioso que viveu em grande santidade: depois da morte, seu corpo escapa à corrupção, como se ganhasse a imortalidade em vida.

Na cerimônia do enterro, Nildes fez um discurso "muito inflamado", na lembrança de frei Xavier Plassat. A irmã de Tito é hoje uma teóloga engajada, em nome do legado do irmão. Fez o curso de teologia para "entender o Evangelho como Tito o compreendia".

João Caldas Valença, que foi a Fortaleza para a cerimônia de sepultamento de Tito, é cético quanto ao fato de o corpo estar intacto. Como não houve consenso para a abertura do caixão e a verificação do fato, ele acha que essa versão deveria ser esquecida.

— A partir daí, denunciei o tempo todo a narrativa da vida de Tito transformada num mito. E na criação de uma santidade.

O que não impediu que Tito se tornasse um santo do catolicismo popular brasileiro.

Vinhedos do Beaujolais, 2012

Tito de Alencar foi submetido a torturas de tal forma cruéis, não somente do ponto de vista físico, mas também no nível psíquico, foi tão humilhado, que algo nele estava efetivamente morto. Na aparência, ele estava vivo, mas de fato era apenas um sobrevivente.

Não há dúvida de que Tito de Alencar morreu no decorrer de suas torturas.

A barbárie que leva certos homens à prática da tortura contamina automaticamente todos os seus contemporâneos. Ela faz de cada um de nós cúmplices virtuais.

JEAN-CLAUDE ROLLAND, psiquiatra

Fomos encontrar o dr. Jean-Claude Rolland numa bela manhã de junho, no início do verão de 2012. Ele perdeu quase todos os cabelos pretos que usava longos, à moda dos anos 1970, cobrindo as orelhas, quando recebeu frei Tito de Alencar Lima no Hospital Édouard Herriot, de Lyon, em 1973, onde era chefe do serviço de psiquiatria. Tinha 35 anos e estava fazendo, na época, uma formação na Associação Psicanalítica da França (APF) para se tornar psicanalista. Terminado o curso, tornou-se membro da APF, da qual foi presidente.

O dr. Rolland vive cercado de animais de estimação, nos arredores da cidade de Morancé, a 30 minutos de Lyon. De sua casa, estendem-se a perder de vista os vinhedos do Beaujolais, que começam a poucos metros do muro, do outro lado da estrada. A casa fica dentro de uma grande propriedade onde o médico cria pavões, uma arara do Brasil e pássaros do Gabão, grandes e coloridos.

Num grande viveiro, duas dezenas de aves exóticas, de diversas origens, voavam e misturavam seus cantos aos sons dos pavões. Quando tratou de Tito, o médico já habitava essa casa, onde sempre criou diferentes espécies de animais, um contato com a natureza vital para seu bem-estar.

Quando tocamos a campainha, ouvimos o latido do enorme cão, Figaro, um pastor dos Pireneus, que vem nos receber com o dono. A cadela Herminie, da raça terra-nova, nos espera parada em frente aos degraus de acesso à porta.

O médico nos convida a entrar, mas, antes de começarmos a falar do frade brasileiro de quem ele tratou há quase 40 anos, damos uma volta nos jardins para ver os maravilhosos pavões. Treze machos e fêmeas passeiam pelo bem-cuidado jardim, numa algazarra de gritos estranhos. Os machos começam a se exibir fazendo o leque, e aproveitamos para fotografá-los. Eles nos olham com soberana indiferença.

Terminada a visita àquele verdadeiro zoológico, entramos na sala cuja biblioteca revela a erudição do entrevistado, muito respeitado por seus pares de Paris, onde é membro da Associação Psicanalítica da França, e de Lyon, onde trabalha como psiquiatra e psicanalista.

Tito de Alencar Lima foi um marco na vida profissional do dr. Rolland. Desde que tratou do dominicano, o médico não parou de escrever e testemunhar sobre as consequências da tortura no psiquismo do jovem paciente. Habituou-se a ser convidado para conferências e colóquios em vários países, inclusive o Brasil, para falar de Tito, da tortura e seus efeitos.

O médico nunca mais tratou nenhuma outra vítima de tortura. Mas através de Tito pôde compreender situações da vida que se aproximam da experiência da tortura. No caso de psicóticos, os psiquiatras podem encontrar, na infância, situações em que a integridade da pessoa não foi respeitada. E, ao refletir e escrever sobre a tortura, o psiquiatra de Tito descobriu que existe na humanidade uma imensa capacidade de destruir o outro, ainda que profundamente reprimida.

— A tortura se desenvolve em bases que já existem. Há, no fundo de nós mesmos, muito recalcada, uma capacidade de destruir o outro, e o torturador apenas ativa essa capacidade de destruição. Por exemplo, na Argélia, as pessoas que torturavam tinham feito estudos avançados, tinham uma moral, mas num dado momento, por razões diversas, ativaram o que estava latente. A tortura mostra que há no homem o prazer de destruir o outro.

Depois do suicídio do frade, ele escreveu vários textos analisando o caso com o respeito e a humildade que um sofrimento tão incomunicável deve suscitar num psiquiatra. O primeiro intitulava-se "Ele resistiu à opressão", escrito em outubro de 1974. Em agosto de 1979, ele fez uma conferência sobre "A vítima da tortura e seu carrasco" (*La victime de la torture et son bourreau*) no XI Congresso da Academia Internacional de Medicina Legal e de Medicina Social, em Lyon. Em dezembro de 1981, o médico falou novamente sobre a tortura sob o tema "Tortura, análise de sociedade e psicologia", no Centro Thomas More. Nessa ocasião, ele e Paul Virilio dirigiam o colóquio "La torture: La victime et le tortionnaire, le tortionnaire et la société, la société et son État".

"Um homem torturado: Tito de Alencar", foi publicado na *Nouvelle Revue de Psychanalyse* em 1986 sob o título *"L'amour de la haine"* (*O amor do ódio*). Dez anos após a morte de Tito, em 1984, o Centro Thomas More realizou no Convento de La Tourette o seminário "La torture et les disparitions forcées". O último texto, "Tratar, testemunhar", foi apresentado num colóquio da Association Primo Levi de Paris, em junho de 2011.

— Quando compreendemos, os frades e eu, que Tito tinha vivido coisas atrozes e que nos tinha escapado pelo suicídio, disse a mim

UM HOMEM TORTURADO — NOS PASSOS DE FREI TITO DE ALENCAR

mesmo que era preciso testemunhar o que ele viveu. E comecei a fazer pesquisas — explica o médico.

Foi então que ele se dedicou, juntamente com os dominicanos, a ler os escritos de Tito, e procurou conhecer melhor sua história. Passou a escrever sobre o que se transformaria num caso paradigmático do poder destruidor da tortura.

— Quando o vimos chegar ao serviço de emergência psiquiátrica do hospital, poderíamos ter qualificado seu estado de delirante, pois pensava que Fleury estava lá, ouvia vozes. Depois, percebi que eram as vozes que ele tinha realmente ouvido, de torturadores e torturados — diz o psiquiatra.

O médico fala baixo, num ritmo peculiar, rápido como uma metralhadora. Para relatar fatos de quase quarenta anos atrás, fecha os olhos como se fizesse um esforço de memória para não falsear nenhuma lembrança.

— Ele estava num estado totalmente desesperador. Me contaram que não queria entrar no convento, quase não falava, não respondia às perguntas. Os dominicanos só o levaram ao hospital quando viram que não podiam fazer mais nada por ele. Esperaram um pouco, antes de pensar que ele precisava de ajuda psiquiátrica. Tentaram primeiramente ajudá-lo com a presença, a palavra e a solidariedade, e fizeram bem.

Ao receber Tito na emergência, Jean-Claude Rolland via pela primeira vez uma vítima de tortura. Começava ali sua descoberta de um sofrimento atroz e do que ele chama de "sintomas-testemunho". Nem a faculdade de medicina nem sua prática de psiquiatra o tinham preparado para casos como o de Tito.

Não era um delírio. Era algo completamente novo para o jovem psiquiatra, informado pelos freis Plassat, Genuyt e Ducret da história do paciente, das torturas que sofrera. O que no início pareceu a ele e aos colegas um mero delírio alucinatório foi entendido pouco a pouco como um testemunho, a única forma possível de contar a tortura, de testemunhar a barbárie de que fora vítima.

VINHEDOS DO BEAUJOLAIS, 2012

— Ele dramatizava para exprimir com o corpo algo que estava além das palavras e da consciência.

O psiquiatra viu que o paciente ainda vivia as consequências da tortura. Enviá-lo ao hospital psiquiátrico seria "destruir a nobreza do testemunho de Tito". Num hospital, ele seria reduzido a um doente dopado por psicotrópicos, como tantos outros, o que o dr. Rolland queria evitar.

Para cuidar de Tito, sabia que podia contar com pessoas extremamente acolhedoras e protetoras entre os frades do convento.

A começar por um dos que o acompanharam ao hospital, Xavier Plassat, o mais próximo de Tito desde que este chegara ao Convento Sainte-Marie de La Tourette.

Por contar com esse apoio, o psiquiatra resolveu não internar Tito. Deixou-o no setor de emergências, onde os pacientes em crises violentas ou que tentaram o suicídio só podem ficar dois ou três dias. Tito ficou três semanas sendo observado e recebendo cuidados. Por isso, o médico entrou em conflito com seus colegas, que não entenderam que se tratava de um caso diferente de tudo o que já tinham visto. O paciente atravessara o Atlântico, abrigara-se num convento, protegido por confrades solidários, mas trouxera dentro de si seus torturadores.

Ao contrário de Plassat, o psiquiatra não associou o desencadeamento das alucinações de Tito à queda de Allende:

— Tito já estava destruído, sofria os efeitos da tortura. Ele já devia estar destruído em Paris, inclusive porque não pôde utilizar os recursos terapêuticos que lhe foram propostos. Penso que desmoronou quando foi escolhido para ser trocado pelo embaixador, como se a prisão o protegesse contra uma espécie de desejo de morrer. Como se não tivesse direito de ser livre. Há em alguns pacientes uma culpa ou uma vergonha tão grandes que eles não podem se curar, como se não tivessem o direito de viver. Só podem viver de maneira reduzida, estreita, atormentada.

UM HOMEM TORTURADO — NOS PASSOS DE FREI TITO DE ALENCAR

No final do tratamento, Tito voltou para o convento. O médico esperava contar com o paciente para uma psicoterapia que complementaria o tratamento medicamentoso, por um período mais ou menos longo. Marcou terapia duas vezes por semana, no próprio hospital. Tito comparecia acompanhado sempre de um confrade, mas quase não conseguia falar durante as sessões.

— Ele tinha vergonha e se sentia um traidor. Parecia consumido pela vergonha. Mas não se pode pedir a um torturado que não confesse, tudo é feito para levá-lo a falar. Em nossas sessões ele era silencioso, cheguei a me perguntar depois se sabia falar bem francês. O que eu escutava era o que seu silêncio continha de sofrimento e de recordações. Foi, sem dúvida, a experiência mais violenta que tive em toda minha prática psiquiátrica.

Aos poucos, o médico compreendeu que Tito estava condenado à forma mais violenta de exílio: tinha sido exilado da sua língua e da linguagem. Os que tentavam falar-lhe não podiam compartilhar nada, não podiam estar com ele, apesar da compaixão e do desejo de ajudar.

— Precisei de muito tempo para confirmar essa forma trágica de impotência que nos impedia de estar com ele, de falar com ele, de prevenir o desastre que o esperava. Quando me perguntei, muito tempo depois, se ele falava francês, foi que me dei realmente conta.

Os frades confirmam que Tito sabia falar francês. Falava com forte sotaque, mas se expressava bem. Logo que chegou a Paris em 1971, vindo do Chile via Roma, fez uma imersão no estudo da língua francesa, juntamente com seus estudos de teologia. No Convento Saint-Jacques, tinha um professor de francês, designado por *frère* Rettenbach, provincial da ordem.

Apesar de poder falar a língua, mantinha-se quase sempre mudo durante as visitas que fazia ao psiquiatra desde que saiu do hospital. O frade que o acompanhava falava por ele, respondia ao médico, relatava o estado de Tito, suas atividades, seu dia a dia.

VINHEDOS DO BEAUJOLAIS, 2012

O cotidiano do convento era pontuado por uma rotina estrita: café da manhã bem cedo, no qual cada um se servia à vontade dos alimentos colocados numa grande mesa. Depois, seguiam para o ofício de Laudes às 8h. De lá, cada qual partia para suas ocupações até a hora do almoço. Às 12h, rezavam missa, da qual os frades seguiam para estudos e cursos. Às 19h, antes de um jantar frugal, participavam do ofício de Vésperas.

No convento, Tito também não conversava muito, preferia ficar sozinho. Muitas vezes não saía de seu quarto para as refeições ou para os três ofícios religiosos. Houve momentos em que os frades pensavam que ele tinha reencontrado a serenidade, que poderia retomar leituras e estudo. Depois, voltava a se fechar, a se atormentar com a ideia de que sua família estava sendo torturada no Brasil.

Poucos dias antes de nos receber, o dr. Rolland estivera em Marselha para falar num centro que dá assistência a vítimas de tortura. O centro funciona como a Association Primo Levi, de Paris, dando apoio a vítimas e denunciando práticas de tortura em diversos países do mundo. Depois da conferência em Marselha, perguntaram ao médico por que Tito fora destruído, por que não resistiu, não pôde continuar vivendo. Outras vítimas de tortura conseguiram se reconstruir depois da prisão. Para o psiquiatra, os carrascos despejaram sobre Tito uma dose de violência inimaginável:

— Pode-se dizer que ele foi quebrado porque tinha um ponto de fraqueza. Mas todos os homens têm um ponto de fraqueza. Há algo na perversidade da tortura que leva o torturador a procurar no outro exatamente o que ele percebe que não vai resistir. Eles visaram à sinceridade do seu sacerdócio, foi aí que ele foi terrivelmente posto à prova, perseguido, acuado. E desmoronou.

Além das torturas físicas que sofreu, Tito foi submetido a todo tipo de tortura psicológica visando a demolir sua autoestima. Os torturadores martelavam que era um traidor. Que traiu Jesus ao aderir a Marighella. Que traiu Marighella, como os outros dominicanos, porque era um padre. E que, sendo padre, não podia estar do lado dos comunistas. Era lógico que acabasse por traí-los. Além do mais, era homossexual, bastava ver que vestia saia como as mulheres.

— A violência da brutalidade extrema, desumana, da prática da tortura traz com ela a abolição de toda semelhança entre o carrasco e a vítima, elimina a língua comum. A instrumentalização das palavras e da linguagem que, no uso do insulto, por exemplo, se reduzem a "atos" destinados a ferir a pessoa e a desvalorizá-la, exclui a vítima de sua própria língua — constata o psicanalista.

Em seu silêncio, Tito tinha o que o dr. Rolland chama "a arrogância dos mártires":

— Era um homem que tinha um ideal importante, grandioso. Em seu profundo sofrimento, lembrava São Francisco de Assis ou Cristo. Ele tinha se identificado com Cristo, era impressionante. Parecia completamente destruído, mas ao mesmo tempo sentíamos que a última coisa que o sustentava era a ideia de que era um mártir. Ele tinha aquela superioridade dos mártires, a arrogância dos mártires.

Quem não viu nos quadros da Idade Média as cenas que representam a vida dos santos? Eles se dirigiam para o martírio com um sorriso nos lábios. Sabem que vão sofrer as maiores infâmias, os maiores suplícios, e sorriem.

— Os mártires pensam que se submetem à vontade de Deus. No momento em que estão em perigo, pensam que foi Deus quem quis assim.

Somente mais tarde o psiquiatra compreendeu que Tito estava de certa forma impermeável a seu tratamento, pois esperava que a cura viria de Deus, não dos homens. E, mesmo quando sua irmã Nildes foi visitá-lo no convento, em L'Arbresle, no Natal de 1973, teve dificuldade em se relacionar com ela.

— A tortura tinha esvaziado Tito, retirado dele qualquer possibilidade de relacionamento — atesta o psicanalista.

VINHEDOS DO BEAUJOLAIS, 2012

Em carta de 21 de maio de 1974 à irmã Nildes, a última que lhe escreveu, Tito comenta:

> Não sei como encontraste a terra natal após tua longa ausência em terras estrangeiras... Desculpe se não fui mais atencioso contigo na Arbresle. Estava vivendo, naqueles dias, a fase mais difícil de minha vida na França, infelizmente. Meu ritmo de vida não mudou quase nada; coisa que muito me inquieta às vezes. Vou, de vez em quando, ao hospital. O tratamento é o mesmo, apenas vou menos vezes ao consultório médico. Diminuí, sensivelmente, minhas leituras, pois estou sem nenhuma condição para programar um curso de tipo universitário, ou coisa parecida... Estamos em fins de primavera, o tempo é mais quente, e as noites são mais longas. Toda paisagem inspira beleza e paz. Há mais vida e sentimento para aqueles que sabem viver a dimensão poética que nos dá a natureza com suas árvores e seus pássaros. O sol é mais presente, a vida é cheia de ânimo, encobrindo o aspecto sombrio e doentio, verso da medalha existencial. Pois assim é o viver, com seu dia a dia.

O lapso que o frade faz ao escrever que as noites de primavera são mais longas, exatamente o contrário do que ocorre, não falaria sobretudo da noite interior, do sentimento de que falta luz e vida dentro dele mesmo?

Logo depois, paradoxalmente, ele escreve que "o sol é mais presente". Como se voltasse a falar objetivamente da primavera e não mais de sua melancolia, sua presença "pequena e nebulosa", como ele diz pouco depois, na mesma carta.

— É impossível analisar sua morte. Se a gente se coloca no plano estritamente psicopatológico e psiquiátrico, somos forçados a reduzir os acontecimentos que ele viveu. Ora, os acontecimentos reais são fundamentais para que se possa analisar o que se passou. Para entendermos o que aconteceu com Tito no momento em que ficou doente ou foi visto como doente pelas pessoas até sua morte, temos que analisar tudo o que ocorreu no Brasil e depois na França. Dizer que ele ficou louco é como dizer que era psicologicamente frágil, que não deveria ter-se engajado na revolução.

Para um psiquiatra-psicanalista, o suicídio de um paciente é uma derrota, um cataclismo. Por isso, ele diz que o tratamento de Tito foi "enriquecedor e deprimente".

— Fiquei realmente chocado, ele escapou a todos nós. Mesmo sabendo que fugia e se esquivava o tempo todo, foi um choque. Tito não estava mais presente. Mas suicidar-se... Ele realmente nos escapou. Mas talvez a ideia de se suicidar lhe veio no momento de sua libertação.

Depois do suicídio, a vida do dr. Rolland passou a ser pontuada por leituras e reflexões em torno do caso Tito e da tortura. Ele admite que seu olhar em relação às pessoas que sofrem e à crueldade humana se transformou. Atualmente, sempre nos passos de Tito, começou a pesquisar sobre o banimento.

— Édipo foi banido de seu país. Antígona foi banida. Na civilização grega, ser banido era o horror absoluto, era pior que um assassinato, era melhor morrer que ser banido. Ora, Tito era um banido. Se não tivesse sido incluído na lista, não teria sido banido, continuaria na prisão e, quem sabe, talvez não tivesse tido o mesmo destino.

O psicanalista também reflete sobre a psicologia do torturador, o que faz um homem tornar-se torturador, reativar no mais profundo de si toda a capacidade de destruição, pôr sua inteligência inteiramente a serviço da destruição.

Existe nele o desejo de destruir um sistema de valores. Ele usa estratégias muito complicadas, como quando liberta um prisioneiro para que surja desconfiança sobre as razões da libertação, e ele seja abatido pelos próprios amigos. O torturador é alguém cuja inteligência rompe com a moral, está a serviço de uma destruição sem sentimentos.

Jean-Claude Rolland diz que, nos primeiros anos depois da morte de Tito, pensava que era preciso entender o que é uma vítima da tortura, ter uma compreensão interna da tortura.

VINHEDOS DO BEAUJOLAIS, 2012

— Hoje, penso que a loucura está no torturador. É preciso ver a tortura como uma loucura. Alguns militares que torturaram na Argélia ficaram loucos. Só se pode fazer isso exercendo uma distorção mental muito grande. Albernaz, um dos torturadores de Tito, lhe disse: "Quando venho para a Operação Bandeirantes, deixo meu coração em casa." Isso mostra que são realmente seres divididos, como se houvesse uma cisão — diz o médico.

Para ele, há períodos da História que favorecem o surgimento dessa loucura coletiva. O Terror, logo depois da Revolução Francesa, quando se executaram centenas de pessoas em Paris, poetas, escritores. Ou o stalinismo. São momentos em que a sociedade enlouquece e produz loucos que se tornam torturadores.

— Numa sociedade que não concebe a tortura, de repente isso tudo se torna possível. E necessário.

Da passagem de Tito, nada restou nos arquivos do Hospital Édouard Herriot. O médico tentou reconstituir datas, períodos de internação, remédios. Ao procurar o prontuário de Tito de Alencar Lima, descobriu que os arquivos do hospital são destruídos a cada 20 anos. Nenhum vestígio atesta a passagem do paciente pelo hospital.

Como se Tito tivesse sido condenado ao esquecimento e à morte de fato depois que sua morte civil foi assinada pela ditadura, na forma do decreto que o bania do território nacional.

Antes de encontrarmos pessoalmente o dr. Rolland para falar sobre o caso Tito, ele nos enviara um texto, respondendo às diversas perguntas que lhe havíamos feito. Abaixo seu texto, de 10 de março de 2012.

> Pode-se explicar tudo *a posteriori*. O suicídio de frei Tito teria sido consequência das sevícias que ele suportou na prisão, da tortura, das desordens psíquicas que se seguiram e, finalmente, do exílio forçado num país estrangeiro. Tudo isso que se pode resumir na perda de todo o controle sobre seu destino e de esperança no gênero humano. O sui-

cídio é um ato de desespero, cego. Por isso, deve-se evitar explicá-lo: no momento do ato, significa o bloqueio das funções intelectuais, tanto no autor do ato quanto nos que o cercam. Porque o suicídio não é nunca o ato solitário que pensamos, inscreve-se num contexto de relações no qual o outro é ao mesmo tempo interpelado e repudiado.

Tito buscou a morte em condições tais que nenhum dos que o acompanhavam pudesse antecipar ou prever o gesto. Pode-se dizer que ele deu provas de um determinismo no qual o "outro" foi totalmente excluído. Naquele momento de sua existência, Tito foi radicalmente cortado de seus semelhantes, de sua comunidade.

Ele vivia como um exilado do mundo que, para ele, era habitado pela sombra dos torturadores. Os vivos que o cercavam eram representantes dos carrascos, particularmente de Fleury. Tive essa intuição quando o recebi pela primeira vez no hospital: ao vê-lo totalmente desamparado, decidimos hospitalizá-lo num quarto e ele se colou na parede, de costas, como se fôssemos executá-lo. Depois, quando a enfermeira lhe deu o sedativo, ele o engoliu com uma submissão trágica, como se estivéssemos lhe dando um veneno. Estava claro que nós, que o tratávamos, éramos identificados com seus torturadores.

Ele tinha a impressão de que ia ser morto de um momento para outro. Foi o que deve ter sentido durante sua prisão e tortura. Vivia como um condenado à morte, e o suicídio se inscreve nesta lógica: matar-se em vez de ser morto. Esse é o sentido de sua primeira tentativa de suicídio na prisão. Pode-se dizer que, com esse gesto, ele se identificou com seus agressores. Assim, é legítimo afirmar que o delegado Fleury foi, em última instância, autor de um assassinato.

Não se pode nem se deve explicar esse suicídio, mas deve-se reconhecer o quanto esse gesto simbolizou sua história, como ele é simbólico da história da tortura que conduziu sempre, inexoravelmente, depois, a vítima a retomar o ato do torturador e finalizar sua obra. Suicidando-se, Tito obedeceu a Fleury pela última vez. Isso me faz pensar que em seu delírio, em geral, Tito só reproduziu psiquicamente o que tinha sofrido de fato.

VINHEDOS DO BEAUJOLAIS, 2012

Para isso há dois motivos. O primeiro foi a violência quantitativa dos traumatismos que leva automaticamente à repetição, para esgotar a carga de excitação e garantir a catarse. Por exemplo, as injúrias recorrentes da parte de Fleury, em relação a sua identidade de religioso, levaram Tito a se recusar a entrar no convento, como lhe ordenava o prior. Ele pensava que era indigno de entrar. Eram vozes, a de Fleury sobretudo, que lhe proibiam de entrar e o impediam de reconhecer a realidade atual e a benevolência do prior.

Na França, Tito não dispunha mais da palavra, não se comunicava com ninguém. Ele se imunizava, assim, à influência possível da psicoterapia. A tortura amputa o homem de uma parte de sua humanidade. Para expressar seu sofrimento físico e psíquico, ele não tinha senão os sintomas que nos foi necessário entender como os sinais de uma história a ser decifrada, como o substituto de uma linguagem.

A língua escrita escapou a esse naufrágio: ele continuou a escrever textos e poemas. Por que a língua escrita resiste mais à violência que a língua falada? Por que militantes como Dilma Rousseff, no Brasil, ou Henri Alleg, na Argélia, resistiram melhor à tortura que Tito de Alencar? São enigmas que a tortura, que revela uma face obscura da humanidade, nos impõe. E não temos ainda meios de explicar.

Tito estava condenado à forma mais violenta de exílio: tinham-no exilado da língua dos homens. Nós, que estávamos diante dele, apesar da nossa empatia e nosso desejo de ajudá-lo, estávamos sujeitos ao mesmo exílio da língua. Se não podíamos *falar* com ele, não podíamos *estar* com ele. Foi preciso um tempo enorme para que eu pudesse compreender essa forma trágica de impotência que nos impedia, então, de estar com ele, de lhe falar, de prevenir o desastre que viria. Comecei a entender quando me perguntei mais tarde se ele falava francês!

Ele falava, os frades me confirmaram. Em longas e numerosas consultas com ele, não me lembrava que o que eu escutava era o que seu silêncio continha de sofrimento e de recordações. Os frades que o acompanhavam às consultas me falavam dele, e foi por eles que pude conhecer Tito e sua história, foi através dele que elaborei um esquema de tratamento. Mas ele quase nunca me falou. Foi sem dúvida a experiência mais violenta que tive de enfrentar em toda a minha prática. Ela obliterou minha inteligência a ponto de abolir em mim a capacidade de prevenir sua morte. Daí, explicar seu suicídio me parece impossível, talvez o pudor deva impedir. Prefiro dizer que a barbárie que leva certos homens à prática da tortura contamina automaticamente todos os seus contemporâneos. Ela faz de cada um de nós cúmplices virtuais.

Voltarei a isso depois. É um lado da tortura que comecei a ver há pouco tempo ao voltar ao caso Tito mais demoradamente e também ao escutar, no colóquio da Association Primo Levi, o testemunho de terapeutas que trataram de homens e mulheres vítimas de sevícias policiais e condenados a um exílio político. A sombra da situação traumática original pesa necessariamente sobre a situação terapêutica que é a repetição dela, por transferência. Certamente esta abre a possibilidade de um trabalho de palavra e de memória suscetível de descobrir e de acalmar as feridas psíquicas, na maioria das vezes inconscientes, geradas por essa situação. Mas, se é fácil para o terapeuta identificar-se com a vítima e reconhecer nessa identificação tão determinante para sua função terapêutica (sob a forma de compaixão, por exemplo), é muito mais difícil, quase impossível, reconhecer a identificação com o carrasco à qual o paciente o reduz, necessariamente, pela compulsão de repetição gerada pela violência do traumatismo originário. Aí existe um limite para a capacidade terapêutica que pode não ser invencível, mas que é preciso conhecer previamente.

Não é preciso explicar, mas é preciso denunciar a ilusão ou o idealismo que leva a negar a violência que os homens podem exercer uns contra os outros, e enfrentar friamente a opacidade desse problema.

Não tendo podido salvar fisicamente Tito, nos decidimos com total determinação a agir para identificar os indícios que ele tinha dado na resistência e na denúncia da tortura e da opressão política que a favorecia, inclusive nas suas atitudes aparentemente mais alienadas.

VINHEDOS DO BEAUJOLAIS, 2012

Por seu delírio, sua melancolia, por seu corpo e suas alucinações, Tito testemunhava a opressão de que tinha sido vítima, assim como outros resistentes da ditadura. Sua "doença" era uma mensagem que tínhamos de decifrar e testemunhar, tanto os frades que o acompanharam quanto eu mesmo.

Tito se suicidou pendurando-se de um álamo perto de um lixão, junto à zona industrial de uma cidade periférica na qual ele encontrara um trabalho. Essas circunstâncias indicam a qualidade de "lixo humano" ao qual ele estava reduzido pela experiência da tortura. Fomos então em busca de sua história e de sua personalidade consultando arquivos pessoais e ouvindo os que o tinham conhecido, na França e no Brasil. Somente aos poucos pudemos penetrar no seu percurso e reconstituir os procedimentos pelos quais a perseguição policial, depois sua prisão e tortura tinham destruído Tito, corpo e alma.

Para compreender os efeitos da tortura sobre o espírito de um homem e sobre seu destino, é preciso analisar os diferentes aspectos que constituem o ato de torturar. Há primeiramente as sevícias físicas que visam a um efeito imediato e quase sempre o mesmo: fazer a vítima falar, obter informações sobre ações políticas com as quais ela supostamente colabora e com pessoas com as quais se relaciona. A violência dessas sevícias é conhecida, é uma violência intencional, racional, friamente calculada, e tal que um organismo normal não pode resistir.

É possível que, na prisão de São Paulo, Tito tenha pensado que somente se suicidando ele poderia romper essa relação de força física e escapar à confissão. Pode-se medir a radicalidade da violência da parte do torturador e o grau de impotência ao qual a vítima é reduzida através da frase do torturador ao médico que o salvou: "Doutor, ele não pode morrer." Pode-se medir o pavor da vítima nessa situação extrema e paradoxal que visa a mantê-la viva para melhor aniquilá-la.

As sevícias psíquicas se juntam às físicas e as fazem ressoar com uma força trágica que lhes é própria. São insultos que, a serviço de uma paixão diabólica e manejadas com método, ressoam como julgamentos categóricos que emanam de uma potência superior, confundindo o discernimento da vítima e arruinando a representação que tem de si mesma. "Você é um padre, logo é homossexual", "Você é revolucionário, logo traiu o Evangelho" são silogismos de uma perfídia absoluta. Demonstram, no plano superficial, um julgamento manifesto, mas na realidade revelam uma vontade de calúnia e destruição da identidade da vítima. Tito introjetou definitivamente essas assertivas.

Mas essas sevícias psicológicas consistem também no uso indevido de gestos simbólicos para confundir um pouco mais a razão enfraquecida da vítima: quando o torturador introduz na boca de Tito um eletrodo dizendo que lhe apresenta a hóstia, o corpo de Cristo, atinge-se o que a aporia do ato da tortura. Trata-se aí de penetrar na intimidade do outro, de quebrar a integridade de seu espírito e de seu corpo, de anular sua individualidade e profanar o âmago de sua crença e seus ideais. A violência da tortura consiste *in fine* nessa recusa totalitária da "alteridade do outro". Ela é uma barbárie da negação, do negacionismo.

Dessa forma, deve-se perguntar: o que Tito representava para os torturadores e todos os que respaldavam as ações deles? Por que eles se entregaram ao que nos aparece como uma barbárie "impensável"? Era alguém que, por sua personalidade e por sua história, desestabilizava as convicções rígidas que eles defendiam. Era um padre, mas se dedicava aos oprimidos; era um intelectual que privilegiava a assistência aos desfavorecidos, um homem que excluía toda e qualquer violência e só se colocava a serviço do amor, da liberdade e da paz, valores opostos aos da ditadura. Para a ditadura, Tito era um símbolo. Foi esse símbolo que a tortura quis apagar, destruindo o homem.

O que organiza e define essencialmente uma comunidade humana? Uma solidariedade entre indivíduos que se comunicam seja como semelhantes, seja como seres radicalmente diferentes. Outros ingredientes entram nesse cimento comunitário, ou seja, a partilha de ideais comuns. A tortura não é somente uma ideologia grupal se legitimando politicamente: é uma prática sobre um indivíduo, seu ser, seu corpo, sua história. O que a tortura visa especificamente é ao aniquilamento, à negação dessa diferença interindividual.

VINHEDOS DO BEAUJOLAIS, 2012

O que Fleury quer de Tito? Destruir nele o que não lhe é semelhante. Mas vê-se também que, se eu destruo no outro o que ele tem de diferente de mim, eu também destruo, ao mesmo tempo, o que ele tem de semelhante. O que quer Fleury de Tito quando pela tortura quer apagar toda diferença entre eles? Seu desaparecimento como ser.

A incoerência do pensamento que embasa a prática da tortura é uma perturbação do pensamento, uma doença da alma. É mais fácil pensar que ela é uma perversão do que reconhecer que ela é uma loucura que requer uma exploração científica e um tratamento.

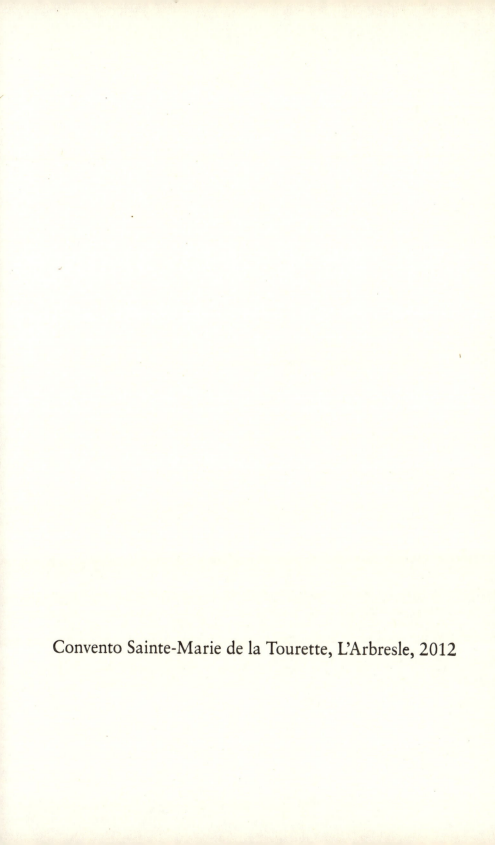

Convento Sainte-Marie de la Tourette, L'Arbresle, 2012

Onde estavam o guardião, o ecônomo, o porteiro, a frater-
nidade onde estava quando saíste, ó desgraçado moço da
minha pátria, ao encontro desta árvore?

ADÉLIA PRADO, "Terra de Santa Cruz"

Da casa do médico, tomamos o carro para ir com ele visitar o Convento Sainte-Marie de La Tourette, a uns quinze minutos. A magnífica obra de Le Corbusier foi construída em 1953, "para abrigar o silêncio dos homens de oração e de estudo" da Ordem dominicana. Edificado em concreto, com linhas retas e volumes geométricos, o convento domina, do alto de uma planície, a deslumbrante vista de vinhedos e colinas.

Logo que chegamos para um almoço com os frades, somos recebidos pelo prior, *frère* Alain Durand. No almoço, as mesas quadradas são ocupadas por frades e por alguns estudantes de arquitetura, que costumam chegar para visitas guiadas e animam a pacata vida do convento, tombado pelo patrimônio histórico da França desde 1979. No prédio, Le Corbusier criou soluções novas para a iluminação e a renovação de ar e deu a portas e janelas a alegria das cores primárias.

Depois de um almoço frugal, sobre o qual o dr. Rolland tinha nos prevenido, "os frades não fazem exatamente uma cozinha gastronômica", regado a um bom vinho da região, fizemos a visita guiada do prédio com o prior Alain Durand. Em seguida, fomos com ele e com o dr. Rolland para uma sala conversar com *frère* Paul Coutagne, o único frade que conheceu Tito dos que ainda vivem em La Tourette. Outro sobrevivente da época de Tito, *frère* François Genuyt, já tínhamos encontrado na véspera, no convento dominicano de Lyon bem no centro da cidade, na Rua Tête d'Or.

Nascido em 1925, *frère* François Genuyt é o mais velho dos frades que conviveram com Tito. Ele lembra perfeitamente do jovem brasileiro que fazia poemas e tocava violão.

— Nós o deixávamos viver tranquilo. O prior tinha dito para não nos preocuparmos com ele. Todos nós sabíamos da tortura, do seu sofrimento, sofríamos com ele, mas, por discrição, ninguém lhe perguntava nada.

Frère Genuyt descreve Tito como alguém que sofria muito, que vivia um pouco à margem da comunidade dos frades de La Tourette.

— A última imagem que tenho dele é do verão de 1974, quando num belo dia de sol o vi fora do convento tocando seu violão. Esses momentos poéticos eram muito raros.

No ambiente de La Tourette, Tito encontrou no prior Pierre Belaud um verdadeiro apoio e um superior preocupado em lhe proporcionar o necessário para sua integração. Xavier Plassat e o frei Ducret conseguiam conversar com o brasileiro e tentavam descobrir uma atividade que lhe despertasse o interesse.

Frère Coutagne nasceu em 1926 e, em 2012, estava perdendo a audição. Mas sua memória continua intacta. Lembra-se muito bem do brasileiro taciturno, impenetrável, que Xavier Plassat tentava conquistar com sua amizade e solidariedade. A preocupação dos frades era ocupar Tito para que ele não ficasse sozinho quando os outros saíam para dar aulas. O próprio Coutagne era professor no Instituto Católico de Lyon.

Um dia, alguém lhe disse que Tito iria ajudá-lo a cortar galhos secos no bosque para, em seguida, fazer uma fogueira. Depois de

CONVENTO SAINTE-MARIE DE LA TOURETTE, L'ARBRESLE, 2012

alguns minutos em busca de galhos, Tito pareceu perder o interesse pela atividade e se foi. Nas poucas ocasiões em que ficou sozinho com Tito, Coutagne não encontrou meio de furar o bloqueio. Talvez por ser ele próprio um tanto tímido.

A partir de 1973, o convento também abrigou muitos refugiados chilenos, frades mas também leigos, fugidos da ditadura de Pinochet. Um dos frades dominicanos que habitavam La Tourette, *frère* François Biot, era próximo de dom Helder Camara, a quem admirava muito, e da Teologia da Libertação. Dividia seu tempo entre o convento e Paris, onde trabalhava no jornal católico *Témoignage Chrétien*, para o qual escrevia artigos e reportagens denunciando as torturas e as leis cada vez mais repressivas da ditadura brasileira e, posteriormente, da chilena. Honrando seu glorioso passado, o jornal foi um apoio importante para o clero de esquerda no Brasil.

O *Témoignage Chrétien* foi criado em novembro de 1941, em Lyon, pelo padre jesuíta Chaillet à frente de uma equipe de padres e leigos. Durante a ocupação alemã, o jornal era distribuído clandestinamente "para vencer o muro do silêncio e da opressão".

Foi Biot quem assinou a resenha do livro de cartas de Frei Betto, quando foi publicado na França com o título *L'Église des prisons* (DDB, Paris, 1972), título francês de *Das catacumbas*, prefaciado no Brasil por dom Paulo Evaristo Arns. "Betto pensa que é normal que os discípulos de Jesus Cristo sejam enviados à prisão, é normal que a comunidade cristã, animada pelo espírito evangélico, seja perseguida", escreveu Biot.

Foi também Biot quem assinou o artigo "Helder Camara e Pinochet não vivem a mesma fé". Sob a foto do arcebispo brasileiro que ilustra o artigo, a legenda: "Podem conviver na mesma fé o capitalismo e o engajamento socialista, o colonialismo e a revolução?"

No final da visita ao convento, onde vimos as celas frias e simples, numa das quais Tito viveu atormentado seu último ano, fomos com *frère* Durand e com o dr. Rolland conhecer a sepultura que abrigou o

UM HOMEM TORTURADO — NOS PASSOS DE FREI TITO DE ALENCAR

corpo do frade por nove anos, de 1974 a 1983. O cemitério fica dentro de um bosque de aspecto selvagem. Nele Tito foi enterrado no dia 12 de setembro, depois da missa rezada pelo prior, *frère* Pierre Belaud.

No cemitério, repousam outros frades que morreram em La Tourette Muitos conheceram Tito. Cada túmulo tem uma cruz de madeira de desenho original, com duas traves unidas no vértice que aponta para o céu, formando um triângulo.

Ao saber que encontraríamos alguns dominicanos que conheceram Tito e vivem até hoje no Convento Saint-Jacques, em Paris, onde o brasileiro morou mais de dois anos antes de ir para La Tourette, o dr. Jean-Claude Rolland conta que logo após a morte de seu paciente foi a Paris. Queria conhecer o convento e conversar com os frades que haviam convivido com ele. Tentava, com Plassat e outros, reconstituir o percurso de Tito, entender o paciente que lhe escapou.

Rolland descobriu um Convento Saint-Jacques "extraordinaria-mente épico". E explica:

— Os dominicanos eram pessoas peculiares. Muito religiosos, muito livres e muito rebeldes. Cada um fazia o que queria. A batina, por exemplo: alguns a usavam, outros se vestiam de forma totalmente descontraída, quase hippie. Mesmo quando rezavam, nem todos vestiam o hábito. Alguns tinham os cabelos longos. Demonstravam uma grande liberdade de pensamento. O papa não interessa muito a eles, a autoridade não interessa. Uma vez um dominicano os definiu muito bem: a única coisa que lhes interessa é a pobreza. Eles fazem três votos: para o voto de castidade não ligam muito. Ao de obedi-ência, não dão bola. O único voto que lhes interessa é o de pobreza.

Nos passos de frei Tito: Xavier Plassat

*Tito transparece nas suas palavras na intensidade de sua existên-
cia, viva, lúcida, combativa, até o fim: um militante político sem
trégua, preocupado com a libertação do seu povo; um discípulo
de Cristo confiante e desesperado como ele; um amigo e um frade
de forte, embora discreta, sensibilidade; um brasileiro banido
de sua terra, um homem exilado no seu próprio chão interior.*

FRÈRE XAVIER PLASSAT,
no livro *Alors les pierres crieront*

Frei Tito de Alencar Lima não conseguiu retornar vivo ao seu país,
de onde nunca desejou sair e onde lutou pela redemocratização e por
justiça social. Também não realizou o ideal de juventude de exercer
um trabalho pastoral em que levasse a palavra revolucionária de
Cristo aos pobres e desvalidos. Mas sua morte — uma das centenas
perpetradas pelas duas décadas de ditadura e barbárie no Brasil —
não foi capaz de enterrar seus sonhos.

É inevitável ver na trajetória de vida daquele que foi o amigo mais
próximo no último ano de vida de Tito um claro legado do frade brasileiro. Desde 1989, é numa pequena cidade no meio da Amazônia,
no estado do Tocantins, numa região de constantes conflitos de terra,
que pode ser encontrado o francês Xavier Plassat, hoje coordenador
da Campanha Nacional da Comissão Pastoral da Terra (CPT) pela
Erradicação do Trabalho Escravo.

UM HOMEM TORTURADO — NOS PASSOS DE FREI TITO DE ALENCAR

O fato de pertencerem à mesma geração não foi o único fator a aproximar os dois frades logo que Tito chegou a La Tourette. Havia também o interesse de Plassat pela política da América Latina. E o percurso de politização de ambos, que teve a mesma origem. Como Tito, o francês fora jecista na adolescência, tendo sido da equipe nacional da JEC, em sua diocese de Cambrai, no norte da França. Na faculdade, participou da Ação Católica universitária e se envolveu com a política estudantil em plena efervescência de Maio de 68, movimento de que fez parte ativamente.

Como muitos frades da época, Plassat sempre trabalhou fora do convento. Logo que chegou a L'Arbresle, começou a exercer o trabalho que teria pelos 15 anos seguintes. De 1973 a 1988, foi auditor financeiro.

— Curioso, não? — brinca ele hoje, quase como se se referisse a outra vida.

O trabalho de auditor era, claro, exercido de uma perspectiva bastante politizada. Trabalhava numa empresa de auditoria com um sindicato francês, a Confédération Française Démocratique du Travail (CFDT). Na França, as comissões de fábrica gozam do direito de receber todo ano a assistência de um auditor financeiro com o mesmo poder de investigação dos auditores financeiros dos acionistas. A finalidade da firma onde Plassat trabalhava era, portanto, prestar assistência às comissões de fábrica e aos sindicatos na interpretação dos dados econômicos e financeiros das empresas.

A contabilidade, junto com informações de política social, comercial, de pesquisa, de rendimento, da produtividade, serve para que os militantes do sindicato entendam como nasce o lucro na empresa e a realidade da exploração da empresa. E, de posse dessas informações, possam embasar melhor suas reivindicações.

— É um trabalho muito interessante, que parte de um aspecto legal e devolve ao movimento operário os meios de agir e de pressionar — explica.

A instituição à qual pertencia também nunca escapou ao seu olhar crítico. E ele sempre esteve junto aos grupos que questionavam e propunham novos caminhos para a Igreja no século XX. Com os dominicanos, participava de grupos de reflexão e crítica ao modelo de Igreja, de debates sobre questões como fé e marxismo, fé e política — era uma época em que, na Itália, os comunistas estavam muito próximos dos católicos.

Na França, não havia propriamente a Teologia da Libertação, mas o grupo que se chamava cristãos críticos compartilhava muitas daquelas ideias. E o que Xavier tinha experimentado na JEC assemelhava-se à Teologia da Libertação.

A primeira vinda ao Brasil foi em março de 1983. Plassat fez parte do pequeno grupo que trazia os restos mortais de Tito, nove anos após a morte.

Como amigo mais próximo de Tito no fim da vida, era natural que acompanhasse essa última viagem. Desde então, essa proximidade entre os dois já foi motivo para alimentar rumores sobre uma suposta relação homossexual. Rumores que não parecem incomodar nem ofender Xavier.

— Já ouvi esse tipo de suposição sobre ele e, às vezes, tentando sugerir que eu teria uma relação com ele, mas nada disso é verdade. O próprio Tito não tinha nenhum comportamento que possa sustentar isso. É uma pista equivocada.

Por sua vez, a reação de Frei Betto quanto a uma suposta homossexualidade de Tito é serena:

— Nunca me passou pela cabeça que Tito fosse homossexual. Nunca ouvi nenhum comentário. Nunca o vi ter nenhum tipo de manifestação ou reação nesse sentido. Eu diria que há três categorias de frades: os homos, os héteros e os absolutamente indefinidos, que parece que conseguiram se abstrair totalmente da questão sexual.

Frei Betto confirma o interesse platônico de Tito por uma bibliotecária do convento das Perdizes, uma nissei jovem e bonita.

Traslado do corpo

Para acompanhar o traslado do corpo de Tito, os dominicanos franceses convidaram também dom Tomás Balduíno. Dom Tomás era bispo de Goiás (hoje é bispo emérito da mesma diocese) e um dos fundadores da CPT. Fazia parte, com dom Helder Camara e dom Pedro Casaldáliga, entre outros, do grupo que a direita chamava de "bispos vermelhos".

Após as cerimônias solenes de recepção dos restos mortais em São Paulo e em Fortaleza, dom Tomás convidou Xavier para fazer uma visita ao Brasil profundo. Passaram cinco dias na diocese de Goiás.

— Dom Tomás pilotava seu aviãozinho. Não faz muito tempo que deixou de pilotar — lembra Xavier.

Depois foi a Porto Nacional, também em Goiás, com um frade dominicano francês instalado no Brasil desde 1978. Henri Burin des Roziers já trabalhava como advogado da CPT atuando na região do Bico do Papagaio, de enormes e sangrentos conflitos agrários. Juntos, visitaram várias comunidades de posseiros em conflito. Foi como se encontrasse sua turma.

— Passei a noite de Sexta-Feira Santa num lugar onde dois pistoleiros acabavam de ser mortos, era um conflito dos mais brutais.

Foi uma experiência tão impressionante, tão real, que resolveu voltar no ano seguinte. Em seguida, travou contato com o padre Josimo Morais Tavares, com a intenção de aprofundar um pouco seu conhecimento sobre a região. Padre Josimo era coordenador da CPT e foi assassinado em 1986 por causa de seu trabalho junto aos trabalhadores rurais. A radicalidade da situação que descobria no interior do Brasil parecia acentuar um certo marasmo que Plassat já sentia na França, onde pensava ter encerrado um ciclo.

Passou os quatro anos seguintes negociando sua transferência com a Ordem dominicana e se desligando paulatinamente dos cursos universitários que ministrava e de outras responsabilidades até se instalar em definitivo no Brasil em 1989 — ano da primeira eleição direta para presidente da República após a redemocratização.

Tornou-se uma das principais vozes na denúncia do trabalho escravo e na militância por mecanismos de fiscalização, controle e punição aos que a praticam. Em 2012, a PEC 438/2001, ou PEC do Trabalho Escravo, foi aprovada na Câmara, depois de oito anos de pressão e campanha, e reencaminhada ao Senado. A proposta de emenda constitucional prevê o confisco de propriedades flagradas com mão de obra escrava, destinando-as à reforma agrária e ao uso social urbano.

Em 2006, Plassat recebeu a medalha Chico Mendes, conferida pelo Grupo Tortura Nunca Mais a militantes pelos direitos humanos e justiça social. Dois anos depois, recebeu o Prêmio Direitos Humanos da Secretaria Especial dos Direitos Humanos da Presidência da República, na categoria Erradicação do Trabalho Escravo, ao lado da ONG Repórter Brasil, coordenada pelo jornalista Leonardo Sakamoto. Em dezembro de 2009, Xavier, Henri des Roziers e Jean Raguenes, também dominicano, foram homenageados pela embaixada francesa por sua atuação social no Brasil, na luta contra o trabalho escravo e as violências agrárias.

Xavier Plassat contribui para manter viva a memória de Tito. Em 1980, organizou um dossiê com vários textos sobre o confrade, publicado na França com o título *Alors les pierres crieront* (Éditions Cana, 1980). Também participou de vários eventos que homenageiam o amigo que o trouxe ao Brasil.

— Claro que meu trabalho aqui hoje pode ser visto como uma herança deixada por Tito.

CARTAS

9 de fevereiro: mais uma turma inicia o noviciado; terminamos hoje o
retiro de 8 dias e hoje começa o
nosso 'vidão'. (como diz o Fr. José Augusto).
Pela manhã tivemos a reuni-
ão do conselho da casa e logo
após o exame de cada candidato ao noviciado 66; sendo êstes:

Tito Alencar do Ceará; frader Costa de
Goiânia; Nestor Mota, também desta cidade; Domingos Guimarães de
Nova Friburgo e Francisco Serra
de Belo Horizonte.
Estas ilustres figuras tomaram
o hábito às 14 horas entretanto em
a presença de vários amigos e familiares, também de vários frades de fora.
Em seguida tivemos completas,
com a estréia dos cinco novos no
côro.
Alguns tiveram seus nomes mudados
como o Nestor, hoje Fr. Isaías; Domingos
Fr. Paulo Domingos; frader Figueiredo José.
Os dois outros não tiveram mudanças nos nomes.
Após o jantar os noviços tiveram um pequeno recreio e os
professos foram fazer uma revisão
de vida. Assim começa e termina um 1º dia de noviciado!
Vamos em frente!

Registro do início do noviciado de frei Tito no livro de Crônicas do noviciado do
Convento de Belo Horizonte (1965-1966).

Taulignan, 7 de junho (1971)

Caro Magno:

obrigado pelo endereço do Otacílio
já respondi ao Blanquart.
Chegando a Paris, estudarei
o problema da Holanda.
Aceitarei e, se for possível,
vou quebrar o pau com final
Vou topar o curso de férias
de língua francesa. Minha
experiência no Chile disse
me que ficar coçando o saco
em terras alheias não vale a
pena
                frat. Tito.

Junho de 1971. Frei Tito escreve a Magno Vilela de Taulignan:
projeto de estudo de francês para combater a ociosidade no verão europeu

Allemagne,

Caro Magno:

Obrigado pela carta. Era do Miguel e vinha de Argel. Falava-me de que foi um imenso prazer para ele em ter me conhecido. No final, tratou-me de companheiro e amigo.

Li, por aqui, um panfleto do mov. estudantil de São Paulo. Falava do greve de fome e da represália por parte da Oban para aos companheiros grevistas. Trazia uma solidariedade aberta à P. de Tarso Wenceslau e a Frei IVO LESBAUPIN. Fiquei muito feliz com a notícia. Enfim, acabou-se a velha imagem de considerá-lo como traidor da R.B. Para mim, o que houve foi um <u>êrro</u> e que já foi superado através de uma digna <u>autocrítica na prática</u>. A atitude heróica que êles têm levado na cadeia cobre qualquer versão falsa ou tendenciosa da imprensa sobre o 7 de Novembro (1969).

É pena que certos franceses, do e do saint-jacques, deixem-se levar-se por antigos comentários do Estado de São Paulo.

Frei Tito escreve a Magno Vilela da Alemanha, onde esteve no verão de 1971

2

Depois que li o pamfleto, tive a vontade de fotocopiá-lo e colocar no escaninho do nosso P. Blanquart. Assim, poderá ser ~~que ele~~ acabar com suas neuroses.
— Sôbre o Goethe institut, gostaria que me mandasses o prêço dos cursos. Um alemão, por aqui, vai financiar meus estudos em Paris. Pelo visto, o bicho gostou da minha cara.

Um abraço Tito

Caro Magno:

muito obrigado pelo envio da Cantina. Hoje, 7 de fevereiro, fui à estação para retirá-la. Houve um problema: <u>veio sem a chave</u>. Não sei se enviaste por intermédio de alguém frade do Saint-Jacques. Contudo, espero recebê-la, brevemente, seja através de teu pessoal seja através d'outro portador disponível para este serviço.

Porém, não estou com tanta pressa em abri-lo, caso não haja outra solução imediata.

Desculpe-me de tomar teu precioso tempo, pois sei muito bem o quanto andas ocupado.

Não esqueço: LA TOURETTE está sempre à tua disposição, pois sabes o quanto é grande a afeição do prior e comunidade para com os "Ops". ~~os~~ J. brasileiros de Paris.

Sábado, De Courmonqui passará por aqui. Talvez tenha um encontro com ele. Todavia nada está certo. É certo que estarei com ele à mesa, durante as refeições, depois...

Com ~~um~~ ~~grande~~ o mesmo abraço de sempre Tito.

Fevereiro de 1973. Tito está se instalando no convento Sainte-Marie de La Tourette e conta com Magno para enviar alguns de seus pertences de Paris

CURIA GENERALIZIA
DELL'ORDINE
DEI FRATI PREDICATORI

00153 Roma, 20 juin 1973
Convento S. Sabina (Aventino)
Piazza Pietro d'Illiria, 1

Mon cher Magno,
J'ai regretté de ne pas te voir l'autre jour à St Jacques. J'ai voulu donner tout mon temps à Tito. Le lendemain, rendez-vous manqué avec lui. Cela m'a beaucoup peiné. Je l'ai manqué de 10minutes, 1/4 d'heure.
Il ne va vraiment pas bien. Cela m'a fait une immense peine.
Père Rettenbach qui m'a téléphoné l'autre jour je ne sais plus quoi, m'a dit qu'il était maintenant à la Tourette. Je souhaite qu'il s'y trouve bien et que cela l'aide Tu sais sans doute qu'il avait été question qu'il y aille autour de Pâques. Et puis au dernier moment, cela avait raté,- de son point de vue à lui. Dès ce moment, j'avais parlé longuement de lui au Père Belaud, l'ancien provincial, homme très évangélique qui s'est toujours occupé de jeunes auprès desquels il a une grande influence, et qui a tout ce qu'il faut pour le comprendre. J'espère que ça marchera, et que peu à peu il se "retrouvera".
Vraiment "ils"l'ont eu...
Je viens de parler au Père Farrelly de ce projet de rencontre AL. Très bonne idée à mon avis. Il ne sait pas encore comment cela pourra avoir lieu. Mais en lui montrant ta lettre, je l'ai relancé.
Tu sais que frei Romeo Dale a donné sa démission de provincial. Le chapitre provincial d'élection est fixé au 30 janvier. Pauvre frei Romeo. Sa santé déclinait malgré tous les soins et il fallait le libérer de cette charge qui l'empêchait de se remettre. En fait d'ailleurs c'est frei Edson qui a fait tout le travail...
Tito n'arrive pas à remonter vraiment. Un mot récent du Père Belaud, prieur de la Tourette, me dit qu'il est rentré au couvent, mais que ça ne va pas fort. Peut-être auras-tu profité des vacances de Noël pour aller faire un petit tour par là-bas et pousser jusqu'à Taulignan. Comme tu le sais, Mère Marie-Pascale quitte la France le 19 janvier pour l'Afrique faire la fondation. Elle passera par Rome entre deux avions.
Là-dessus je te laisse. Zamagna m'a donné subrepticement l'autre jour une bouteille de COINTREAU (la liqueur de mon lieu de noviciat : Angers!). Subrepticement car entendant du bruit dans mon bureau -il a l'oreille très fine- il n'a pas frappé.
Bonne année encore. Tous mes voeux les plus affectueux.

Junho de 1973. Vincent de Couesnongle, então assistente do Mestre da Ordem dos Dominicanos, escreve a Magno Vilela sobre um encontro recente com Tito: "Ele não vai nada bem".

Arbresle, 18 de set. (?) 1973

Caro Magno,

[nota no canto superior direito] Carta de Tito de A. Lima, encontrada em sua mesa à Lyon (Arbresle) no dia em que foi internado (3.10.73) numa clínica psiquiátrica. Carta entregue por Ch. Dupont ao dia 4 de outubro, à Paris.

Terminei meu retiro na "clarté". Foi muito bom para mim. Sempre que vou até lá volto mais cheio de vida e mais convicto de minha vocação cristã em todos os sentidos. A oração tem, certamente, um grande lugar nessas horas, sobretudo o silêncio e a paisagem da provence que você conhece tão bem quanto eu. Por sorte minha, passei meu aniversário entre eles e foi uma excelente ocasião para rever minha vida em todos os ~~sentidos~~ pontos.

→ Falei, hoje (18 setembro), com o P. Deland. Atendeu muito bem meu pedido definitivo de ficar em seu convento e ~~para provir temporariamente~~ continuar por lá. Tenho a intenção de continuar a teologia de maneira a mais anti-universitária possível; isto é, farei estudos dirigidos com alguns teólogos e exegetas do convento, ou mesmo da província. ~~Espero~~ que tudo ~~termine~~ num prazo de 2 anos no máximo.

Escrevi ao Édson Braga em resposta à sua carta de junho deste ano. Já estava bem atrasado na resposta. Nela ~~confirmei~~ ~~meu~~ pedi para fazer profissão solene para o próximo ano, pois o mesmo pediu que lhe comunicasse para quando ~~estaria~~ ~~preparado~~ gostaria de fazer as profissões Vitos.

Escrevi também uma cartinha ao Minga.

→ Por favor, envie-me o outro cantinho que ficou no meu antigo quarto, (4301)

Quando puder, apareça sempre por estas bandas. Sua presença ~~será~~ será benéfica para ~~toda~~ mim.

Setembro de 1973, próximo à data da grave crise que o leva a ser internado no hospital em Lyon. Tito escreve a Magno Vilela: "Lembre-se do velho amigo nas tuas orações, sobretudo para que suporte o barco da vida que às vezes quer virar em horas de tempestade."

Lembra-se do velho amigo nas tuas orações, sobretudo para que suporte o barco da vida que às vêzes ainda virá em horas de tempestade. Recomende-me ao padre Conzar e ao Roberto em especial aos casais e esposa. Mande também um abraço ao Minho e ao seu amigo (KLAUS)

Até breve. Tito.

COUVENT SAINT·JACQUES

ORDRE DES DOMINICAINS   PROVINCE DE FRANCE

23 de janeiro de 1974.

Meu caro Tito,

desculpe-me se depois de um certo tempo eu não dei mais sinal de vida. Andei muito apertado com os meus seminários, exames e outras coisas. Não tive mesmo nem tempo de me dar umas férias durante o Natal: fiquei por aqui mesmo.

Eu estive com sua irmã, assim que ela chegou à Paris vindo do Brasil. Mas depois não tive mais notícia. Ela já voltou para o Ceará?

A sua cantina está guardada aqui. Como você se lembra, eu te disse que tomaria conta dela até poder enviá-la. Na época, enviar as duas cantinas ao mesmo tempo teria custado muito caro. Como você sabe, a cantina que fica aqui é a que tem apenas uma parte de seus livros. Eu estou esperando um portador de carro que vá até aí

20 RUE DES TANNERIES - 75013 PARIS - TELEPHONE 707.41.69 - C.C.P. les Amis de St-Jacques 12 171 - 69 PARIS

para enviá-la. Assim será mais prático, mais simples e bem mais econômico. O envio pelo trem é caríssimo: mais de 100 francos. Se não houver nenhum portador, então eu a despacharei pelo trem. O que é que você acha? Se dentro da cantina há alguma coisa de importante da qual você necessite com urgência, diga-me.

Mas eu proponho que a gente espere a ida de alguém que se disponha a levá-la, pois nem você nem eu não dispomos de muito dinheiro para pagar o envio pelo trem dessa cantina.

Espero que, na medida do possível, tudo esteja indo bem para você. Saiba que eu penso sempre em você, com muita estima. Rezo por você, e espero que você também não se esqueça de rezar por mim. Aguente a mão: dias melhores virão, para você e para todos nós.

Dê o meu abraço aos amigos e conhecidos daí. Sobretudo ao P. Beland e ao Xavier. Assim que puder, eu darei um pulinho aí.

Para você, o meu abraço fraterno.

Magno

Janeiro de 1974. Magno conta a Tito que esteve com sua irmã, Nildes Alencar, quando ela passou por Paris a caminho do Sul da França, onde passou as festas de fim de ano com Tito. Despede-se com palavras de esperança ao amigo. "Aguente a mão: dias melhores virão, para você e para todos nós."

(janv.-fev. 1974)

Magno.

Desculpe-me se não te enviei nenhum cartão por volta da passagem do natal e ano novo. A presença da minha irmã e outras coisas ocuparam-me bastante aqui. Fiquei contente pelo fato de revê-la.

Espero que tenhas terminado a maîtrise e que já estejas encaminhando o doutorado em história em escola prática.

— Recebi duas cartas vindas do Brasil: uma do frei Domingos, outra do p. Henrique.

Meu caro, deixei uma cantina de livros no Saint-Jacques, H.301. Peço-te, encarecidamente, para enviá-la para o convento de La Tourette. Quanto ao pagamento, acertarei contigo quando vieres por estas bandas de Lyon.

Tenho seguido meu tratamento no hospital Edouard-Herriot, com a ajuda médica do Dr. Rolland.

Osvaldo passou por aqui alguns dias atrás e falou-me de volta de Bruno Polina para o Brasil, dizendo que o mesmo tem intenção de retornar à França para continuar seus estudos.

Aqui, vivo à base da "dinâmica do provisório" que tem sido a inércia mais cara de toda minha vida. Somente a fé me tem feito suportar esta situação. Assim sendo, não tenho a menor idéia do que será desta situação. Contudo, percebo que será a pior possível para mim. Falei, ontem, com o p. Rolland e pretendo pedir um emprego à base do biscate para pagar a chapa diária do convento, ou de outro lugar para onde for destinado.

Mais uma vez, peço-te este favor que não custará maiores esforços da tua parte.

Fraternalmente,

Tito

Janeiro-fevereiro de 1974. Tito escreve a Magno: "Aqui, vivo à base da 'dinâmica do provisório', que tem sido a inércia mais cara de toda a minha vida. Somente a fé me tem feito suportar esta situação."

Paris, 8 de fevereiro de 1974.

Meu caro Tito,

como você já deve saber, o frei Pervis foi eleito provincial do Brasil. Mandou-nos uma cartinha outro dia comunicando que aceitara o cargo.

Espero que a estas alturas você já esteja com a sua cantina. Hugues e eu a despachamos na semana passada. Quanto aos discos, deve haver um equívoco. Lembro-me que quando arrumei suas duas cantinas há tempos atrás, êles já não estavam mais por lá. Ou foram dentro de uma das cantinas, ou você os deixou noutro lugar. Em todo caso, fui ver de novo no quarto 301, que hoje está ocupado pelo Minh, e não havia discos por lá. Lembro-me bem de, após tua ida para Lyon, ter retirado de lá tudo o que te pertencia.

Desde que puder, darei um pulinho a Lyon, para te ver. Depois de um certo tempo, ando com todos os meus fins de semana tomados, e durante o resto da semana, você sabe como é: cursos, seminários, etc. Na semana que vem, por exemplo, que é semana de férias, teremos que passar uns dias fora: reunião dos estudantes de Saint-Jacques...

Desejo-te muito boa sorte em tudo. Saiba que penso em você sempre e que, mesmo à distância, o acompanho. Meu grande abraço,

Magno

Fevereiro de 1974. Carta de Magno Vilela a Tito.

COUVENT DES DOMINICAINS

ÉVEUX
69 - L'ARBRESLE

le 25 févr. 74

[carta manuscrita em francês]

TÉL. 65 A L'ARBRESLE   C. C. P. PROCURE DOMINICAINS 4631.06 LYON

Fevereiro de 1974. Pierre Belaud, então prior do convento Sainte-Marie de La Tourette, escreve a Magno que Tito se mostrava inconformado com o que lhe acontecera no Brasil, tendo perguntado à irmã, Nildes: "Por que fui preso? Por que fui torturado? Por que fui banido? Por que eu?".

peu de jour à partir un témoignage. Je ne pensais qu'il admît le refus de contact avec les lumières que le replongeait dans ce passé. C'est bien ce que apparaît aussi par le silence qu'il a toujours gardé ici, même le premier mois d'euphorie, eux qui avaient ne son passé politique.

Quant à lui resté d'une psychiatrie, il est certain qu'il devrait rester en cas prise de contact avec le Dr Rolland qui le soigne. Je doute qu'il soit bon qu'il y ait contact direct avec Tito. Mais le Rolland pourrait donner un avis. Je puis les pour le prévenir si cette dame italienne insiste.

Heureux j'étais à Paris où se passe le même avec Oswaldo. Il m'a dit un mot de la démarche dont tu me révèle je lui ai parlé dans le sens de cette lettre; mais tu trouveras ma lettre te donne les raisons de ma réponse.

Bien fraternellement

Pierre Bertaut

1º de setembro, domingo:

Depois de um mês ausente, eis-me de volta à Paris. Como sempre, por aqui, chuva, vento e frio. O contrário do Midi de onde estou vindo...

Fato mais importante: a morte de Tito, em V. Lefranche-sur-Saône, nos subúrbios de Lyon; foi encontrado por um camponês local, dependurado numa árvore. Enforcara-se. Quando encontrado, já estava morto há pelo menos dois dias. Assim, a data presumível de sua morte é 9 de agôsto de 1974. Êle morreu como "abreviava" em França durante 3 anos e meio: numa agonia cada vez mais atroz, atormentado pela lembrança

das suas torturas selvagens de que foi vítima, incapaz — visto o que fizeram dêle — de saber o queria e o que poderia fazer. Êle tentou tudo, e é provável que lúcido quanto às dimensões de seu estado pessoal, tenha se decidido pela morte. Êle foi enterrado no cemitério do convento de Arbresle numa segunda-feira, 12 de agôsto, às 15 horas. A missa foi presidida pelo nosso provincial, Pierre, assistido pelo Oswaldo, Zé Neves e eu. Todos os frades do convento de Arbresle mais o provincial de Lyon, Luc Moreau, estiveram presentes. Cerimônia simples e comovente, extremamente marcada pela gravidade mesma da vida, dos sofrimentos e da morte do Tito. Êle agora descansa em paz: não sonhará mais com sua vida de prisão nem com os rostos infames de seus torturadores. Sua morte foi seu último gesto de resistência à opressão que pesou sôbre êle: morreu no exílio, banido pela ditadura que êle sempre combateu. Uma

Setembro de 1974. Em seu diário, Magno escreve sobre a morte de Tito. "Ele tentou tudo, e é provável que, lúcido quanto às dimensões de seu estado pessoal, tenha se decidido pela morte."

São Paulo, 21 de setembro de 1974
Amigo Vilela

Junto a esta estou mandando uma outra carta para o mano Vadico. Por favor, entregue-lhe. Fiquei satisfeitíssimo com a carta que ele me escreveu. Será que algum dia poderemos nos encontrar para conversarmos enquanto o chope vai descendo pela goela abaixo? A vida é uma coisa tão gozada que tudo é possível. Como diz o Guimarães Rosa, "viver é muito perigoso".

No dia 10/8 vim o quanto você sentiu o desaparecimento do irmão-mártir. Tambem nós sentimos muito. Não sei se você sabe, mas por duas vezes ele superou seus próprios limites pessoais: a primeira em março de 1970 e a segunda em janeiro de 1971. Nestes momentos não pensou em si, pensou nos irmãos e no povo. Terminou agora sua longa agonia de 5 anos. Ele deu seu testemunho até o fim, até onde foi exigido. Por aqui fizemos uma Missa muito bonita e concorrida. Em Vitória foi lembrado, Petrópolis, Goiás, Rio, outros lugares de São Paulo, Rio Grande do Sul, Nordeste, etc. Sem alarde, como ele gostaria que fosse, e como ele era. Será que o Capítulo Geral vai se lembrar dele? Seria ótimo que o capítulo fosse dedicado a ele, não.

Quanto a mim, este ano tenho viajado muito para ver o que há de Igreja. Não há dúvida, em 5 anos ela é outra coisa, mudou sua face. Cresce nas periferias das cidades e nos campos. Morrem as grandes estruturas, ficam vazias as grandes casas, na pequena-burguesia ela vai se esvaziando. Ano que vem vou com o Zé para Uruana, Diocese de Goiás. É um velho sonho meu. A Diocese tem uma boa turma trabalhando e os camponeses já começam a ter responsabilidades.

Ouvi dizer que o Mascarenhas está querendo aparecer. Acho prematuro. A situação universitária anda indefinida e assim sendo é melhor estudar por aí mesmo até que a reforma universitária esteja melhor estruturada.

Fico por aqui. Mostre a carta ao Vadico. E leia a que vou escrever a ele. Um grande abraço para você.

Em Cristo Jesus,

Fernando

Setembro de 1974. Carta de frei Fernando de Brito a Magno Vilela. "Terminou agora sua longa agonia de 5 anos. Ele deu seu testemunho até o fim, até onde foi exigido."

dial

diffusion de l'information sur l'Amérique latine

47, QUAI DES GRANDS-AUGUSTINS
75006 PARIS (FRANCE)

TEL.(1) 633.42.47   C.C.P. 1248 74-N PARIS
Du mardi au vendredi: 9h-12h 14h-18h30

Paris, le 19 novembre 1982

PLASSAT

Xavier,

Je rentre du Brésil où j'ai rencontré Betto.
Il m'a dit que, côté brésilien, la décision
était prise de rapatrier le corps de Tito, avec
cérémonie solennelle à la cathédrale de São
Paulo le 25 mars 1983.

Sans doute avez-vous déjà pris à l'Arbresle
un certain nombre de dispositions en ce sens.

Mais je voulais te dire que, sur Paris,
un certain nombre de personnes seraient
intéressées à une levée du corps à Paris
même (l'idéal serait Notre-Dame de Paris,
si l'évêque du lieu est d'accord !....) la
cérémonie pourrait coïncider avec le 3e
anniversaire de l'assassinat de Mgr Romero.

Qu'en penses-tu ?

Si oui, il faudrait que nous puissions
harmoniser les choses entre l'Arbresle et
Paris, sans trop tarder.

Avec toutes mes amitiés

Charles Antoine

Da p. 402 à p. 410: troca de correspondência entre religiosos do Brasil e da França para acertar
detalhes do traslado do corpo de Tito e das missas de corpo presente na França e no Brasil.

PROVÍNCIA DOMINICANA
SÃO TOMAS DE AQUINO
BRASIL

Rua Caiubi, 126
05010 São Paulo, SP

T.R.P.
Dominique Motte
104, rue Bugeaud
69451 Lyon Cedex 3
França

São Paulo, le 21 novembre 1982.

Mon Révérend et cher Père,

Je m'adresse à vous pour vous faire part du désir que m'ont exprimé mes Frères en demandant que les restes mortels de Fr. Tite soient transférés au Brésil.

Ils reconnaissent volontiers que dans votre Province où Fr. Tite a été accueilli d'une manière aussi charitable et fraternelle, ses restes reposent dans une terre dominicaine, et vos Frères aimeraient sans doute les garder pour toujours dans un pieux souvenir.

Mais nous songeons à l'exemple qu'il nous a laissé de fidélité à l'Evangile, par ses souffrances et le sacrifice de sa vie, et nous voulons aussi prendre en considération les voeux de sa famille désirant que ses restes reposent enfin dans sa ville natale.

Ainsi je voulais compter sur vos Frères pour tout ce qui a trait à leur exhumation, spécialement les "formalités curatoriques.

Il nous plaît de vous dire, mon Révérend Père, que nous gardons une grande dette de reconnaissance à vos Frères pour tous les soins fraternels dont ils ont entouré notre Fr. Tite jusqu'à la fin de sa vie.

Ne pouvant pas moi-même me rendre en France pour le transport de ses restes, je vous demanderais de vouloir bien nous les apporter vous-même, si possible, ou bien l'un des Frères de votre couvent, spécialement le Fr. Xavier Plassat, qui a accompagné de près notre Frère jusqu'à la fin.

Le transport devra se faire par avion, et les frais du voyage seront payés par notre Province. Nous voudrions les recevoir à São Paulo le 25 mars, et à cette date serait célébrée une messe solennelle présidée par notre cardinal.

En attendant votre réponse, je vous en suis dès maintenant bien obligé, et vous prie d'agréer, mon Révérend et cher Père, l'assurance de mes sentiments fraternels en notre Père Saint Dominique,

fr. Mateus Rocha o.p.
Provincial

FRÈRES PRÊCHEURS
PROVINCE DE LYON

Lyon, le 6 décembre 1982.

Le Père Mateus ROCHA
Provincial du Brésil

Frère,

votre lettre a failli croiser la mienne. De divers côtés, en effet, et indirectement par le Frère BETTO qui a rencontré quelques-uns de nos frères à Madrid fin septembre, je savais votre intention concernant les "restes" du Frère TITO.

Nous ne pouvons que donner notre plein consentement à ce projet, pour tenir compte à la fois du souhait de la famille de TITO, et de la signification de cet événement, pour l'Eglise brésilienne, la terre brésilienne. C'est vrai que cette tombe de TITO gardait un sens très fort pour beaucoup d'entre nous, mais je me réjouis profondément, et mes frères aussi j'en suis sûr, que le Brésil vous apparaisse à l'heure actuelle en état de pouvoir accueillir cette présence muette, cette question, ce témoignage en rien vengeur et en tout criant de vérité humaine, de vérité évangélique.

Je suis très touché de votre invitation à accompagner jusqu'au Brésil "les restes" de Tito. Il est vraisemblable que nous désignerons pour cela soit le frère DUCRET soit le frère PLASSAT, qui furent les plus proches de Tito (je n'étais pas moi-même dans la Province de Lyon à l'époque, et n'ai entrevu le frère Tito qu'une seule fois).

Pour les démarches, il suffit que vous nous envoyiez dès que possible l'attestation du maire de la commune brésilienne acceptant l'inhumation de Tito. S'il était possible que vous remettiez la main sur le passeport ou sur la carte d'identité de Tito, cela simplifierait les démarches (il se pourrait, me dit-on, que Magno VILLELA soit au courant de leur destination).

Par ailleurs, je voudrais porter à votre connaissance le fait que des amis du Brésil voudraient "faire quelque chose à PARIS" ; j'imagine entre l'exhumation à L'ARBRESLE et l'embarquement à l'aéroport, Je vous envoie la lettre que le frère Xavier PLASSAT a reçue de Ch.ANTOINE. Qu'en pensez-vous ? et qu'en penserait la famille de Tito ? Il faut peser les possibles répercussions diplomatiques, et aussi l'augmentation des frais qui s'en suivrait. Je m'engage à ne rien laisser prévoir à PARIS ou à LYON que vous n'ayez vous-même ratifié à l'avance.

Je retiens la date du 25 mars (à Sao Paulo), ce qui voudrait dire le 24 mars à Lyon ?

Dans l'attente du document administratif dont je parlais plus haut, je vous assure, Frère, de mes sentiments très fraternels.

fr. Dominique MOTTE op.
Prieur Provincial

104. RUE BUGEAUD. 69451 LYON CEDEX 3
TÉL. (78) 52.17.39 - 52.13.26

COMMUNAUTÉ DOMINICAINE DE LA TOURETTE

Province dominicaine de Lyon
104 rue Bugeaud
69006 Lyon

A L'ATTENTION DE *PL Vallein.*

Cher Jean-Louis,

A l'occasion du prochain retour en terre brésilienne du corps de Tito de Alencar (mort en 1974 à l'Arbresle, à la suite des violences subies par lui lors de son emprisonnement au Brésil en 1969), nous avons souhaité donner un caractère public à l'hommage et au témoignage qu'appelle de notre part le combat prophétique de notre frère, contre l'oppression, contre la folie, contre les silences institutionnels.

Le 17 mars prochain, à 20 heures, une eucharistie nous réunira en la primatiale Saint-Jean, sous la présidence du Père DECOURTRAY, archevêque de Lyon, du Père Tomas BALDUINO, évêque brésilien de Goias, et de Dominique MOTTE, prieur provincial des dominicains de Lyon.

Le 16 mars prochain à 11 heures, au Club de la Presse (Tour du Crédit Lyonnais à Lyon), le Père Tomas BALDUINO et Paul BOUCHET, ancien bâtonnier des avocats de Lyon, tiendront une conférence de presse à l'occasion de laquelle sera abordée la situation des droits de l'homme dans le Brésil d'aujourd'hui : exactions contre les Indiens, conflits de terre opposant investisseurs et petits paysans (projet "Carajas), actions menées par les communautés chrétiennes pour faire prévaloir le droit et la justice.

Vous êtes cordialement invités à participer à ces manifestations.

Nous vous serions en outre très reconnaissants, d'assurer à cet évènement la publicité la plus opportune.

Nous vous prions de croire, M   , en l'assurance de nos sentiments très respectueux.

> *Michel LOEZ, prieur*
> *et Xavier PLASSAT (1)* *Xavier /.*

(1) A votre disposition pour toute information complémentaire au (7) 859.24.14.

nb. T. Petfoort me prie de te dire qu'il est d'accord pour faire l'article qui soit dans le feuille inter-provinciale. Pour Lyon il serait bien que l'envoi parte avant le 10 mars. Merci !

EVEUX B.P. 105 69210 L'ARBRESLE   TÉL. (74) 01.01.03

PROVÍNCIA DOMINICANA
SÃO TOMAS DE AQUINO
BRASIL

Rua Caiubi,126
05010 São Paulo, SP

São Paulo, le 19 janvier 1983.

P. Dominique Motte O.P.
Provincial de Lyon

Cher Père,

Le Père Provincial, fr. Mateus Rocha, me demande de vous communi-
quer son accord et celui de la famille de Tito au sujet des cérémonies pré-
vues par des amis à Paris.

Ci-inclus le document du Cimetière où les restes mortels de Tito
seront ensevelis. Le cimetière n'est pas administré par la mairie mais par
la "SANTA CASA DE MISERICORDIA" (Hôpital). Le seul document en possession
de la famille est le certificat militaire, dont la copie est ci-jointe.

Ne voulant plus retarder l'envoi de ces documents veuillez recevoir,
cher Père, l'expression de mes sentiments les plus distingués et un grand
merci de la part de toute la Province.

Fraternellement,

fr. Márcio Alexandre Couto o.p.
Secrétaire Général de la Province

FRÈRES PRÊCHEURS
PROVINCE DE LYON

Lyon, le 16 février 1983.

Aux Frères du
Couvent Sainte-Marie

Frères,

Comme vous le savez certainement déjà par les frères M.LOEZ, F.BIOT et F.MARTIN, le dernier Conseil Provincial a choisi de demander au Frère DUCRET d'accompagner au BRESIL le Frère Xavier PLASSAT, lors du transfert des cendres du Frère TITO. La Province prendra en charge le coût de son billet d'avion. Il nous a semblé que ce renforcement de notre participation à ce geste symbolique allait bien dans le sens des liens qui unissent nos deux Provinces - nous pensons aux Frères PERVIS et VIALET - et que, du coup, tous les frères de la Province s'en trouveraient plus stimulés à ne pas oublier, à se souvenir activement de la question que par sa mort le Frère TITO nous pose toujours.

Très fraternellement vôtre.

fr. Dominique MOTTE op.
Prieur Provincial

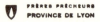
FRÈRES PRÊCHEURS
PROVINCE DE LYON

Lyon, le 1er mars 1983.

fr. Marcio Alexandro COUTO
Secrétaire général de la Province
Rua Caïubi, 126
05010 SAO PAULO   SP
(Brésil)

Mon Frère,

    Je pense que toutes choses sont maintenant bien prévues pour l'exhumation chez nous "des restes" du frère TITO. Vous savez certainement que le frère BALDUINO, évêque de Goïas, sera ici pour la célébration des 16-17 mars.
    Pourriez-vous faire part au frère M. ROCHAS, et à la Province, que pour l'inhumation au BRESIL, outre la présence du frère Xavier PLASSAT que vous aviez eu la grande délicatesse d'inviter (lui ou moi, mais je pense qu'il est plus significatif que ce soit lui), notre Conseil provincial a demandé au frère Roland DUCRET (du Couvent de La Tourette) de renforcer notre participation à ce geste hautement symbolique. Nous prenons en charge bien sûr le coût de son voyage ; le frère DUCRET a aussi connu de très près le frère TITO, et nous voulons par là dire à la Province dominicaine du BRESIL quel poids nous accordons aux liens qui nous unissent à elle.

    Croyez, Frère, à mes sentiments très fraternels.

                             fr. Dominique MOTTE op.
                                Prieur Provincial

10.03.83

L'ARCHEVÊQUE DE LYON

Cher père,

C'est donc bien entendu pour jeudi soir. Je viens de lire le volume sur Tibhirine de A... c'est bouleversant !

Je me permets en toute simplicité de vous rappeler aujourd'hui un point de notre conversation. Vous m'avez dit que tout serait fait pour éviter qu'il ne soit fait allusion au _suicide_. C'est bien ce qui s'est passé jusqu'à présent une grande discrétion.

Il y a en d'autre part plus que mes confrères dans l'épiscopat sont, tout comme moi, inquiets par la vague de suicides actuelle et par les théories qui se répandent à ce sujet. C'est la raison pour laquelle je n'aurais pas été personnellement très favorable à une manifestation à N.-D. de Paris. Comme d'autres évêques je l'avais d'ailleurs dit à Mgr Lustiger je m'en rends bien compte qu'à Lyon, et dans l'esprit que vous m'avez dit, nous serons mieux placés pour mettre en lumière ce qui doit l'être : l'héroïsme d'un prêtre serviteur des droits de l'homme et l'horreur de la torture

Vous comprenez combien il serait déplacé
et injuste d'opposer, dans ces conditions,
les archevêques de Tours et de Lyon
comme on tente de le faire depuis
quelque temps.

Avec ma respectueuse amitié

+ Maurice

Resumos biográficos

Frei Ivo Lesbaupin e frei Fernando de Brito deixaram a prisão no dia 4 de outubro de 1973, dia de São Francisco de Assis, um mês antes de completar quatro anos da prisão no Rio no domingo, 2 de novembro de 1969. Frei Betto, preso dia 9 de novembro do mesmo ano, foi libertado no mesmo dia que seus dois confrades.

Ao longo dos quase 4 anos em que ficaram encarcerados em São Paulo, Ivo, Betto e Fernando conheceram diferentes cárceres. Depois do Deops, foram para o Presídio Tiradentes, quartéis da Polícia Militar, Penitenciária do Estado, Carandiru (Casa de Detenção) e Penitenciária Regional de Presidente Venceslau (SP).

Frei Ivo Lesbaupin foi morar em Petrópolis e estudar no Instituto Teológico Franciscano. Em 1975, lança o livro *A bem-aventurança da perseguição: A vida dos cristãos no Império Romano*, editado pela Vozes. O livro é dedicado "À memória de nosso irmão frei Tito de Alencar Lima, mártir († 8 de agosto de 1974)".

Deixou a Ordem dominicana em 1977. Casou-se e mora no Rio, onde nasceu e foi criado. É hoje sociólogo, professor da UFRJ, coordenador do Iser Assessoria, organização não governamental que trabalha com formação voltada para comunidades de base e movimentos populares.

Frei Fernando de Brito retomou a atividade de sacerdote, após ser libertado. Fez psicanálise com Hélio Pellegrino durante muitos anos, até a morte do analista, em 1988. Hoje vive na cidade de Sítio do Conde, no litoral norte da Bahia. Além de estar à frente da diocese da pequena cidade próxima à fronteira com Sergipe, desenvolve projetos culturais junto aos jovens da comunidade, acreditando que as vidas daquelas crianças e adolescentes podem ser transformadas pela arte.

Em 2009, 40 anos após sua prisão com o grupo de dominicanos e a morte de Marighella, foi publicado *Diário de Fernando — Nos cárceres da ditadura militar brasileira*. O livro foi escrito por Frei Betto a partir de notas de Fernando registradas em minúsculos bilhetes, e que fazia sair do cárcere de forma clandestina, com enorme inventividade. A própria sobrevivência dos escritos de Fernando é, assim, testemunho da resistência contra as arbitrariedades do sistema jurídico e policial que os encarcerou.

A obra relata com riqueza o cotidiano da reclusão, quando a criatividade e os pequenos gestos de solidariedade entre companheiros eram fundamentais para a realização das atividades prosaicas do dia a dia.

Frei Betto lançou, em 1982, o livro *Batismo de sangue*, em que conta a história da participação dos dominicanos na resistência à ditadura civil-militar, pelo qual recebeu o Prêmio Jabuti. Seu engajamento permanece vivo, com atuação junto a movimentos pastorais e sociais. Foi assessor especial do presidente da República Luiz Inácio Lula da Silva entre 2003 e 2004, além de coordenador de Mobilização Social do programa Fome Zero. É autor de mais de cinquenta livros e recebeu dezenas de prêmios literários e por seu trabalho em prol dos direitos humanos. Vive e trabalha em São Paulo.

Magno Vilela graduou-se em Filosofia pelo Studium Generale da Província São Tomás de Aquino do Brasil, e em História pela Universidade de São Paulo e pela Université de Paris I — Sorbonne. É mestre em Teologia pelas Facultés de Philosophie et Théologie Le Saulchoir, em Paris. Em 1979, desligou-se da Ordem Dominicana, retornando ao Brasil. É casado e tem um filho. Vive e trabalha em São Paulo, como professor de História do Cristianismo na Escola Dominicana de Teologia e na Faculdade São Bento.

Frei Oswaldo Rezende saiu do Brasil em julho de 1969 para ir estudar na Suíça, indo em seguida para Estrasburgo, na França, e de lá para Paris. Tornou-se um dos principais articuladores da ALN na Europa.

RESUMOS BIOGRÁFICOS

Em 1975, participou em Paris do Comitê de Anistia na coordenação da organização, juntamente com Jean-Marc von der Weid.

Foi condenado à revelia por sua ligação com a ALN.

Deixou o convento e casou-se. Depois, foi reintegrado à Ordem dos Dominicanos e nomeado diretor da Escola Dominicana de Teologia, em São Paulo. Vive em Belo Horizonte, onde é prior do Convento Nossa Senhora Aparecida.

João Caldas Valença saiu da prisão no fim de 1970. Foi defendido em separado pois, quando foi preso, já havia se desligado da Ordem dominicana e deixado de ser frei Maurício. No processo na Justiça Militar, foi acusado de pertencer à ALN, ao grupo dos dominicanos e à sua logística abrigando pessoas na capela do Vergueiro, onde morava quando sacerdote. Natural de Garanhuns (Pernambuco), vive em Salvador, onde trabalha junto a ONGs em produção audiovisual.

Nildes de Alencar Lima foi presidente do Movimento Feminino pela Anistia do Ceará. Cursou Teologia para tentar entender o Evangelho como julgava que seu irmão tinha entendido. Foi secretária de Educação do Ceará e hoje é diretora pedagógica da Sol, escola filantrópica que oferece ensino gratuito localizada numa região popular de Fortaleza.

Carlos Marighella recebeu, em novembro de 2012, anistia *post mortem* por unanimidade da Comissão de Anistia do Ministério da Justiça. Sua família não solicitou reparação econômica, somente o reconhecimento da perseguição ao militante pelo Estado. Antes da anistia política, o Estado havia reconhecido, em 1996, a responsabilidade pela morte do líder da ALN.

Cronologia

14/9/1945	Nascimento em Fortaleza (CE).
Outubro de 1968	30º Congresso da UNE, em um sítio em Ibiúna (SP).
	Primeira prisão, juntamente com todos os estudantes presentes no Congresso.
05/9/1969	Sequestro do embaixador americano Charles Elbrick, no Rio de Janeiro.
04/11/1969	Prisão em São Paulo, no convento da Rua Caiubi, 126, pelo delegado Sérgio Paranhos Fleury.
	Torturado no Deops pelo delegado Fleury.
17/2/1970	Terça-feira, 14h: Transferência do Presídio Tiradentes para a Operação Bandeirantes (Oban), Polícia do Exército.
	Início da tortura ainda na viatura policial.
18/2/1970	Quarta-feira: Continuação da tortura a partir das 8h até o início da noite.
19/2/1970	Quinta-feira: Torturado das 8h às 10h. Chegada do capitão Benone de Arruda Albernaz, que tortura Tito das 10h às 14h.
	Pouco depois das 18h: nova sessão de tortura pela equipe do capitão Albernaz; cinco horas de tortura.
20/2/1970	Sexta-feira: Tentativa de suicídio com gilete solicitada para fazer a barba.
	Transferência para o pronto-socorro do Hospital das Clínicas, onde recobra os sentidos.
	Transferência para o Hospital Militar.

UM HOMEM TORTURADO — NOS PASSOS DE FREI TITO DE ALENCAR

21/2/1970	Sábado: Início da tortura psicológica no hospital. Visita de frei Domingos Maia Leite e dom Lucas Moreira Neves, bispo auxiliar de São Paulo (que mais tarde se recusou a dar um relato à Justiça Militar sobre o estado de frei Tito na ocasião da visita).
27/2/1970	Sexta-feira: Levado de manhã do Hospital Militar para a Oban, onde ficou até o fim da tarde. À noite, é transferido de volta para o Presídio Tiradentes.
Março de 1970	Tito afirma seus votos no pátio do Presídio Tiradentes.
1970	Publicação do relato da tortura no jornal *Publik*, da Alemanha, na revista *L'Europeo* e na revista americana *Look*, premiada pelo NY Overseas Press Club.
Julho de 1970	Tito recebe, no Presídio Tiradentes, carta do arcebispo de Fortaleza, dom José Delgado, datada de 28 de junho.
Outubro de 1970	Punição com a prisão solitária por um mês por participar de manifestação dos dominicanos no cárcere contra o Esquadrão da Morte.
Dezembro de 1970	Comando da VPR sequestra, no Rio de Janeiro, o embaixador suíço Giovanni Enrico Bücher.
11/1/1971	Tito é trocado junto com outros 69 presos pelo embaixador suíço. O grupo segue para Santiago do Chile, onde Tito passa de duas a três semanas.
Fevereiro de 1971	Embarca para Roma, onde é proibido de falar no Colégio Pio Brasileiro, que forma a elite do clero brasileiro.
Fevereiro de 1971 a Junho de 1973	Convento Saint-Jacques (Rue des Tanneries, Paris), onde prosseguiu seus estudos de Teologia.
Junho de 1973	Chega ao Convento Sainte-Marie de la Tourette, em L'Arbresle, perto de Lyon.
Outubro de 1973	Internação e psicoterapia.
Natal de 1973	Visita da irmã Nildes.
10/8/1974	Morte em Villefranche-sur-Saône, na região de Lyon, França.

Livros, artigos e arquivos

Livros

ACIOLI, Socorro. *Frei Tito*. Fortaleza: Edições Demócrito Rocha, 2002.

CAVALCANTI, Pedro Celso Uchôa; RAMOS, Jovelino (orgs.) *Memórias do exílio*: Brasil 1964/19??. Patrocínio de Paulo Freire, Abdias do Nascimento e Nelson Werneck Sodré. São Paulo: Livramento, 1976.

FANON, Frantz. *Les damnés de la terre*. Paris: Éditions de La Découverte & Syros, 2002.

FREI BETTO. *Das catacumbas*: Cartas da prisão (1969-1971). Rio de Janeiro: Civilização Brasileira, 1978.

———. *Batismo de sangue*. Rio de Janeiro: Rocco, 2006.

———. *Cartas da prisão (1969-1973)*. Rio de Janeiro: Agir, 2008.

———. *Diário de Fernando*: nos cárceres da ditadura militar brasileira. Rio de Janeiro: Rocco, 2009.

GASPARI, Elio. *A ditadura envergonhada*. Companhia das Letras: São Paulo, 2002.

GORENDER, Jacob. *Combate nas trevas* — a esquerda brasileira: Das ilusões perdidas à luta armada. São Paulo: Ática, 1990.

GOUVÊA, Yara; BIRCK, Danielle. *Duas vezes*. São Paulo: Editora de Cultura, 2007.

LOPES, Régis; KUNZ, Martine. *Frei Tito, em nome da memória*. Fortaleza: Museu do Ceará, 2002.

MAGALHÃES, Mário. *Marighella*. São Paulo: Companhia das Letras, 2012.

MARIGHELLA, Carlos. *Por que resisti à prisão*. São Paulo: Brasiliense, 1994.

MUZART-FONSECA DOS SANTOS, Idelette; ROLLAND, Denis (orgs.), com Daniel Aarão Reis Filho e Marcelo Ridenti. *L'exil brésilien en France, histoire et imaginaire*. Paris: L'Harmattan, 2008.

PAZ, Carlos Eugênio, prefácio de Franklin Martins. *Viagem à luta armada*. Rio de Janeiro: BestBolso, 2008

PELLEGRINO, Hélio. *Lucidez embriagada*. São Paulo: Planeta, 2004.

PLASSAT, Xavier (org.). *Alors les pierres crieront*. Paris: Éditions Cana, 1980.

TAVARES, Flávio. *Memórias do esquecimento*. Rio de Janeiro: Record, 2005.

Artigos e arquivos

Arquivos da revista *Témoignage Chrétien*

Arquivos do dominicano Paul Blanquart

Arquivos do Couvent Sainte-Marie de la Tourette

Arquivos do Couvent Saint-Jacques

Arquivos da Embaixada do Brasil em Paris

Colóquio Frei Tito: 35 anos depois. Realizado na Escola Dominicana de Teologia (EDT), 2004.

Frei Tito — Memória-esperança: 25 anos do martírio. Frei Betto, Província Frei Bartolomeu de las Casas, São Paulo: 1999.

Frei Tito: 30 anos do martírio. Disponível em http://www.dominicanos. org.br/index.php/frei-tito

HUFF JÚNIOR, Arnaldo Érico. "Richard Shaull pelo ecumenismo brasileiro: Um estudo acerca da produção de memória religiosa." *Revista Brasileira de História das Religiões*. ANPUH, ano II, n° 4, maio 2009. Disponível em http://www.dhi.uem.br/gtreligiao/pdf3/ texto1.pdf

Marighella. Dirigido por Isa Grinspum Ferraz, 2012 (documentário).

Vídeo entrevista com Jacob Gorender. Disponível em http://youtube. com/watch?v=4APirS7_Zzg

"Virgílio Gomes da Silva, Direito à memória e à verdade". *Cartilha do Sindicato dos Químicos de São Paulo*, 2009.

O texto deste livro foi composto em Sabon,
desenho tipográfico de Jan Tschichold de 1964
baseado nos estudos de Claude Garamond e
Jacques Sabon no século XVI, em corpo 11/16.
Para títulos e destaques, foi utilizada a tipografia
Frutiger, desenhada por Adrian Frutiger em 1975.

A impressão se deu sobre papel off-white
pelo Sistema Cameron da Divisão Gráfica
da Distribuidora Record.